だれの
あしあとかな?

こども ものの なまえ 絵じてん

増補新装版

三省堂編修所 編

三省堂

はじめに

この絵じてんの特長と使い方

この絵じてんは、毎日の生活の中で出会う物ばかりを集めた『もののなまえ絵じてん』です。この本で「もののなまえ」を覚えたら、ぜひお子さんといっしょに、実物を前にしながら名前を繰り返してみて、お子さんの言葉の世界を広げてあげてください。

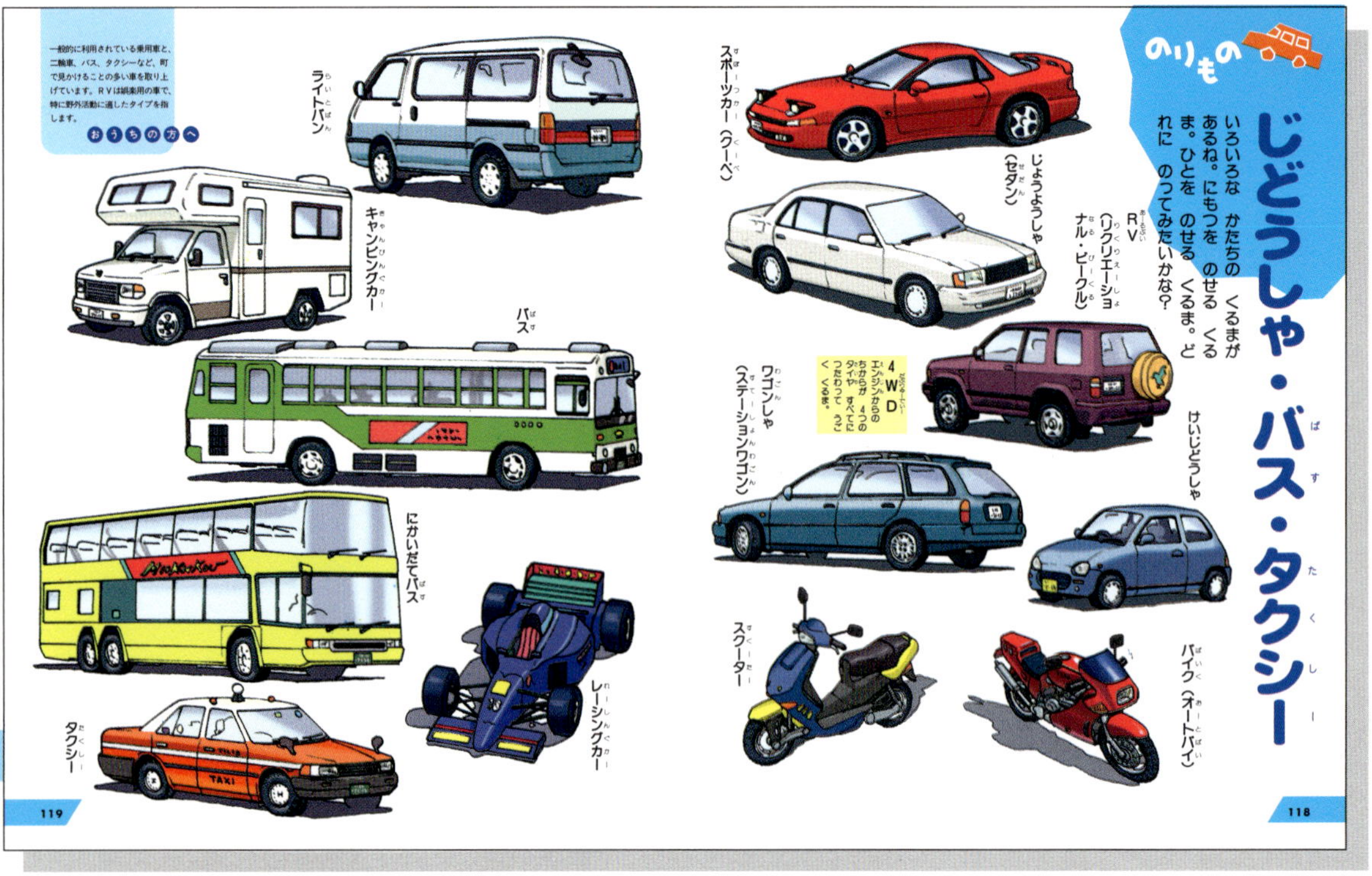

1 幼児に身近な「もののなまえ」約2100語を収録

幼児が6歳までに習得するといわれる2800語の中から、名前を表す主な言葉を選び、加えて、生活の中で使う道具の、大人も意外に忘れがちな物の名前を表す言葉も取り上げました。イラストと1対1対応で物の名前を覚えることができます。

2 それぞれの名前のグループ分けを理解できる、分野別順

「たべもの」「いきもの」「のりもの」…など、幼児にも理解しやすい分野別に分けてありますので、知りたい物の名前がどこにあるのかが簡単にわかります。巻末には、すべての言葉が五十音順に並んだ索引がついています。

3 簡潔にまとめた「もののなまえ」の説明文

おうちの方でも、名前だけではどんな物なのか説明することが難しい場合は、簡単な文で説明を加えてあります。お子さんに説明する時のヒントとなります。

4 大人向け解説コーナー「おうちの方へ」を見出しごとに

各見出しごとに大人向け解説コーナー「おうちの方へ」を設けました。お子さんとの会話のきっかけとしてお使いください。

5 物と場面とが有機的につながる、場面ページ

1点ずつ「もの」を紹介するページのまとめとして、生活の中の場面のページを設けています。物の名前がわかるだけでなく、それがどんな場所にある物なのかもわかります。

6 さがし絵としても遊べる場面ページ

1点ずつ紹介した「もの」のイラストが、場面のページのどこかに登場しています。お子さんといっしょにさがしてみてください。

7 さらに詳しい情報がわかる図解ページ

「いきもの」「のりもの」の章に登場する物の、代表的ないくつかについては、詳しい図解イラストとしても取り上げています。物の部分の名前がわかります。

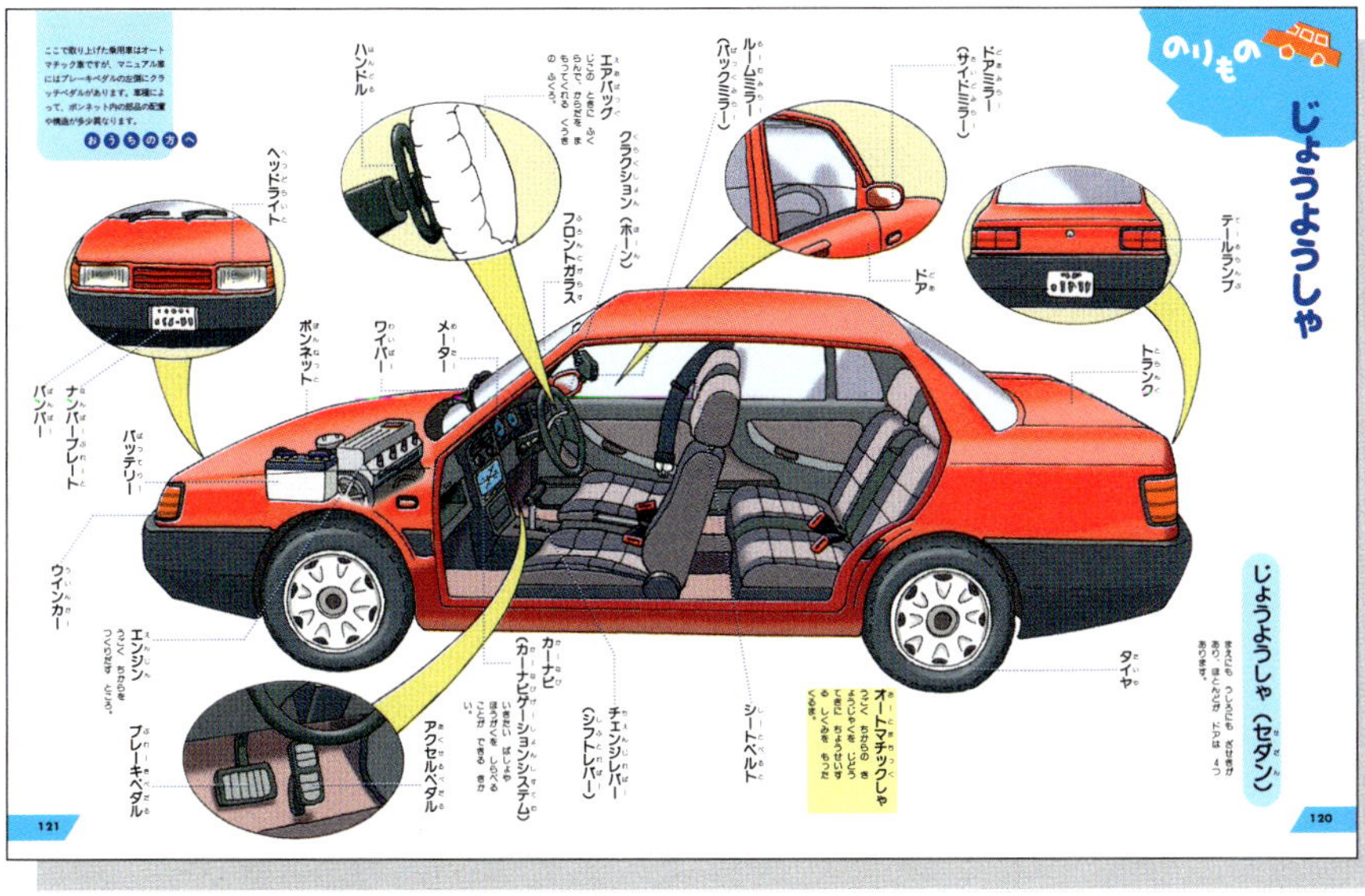

8 ことばへの興味が広がる遊びページを分野ごとに

各分野のしめくくりには、物の名前を使った遊びのページを設けました。言葉への興味をさらにはぐくむためにお役立てください。

もくじ

この絵《え》じてんの特長《とくちょう》と使《つか》い方《かた》……2

1 たべもの

りょうり……10
おやつ……14
おかし・のみもの……16
●なにを たべているの？……18
こめ・パン《ぱん》・めん……20
やさい……22
くだもの……26
さかな・にく……30
いろいろな たべもの……32
ちょうみりょう……34
●なにを つくっているのかな？……36
コラム ことばの かくれんぼ①……38

2 ようふく

ようふく……40
したぎ・きもの・くつ……44
みに つける もの……46
もちもの……48
●なにを きようかな？……50
コラム にんげんの かお・からだ……52

MILK

3 いえの なか

だいどころの どうぐ……54
しょっき……58
●どこに しまったら いいの？……60
おふろと トイレ《といれ》の どうぐ……62
●なにを もって なにを している？……66
ぶんぼうぐ……68
おもちゃ……74
●おもちゃは どこへ いったの？……80
そうじと せんたくの どうぐ……82
だいくしごとと にわしごとの どうぐ……84
ぬいものの どうぐ……86
あかちゃんの もの……87
きせつの どうぐ・ペット《ぺっと》の もの……88
ぎょうじで つかう もの……89
●なにを もって なにを している？……90
でんきせいひん……94
かぐ……96
●どこに なにが おいてある？……98
●いえは どんな ようすかな？……100
コラム しりとりめいろ……102

4 まちの なか

こうえん……104
ようちえん……106
スポーツ《すぽーつ》の どうぐ・がっき……108
しょうてんがい……110
まち……112
デパート《でぱーと》……114
コラム さかさことば……116

5 のりもの

じどうしゃ・バス《ばす》・タクシー《たくしー》……118
じょうようしゃ……120
●えきには どんな くるまが いるのかな？……122
しょうぼうしゃ・きゅうきゅうしゃ・パトカー《ぱとかー》……124
●かじの ときに はたらいている くるまは なにかな？……126
はたらく くるま……128
●きみの いえの ちかくにも くるかな？……132
しんかんせん……134
でんしゃ……138

もくじ

●おおきな えきには どんな でんしゃが いるのかな？……142
ふね……144
ごうかきゃくせん……148
●みなとには どんな ふねが いるのかな？……150
ひこうき・そらを とぶ のりもの……152
りょかくき……154
はたらく こうくうき……156
●くうこうは どんな ようすかな？……158
コラム のりものなぞなぞ……160

6 いきもの

いぬ……162
ねこ……164
かちく・ちいさい どうぶつ……166
●どこに いるのかな？……168
どうぶつえんの どうぶつ……170
いろいろな どうぶつ……174
●どこに いるのかな？……176

もくじ

とり……178
むし……182
むしの からだ……184
くさばな……186
●どこに なにが いるのかな?……190
うみの いきもの……196
さかな……200
かえる・へび・わに・かめ……204
●どこに いるのかな?……206
きょうりゅう……208
コラム ことばの かくれんぼ②……210

7 マーク《まーく》と こっき

どうろひょうしき……212
みの まわりの マーク《まーく》……218
あんないひょうじ……222
こっき……228

ちきゅうと うちゅう

りくと うみ……234
そらと てんき①……236
そらと てんき②……238
つきと ちきゅう……240
ほしと せいざ……242
たいようと わくせい……244
ちきゅうから うちゅうへ……246
コラム ちきゅうと うちゅうの クイズ《くいず》……248

さくいん……巻末

1

たべもの

たべもの

りょうり

やいたり、にたり、いためたり、おいしそうな　りょうりが　いっぱい　できたよ！　きみが　たべたいのは　どれかな？

おこさまランチ《らんち》

カレーライス《かれーらいす》

チャーハン《ちゃーはん》

オムライス《おむらいす》

カツ《かつ》どん（とんカツ《かつ》どんぶり）

グラタン《ぐらたん》

ドリア《どりあ》

おやこどん（おやこどんぶり）

てんどん（てんぷらどんぶり）

うなどん（うなぎどんぶり）

そば

うどん

おこのみやき

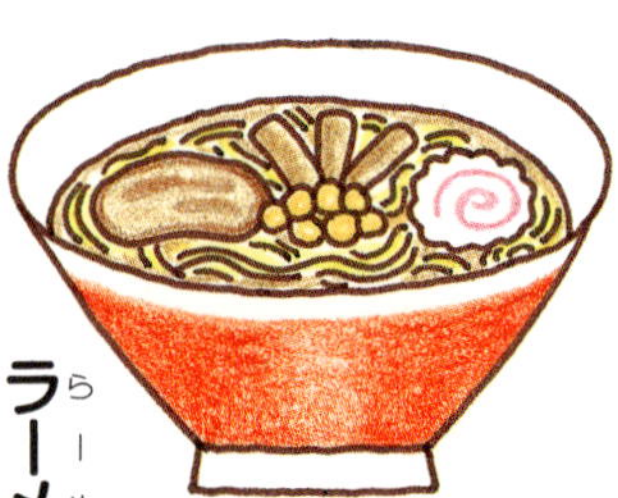

ラーメン《らーめん》

スパゲッティ《すぱげってぃ》

やきそば

幼児にも、なじみの深い料理を集めました。サラダやスパゲッティ、ラーメンなどは、材料や調理の方法によって、いろいろな名前がつけられていることも話してあげて下さい。

おうちの方へ

フライドチキン《ふらいどちきん》

ローストチキン《ろーすとちきん》

ハンバーグ《はんばーぐ》

ステーキ《すてーき》

フライドポテト《ふらいどぽてと》

オムレツ《おむれつ》

とんカツ《かつ》

エビフライ《えびふらい》

めだまやき

ハムエッグ《はむえっぐ》

コロッケ《ころっけ》

サラダ《さらだ》

たまごやき

ちゃわんむし

ゆでたまご

りょうり

ハンバーガー《はんばーがー》

ホットドッグ《ほっとどっぐ》

ピザ《ぴざ》

サンドイッチ《さんどいっち》

シチュー《しちゅー》

スープ《すーぷ》

トースト《とーすと》

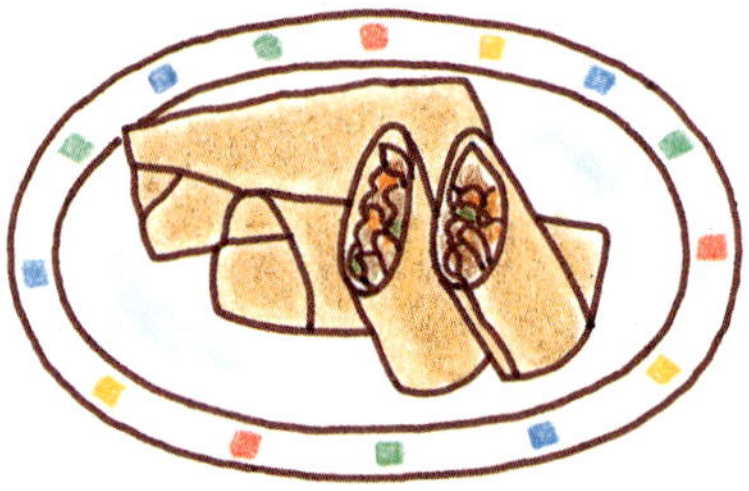

はるまき

みそしる

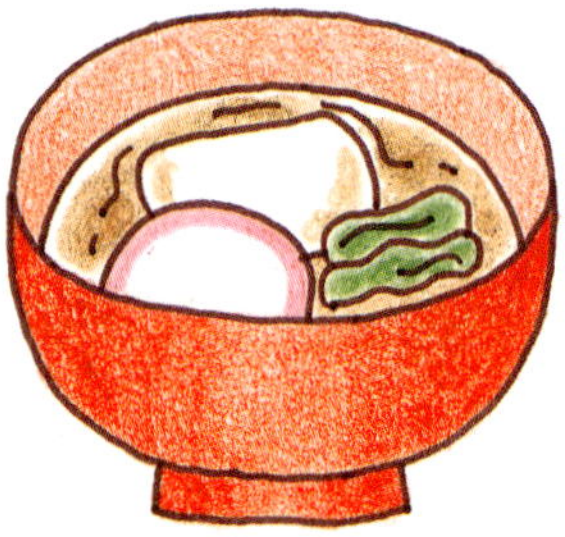

ぞうに

ギョーザ《ぎょーざ》

シューマイ《しゅーまい》

ワンタン《わんたん》

さしみ

てんぷら

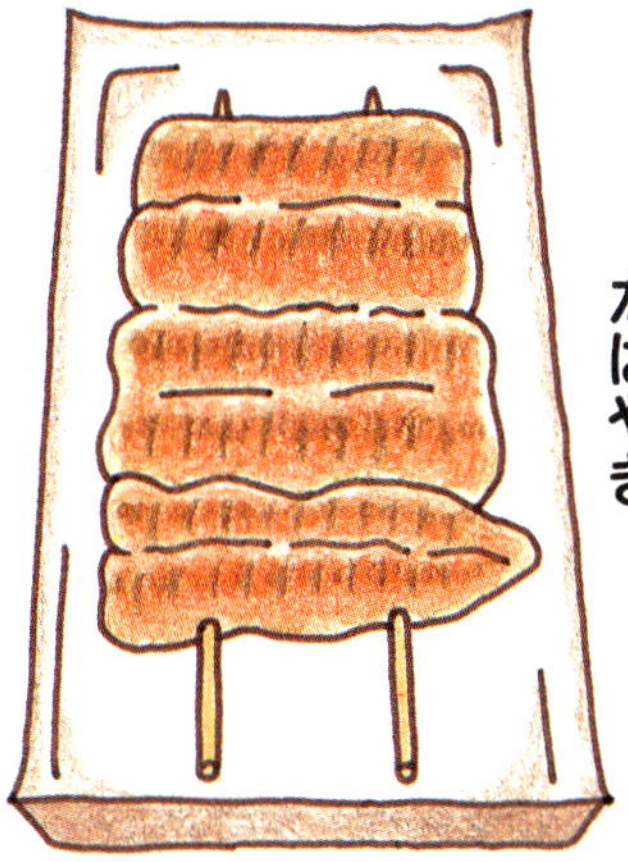
かばやき

すきやき

やきとり

おせちりょうり

おでん

すし

おかゆ（かゆ）

おちゃづけ（ちゃづけ）

おせきはん（せきはん）

おにぎり（おむすび）

のりまき

いなりずし

おやつ

クリーム《くりーむ》や　あんこが　たっぷり　はいった　あまい　おやつや、つめたい　おやつ。ぜんぶ　たべたくなっちゃうね。

シャーベット《しゃーべっと》

アイスクリーム《あいすくりーむ》

パフェ《ぱふぇ》

なまクリーム《くりーむ》

シュークリーム《しゅーくりーむ》

ケーキ《けーき》

ゼリー《ぜりー》

ソフトクリーム《そふとくりーむ》

プリン《ぷりん》

ドーナツ《どーなつ》

アップルパイ《あっぷるぱい》

ホットケーキ《ほっとけーき》

カステラ《かすてら》

たこやき

だんご

まんじゅう

かしわもち

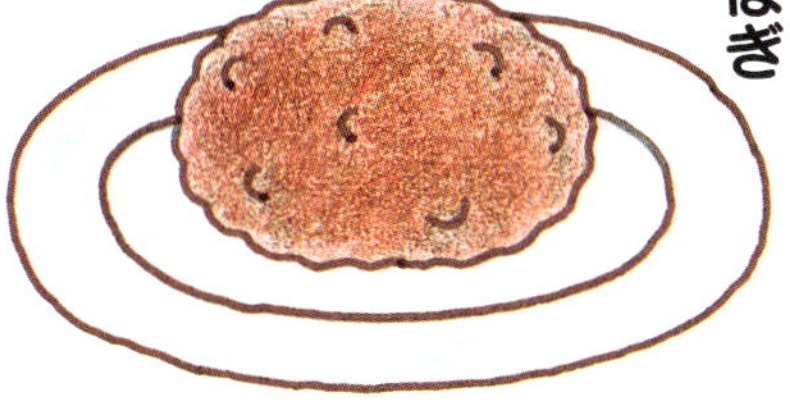

おはぎ

くさもち

どらやき

しるこ

あんこ

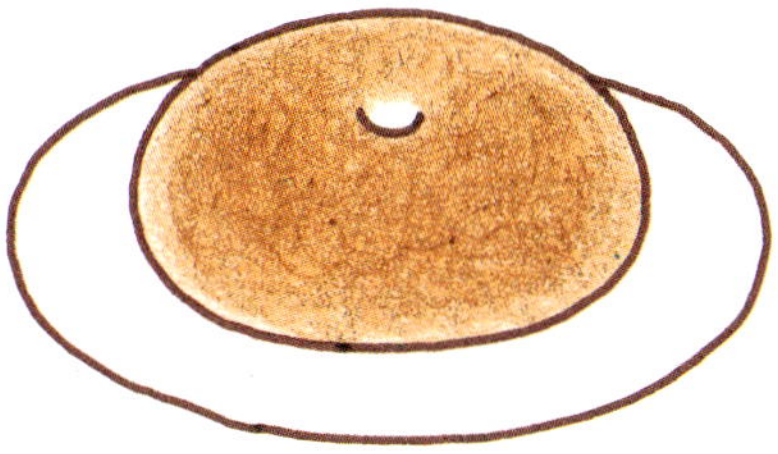

あんパン《ぱん》

たいやき

かきごおり

もなか

ようかん

あんみつ

おうちの方へ

子どもたちが大好きな、甘いおやつを中心に集めています。果物、クリーム、あんこなど、何を使ってどんな作り方をしているのか、また、虫歯になりやすい物だということも話してあげて下さい。

おかし・のみもの

あまくない　おかしが　あるね。どれかな？　のみものには　つめたい　ものと　あたたかい　ものが　あるんだね。

おかし

キャラメル《きゃらめる》

チョコレート《ちょこれーと》

あめ

ドロップ《どろっぷ》

キャンデー《きゃんでー》

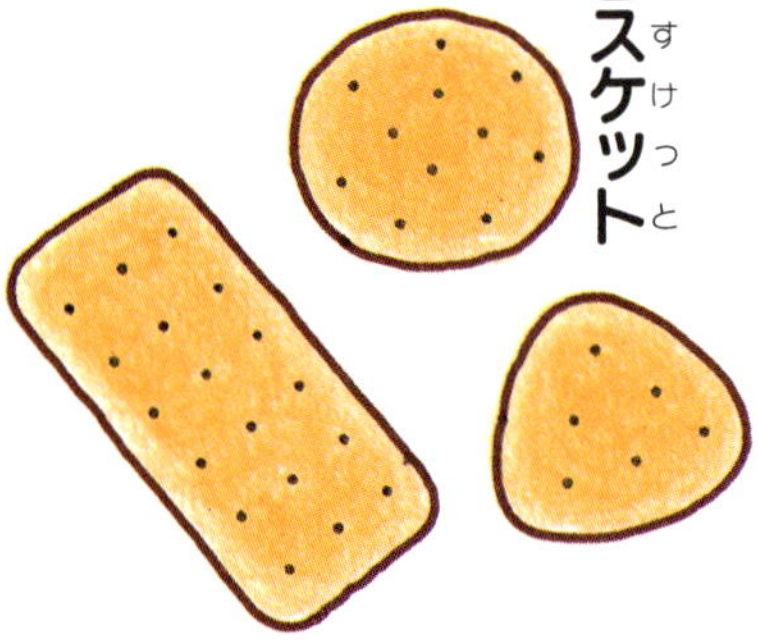
ビスケット《びすけっと》

ガム《がむ》

クッキー《くっきー》

ポテトチップ《ぽてとちっぷ》

わたがし（わたあめ）

せんべい

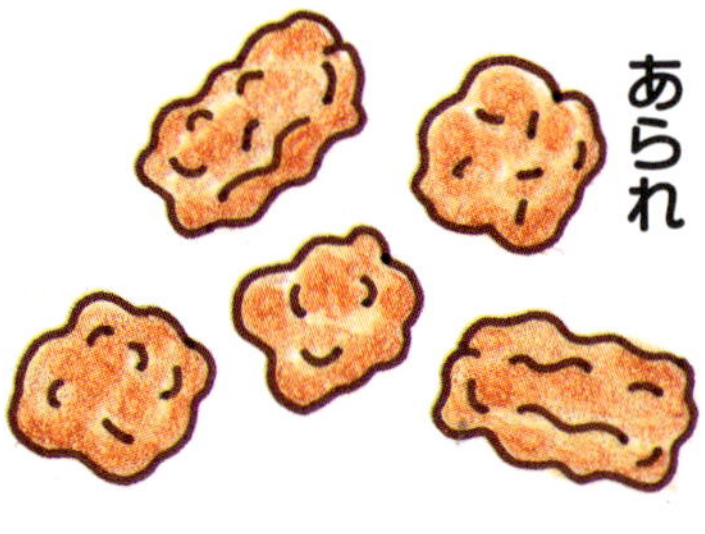
あられ

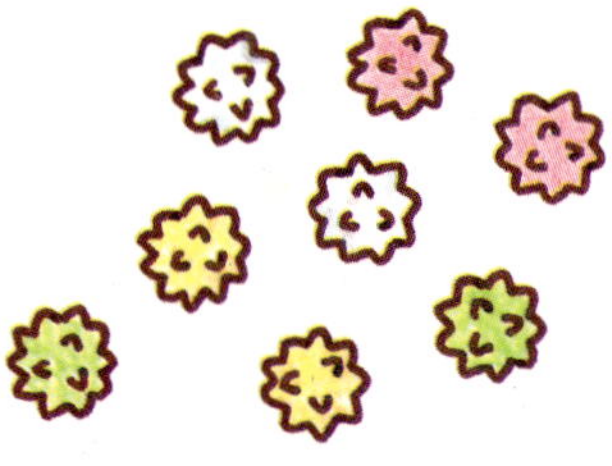
コンペイトー《こんぺいとー》

のみもの

お菓子は様々な商品が売られていますが、ここでは代表的な物を取り上げました。酒やワイン、ビール、コーヒーなどは、大人用の飲み物だということも教えてあげて下さい。

おうちの方へ

ソーダ《そーだ》
サイダー《さいだー》
ジュース《じゅーす》
SODA

みず
ラムネ《らむね》
こおり
クリームソーダ《くりーむそーだ》
ココア《ここあ》
ぎゅうにゅう（ミルク《みるく》）
おゆ（ゆ）
こうちゃ
コーヒー《こーひー》
おちゃ（にほんちゃ）
さけ
ワイン《わいん》
むぎちゃ
ビール《びーる》

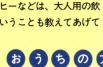

なにを たべているの？

みんな そろって いただきます。きょうの あさごはんは なんだろう？

おうちの方へ

ここでは、この章で紹介した料理が登場しています。絵を見ながら、だれが何を食べているのか、お子さんと話し合って下さい。また、「いえのなか」の章に出てくる道具や電気製品も描かれています。

こめ・パン《ぱん》・めん

おこめは、いろいろな かたちに へんしんするんだね。パン《ぱん》や めんも しゅるいが いっぱい。きみは どれが すき?

こめ

ごはん

こめ

もち

おにぎり（おむすび）

おかゆ（かゆ）

パン《ぱん》

ロールパン《ろーるぱん》

フランスパン《ふらんすぱん》

クリームパン《くりーむぱん》

メロンパン《めろんぱん》

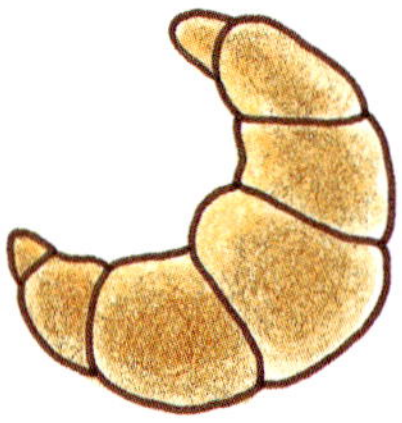
クロワッサン《くろわっさん》

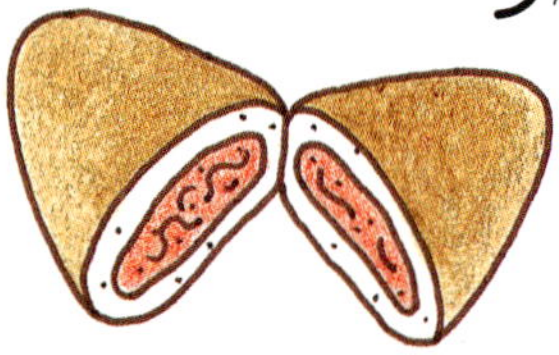
ジャムパン《じゃむぱん》

しょくパン《ぱん》

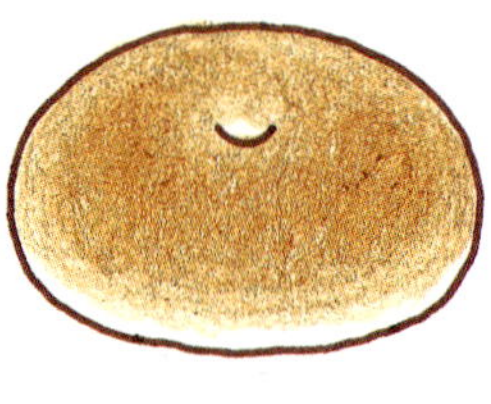
あんパン《ぱん》

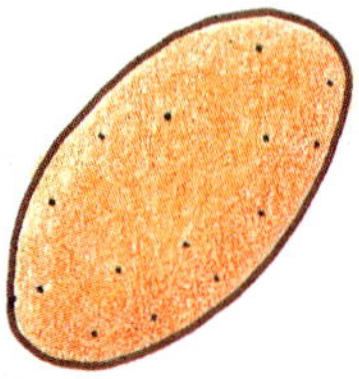
カレーパン《かれーぱん》

コッペパン《こっぺぱん》

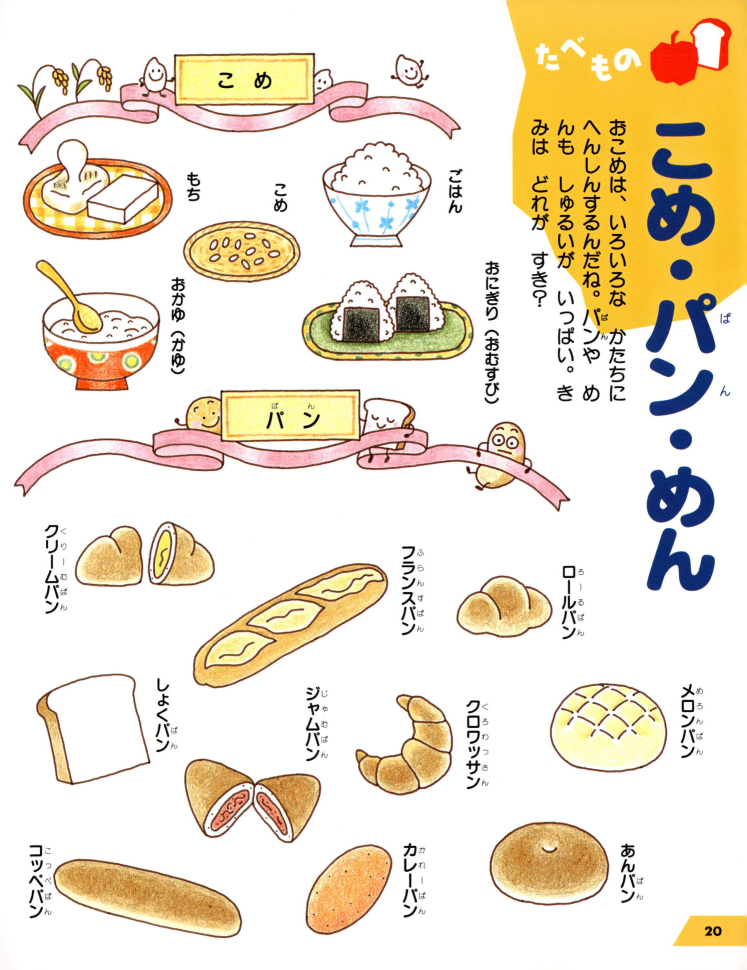

めん

おうちの方へ

米やパン、麺類は、主食として食事の中心となる物です。米にもうるち米やもち米などの種類があることを話してあげて下さい。また、麺はそば以外、みんな小麦を原料としています。

やさい

みどり、あか、むらさき、きいろ、しろ、いろんな いろの やさいが あるね。おうちに ある やさいは どれかな？

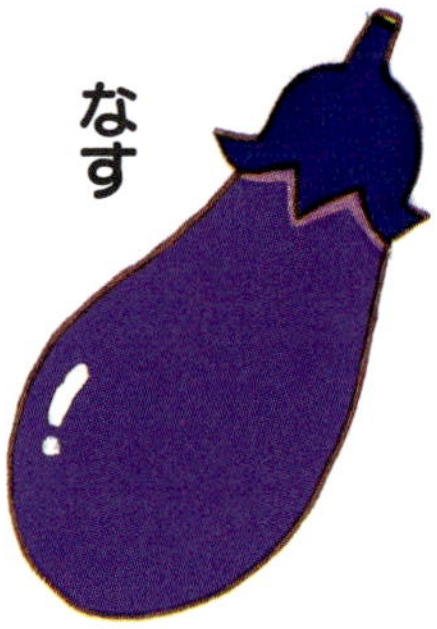
なす

きゅうり

カボチャ《かぼちゃ》

べいなす

うり

ズッキーニ《ずっきーに》

トマト《とまと》

さやえんどう

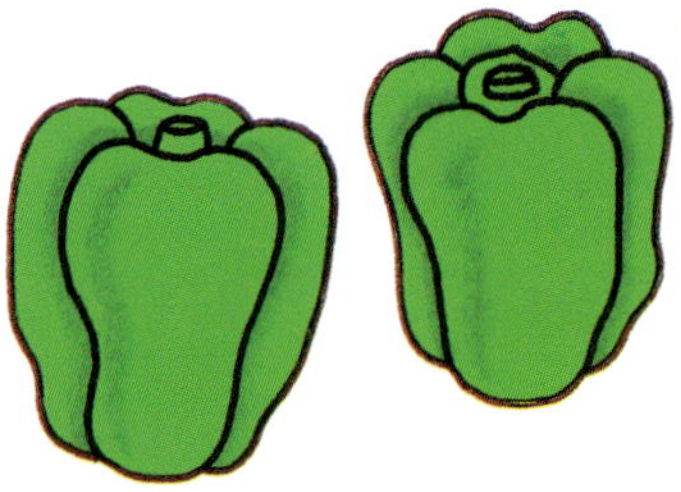
ピーマン《ぴーまん》

にがうり（ゴーヤ《ごーや》）

プチトマト《ぷちとまと》

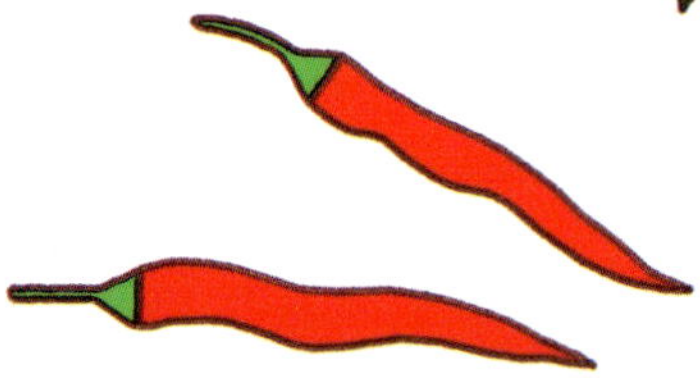
とうがらし

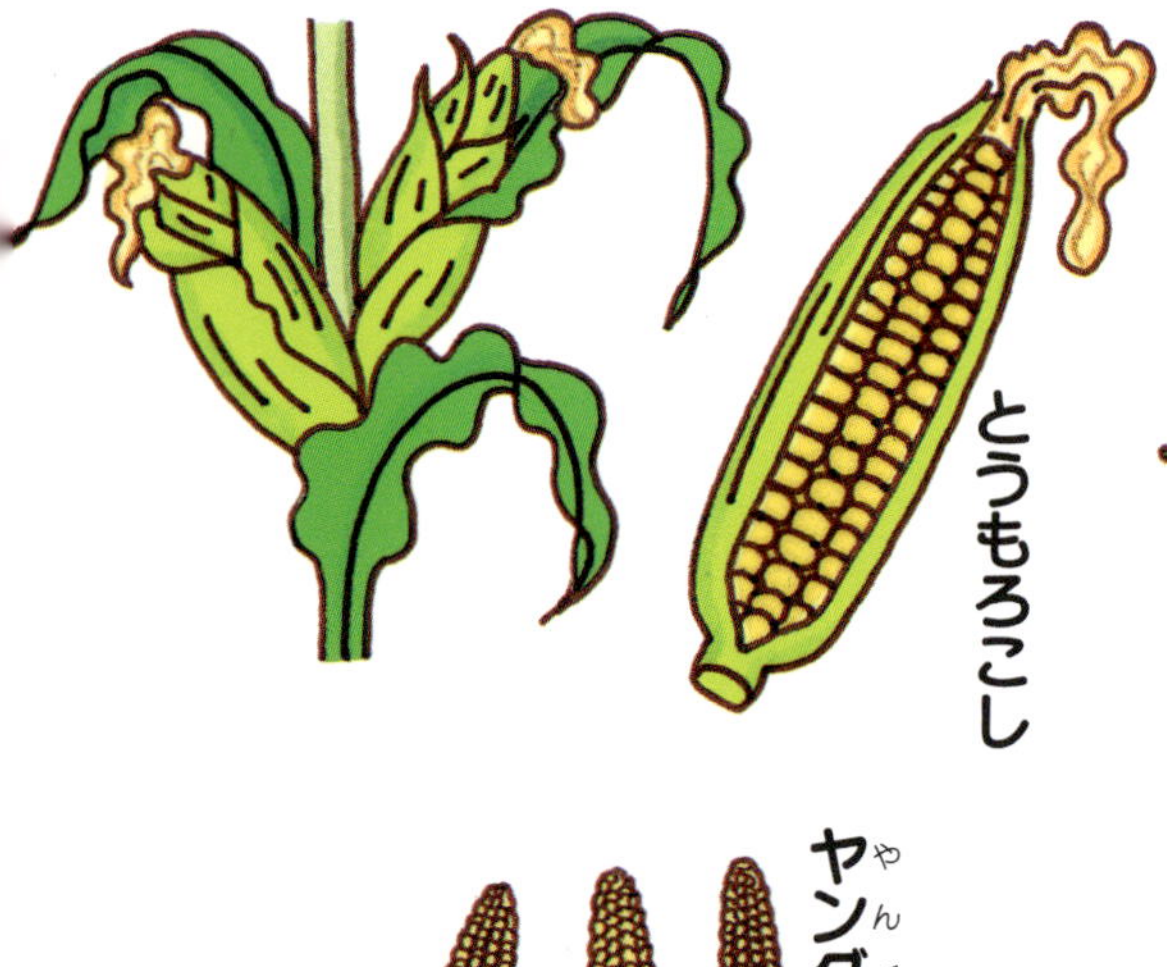
とうもろこし

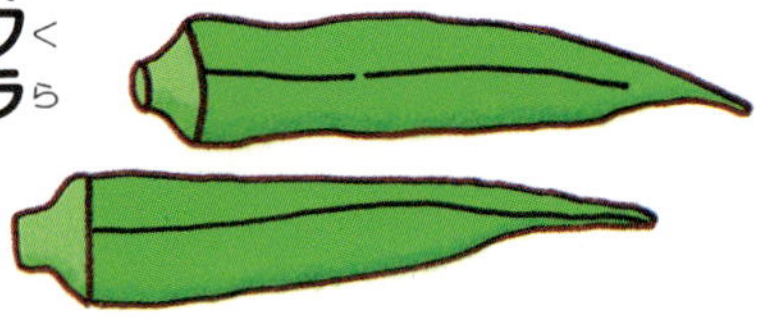
オクラ《おくら》

ししとう

ヤングコーン《やんぐこーん》

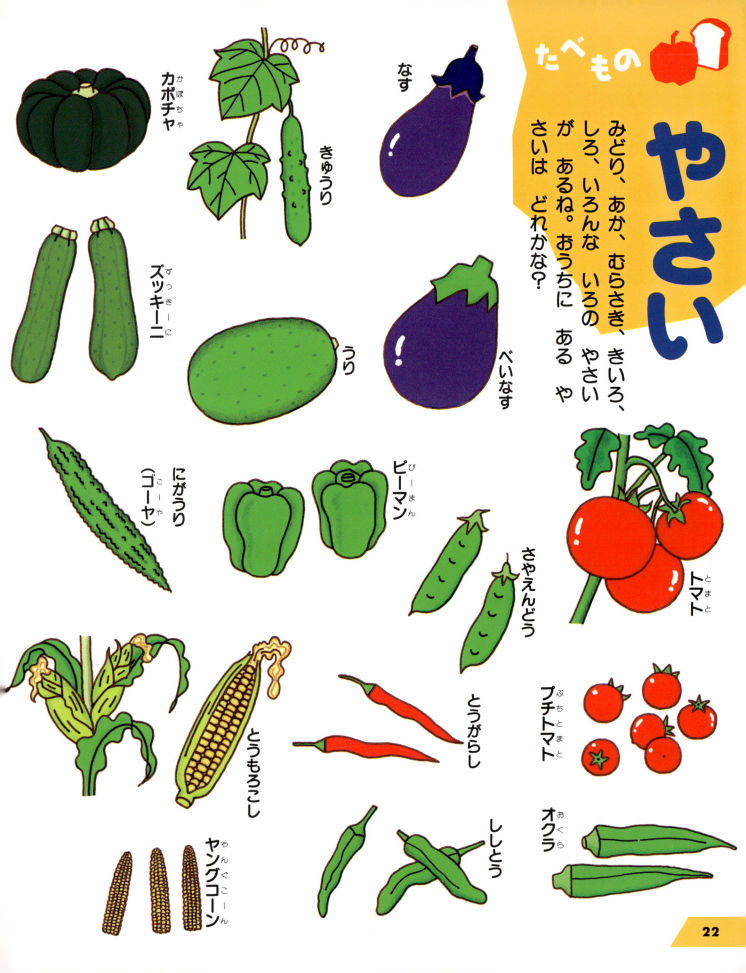

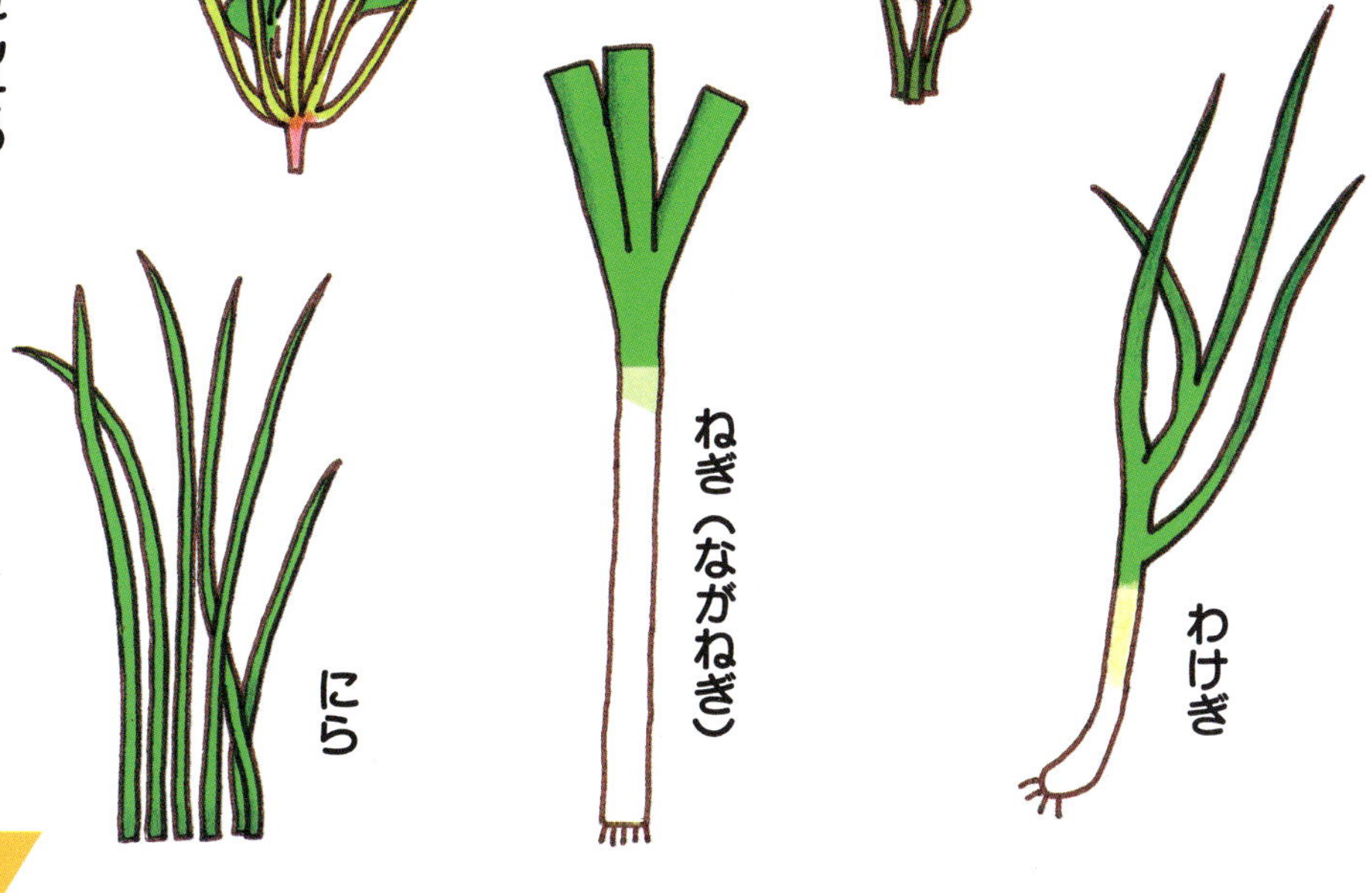

おうちの方へ

ほとんどの野菜は店先で見られる形で取り上げましたが、きゅうりやトマトなど、畑でなっている形で描いた物もあります。なお「ししとう」は「ししとうがらし」の略称です。

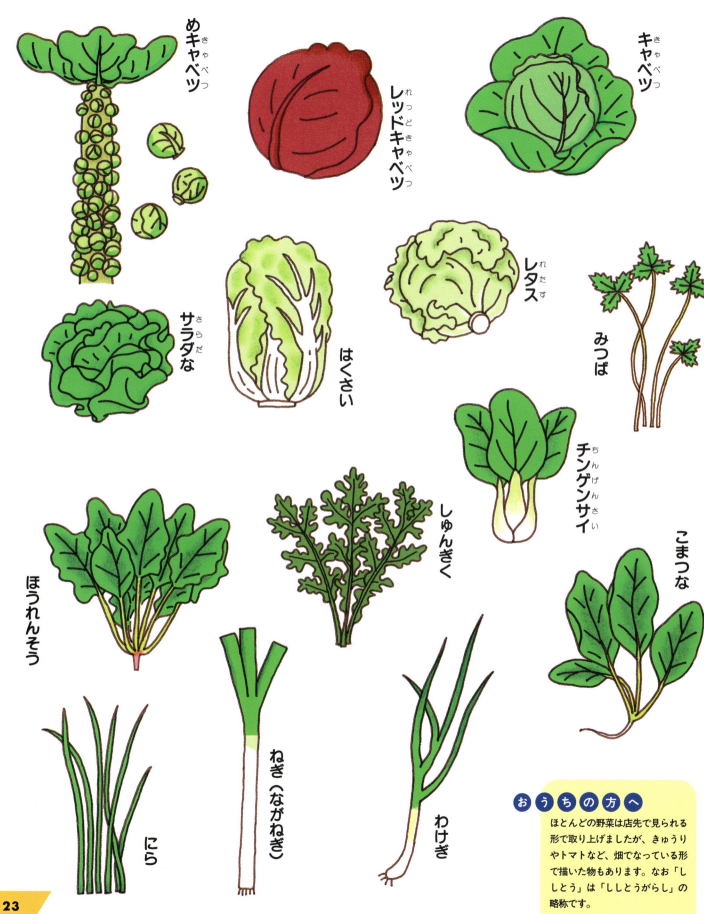

やさい

にんじん
かぶ
だいこん
かいわれだいこん
さとうきび
あかかぶ（ラディッシュ《らでぃっしゅ》）
カリフラワー《かりふらわー》
ブロッコリー《ぶろっこりー》
アスパラガス《あすぱらがす》
みょうが
あおじそ（おおば）
もやし
なのはな
ぜんまい
わらび

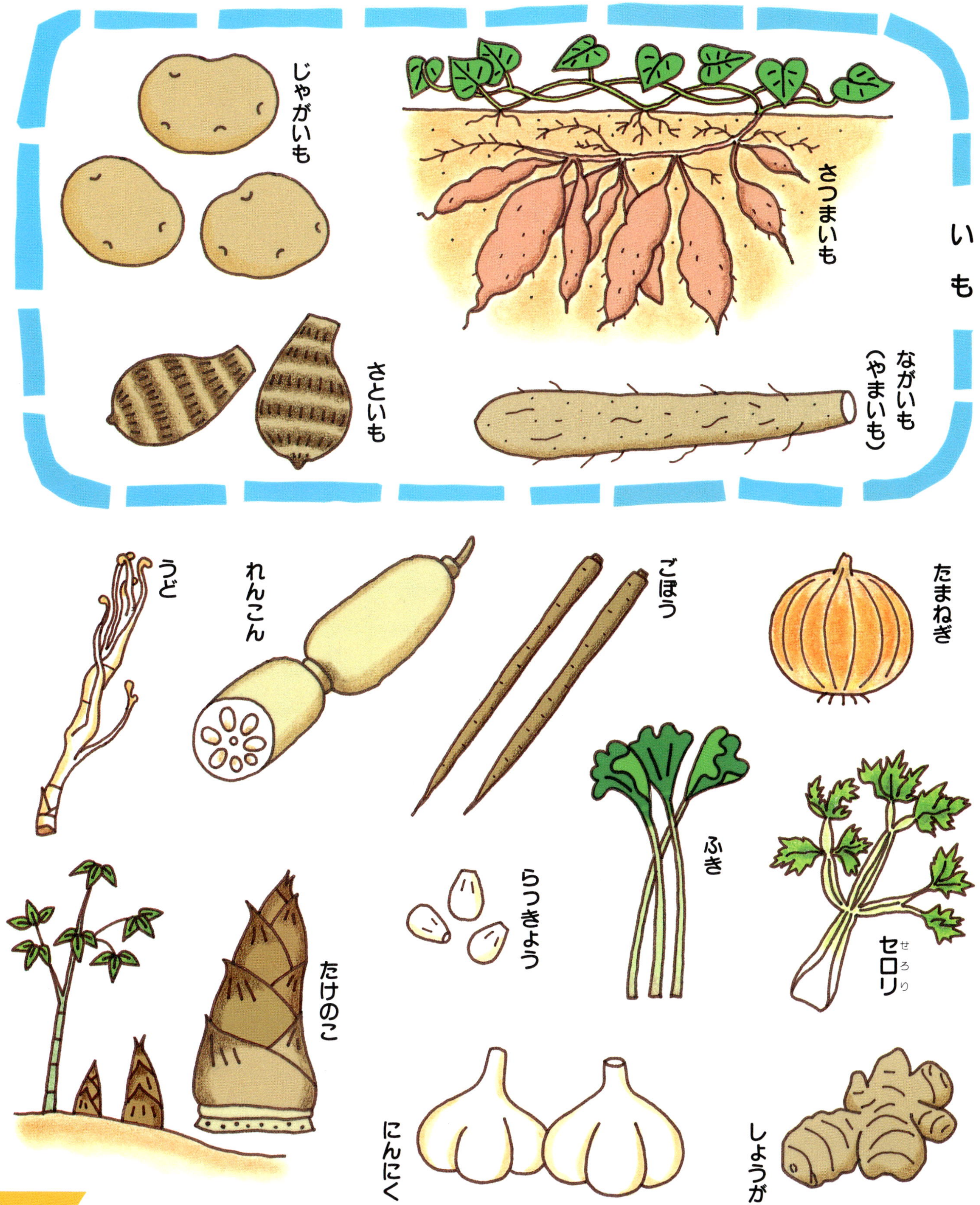

いも
じゃがいも
さつまいも
さといも
ながいも
（やまいも）
うど
れんこん
ごぼう
たまねぎ
ふき
らっきょう
セロリ《せろり》
たけのこ
にんにく
しょうが

くだもの

ジュース《じゅーす》や　ジャム《じゃむ》に　なる　くだものは　なあに？　ケーキ《けーき》に　かざってある　くだものは　どれ？　さがしてみよう。

みかんの　なかま

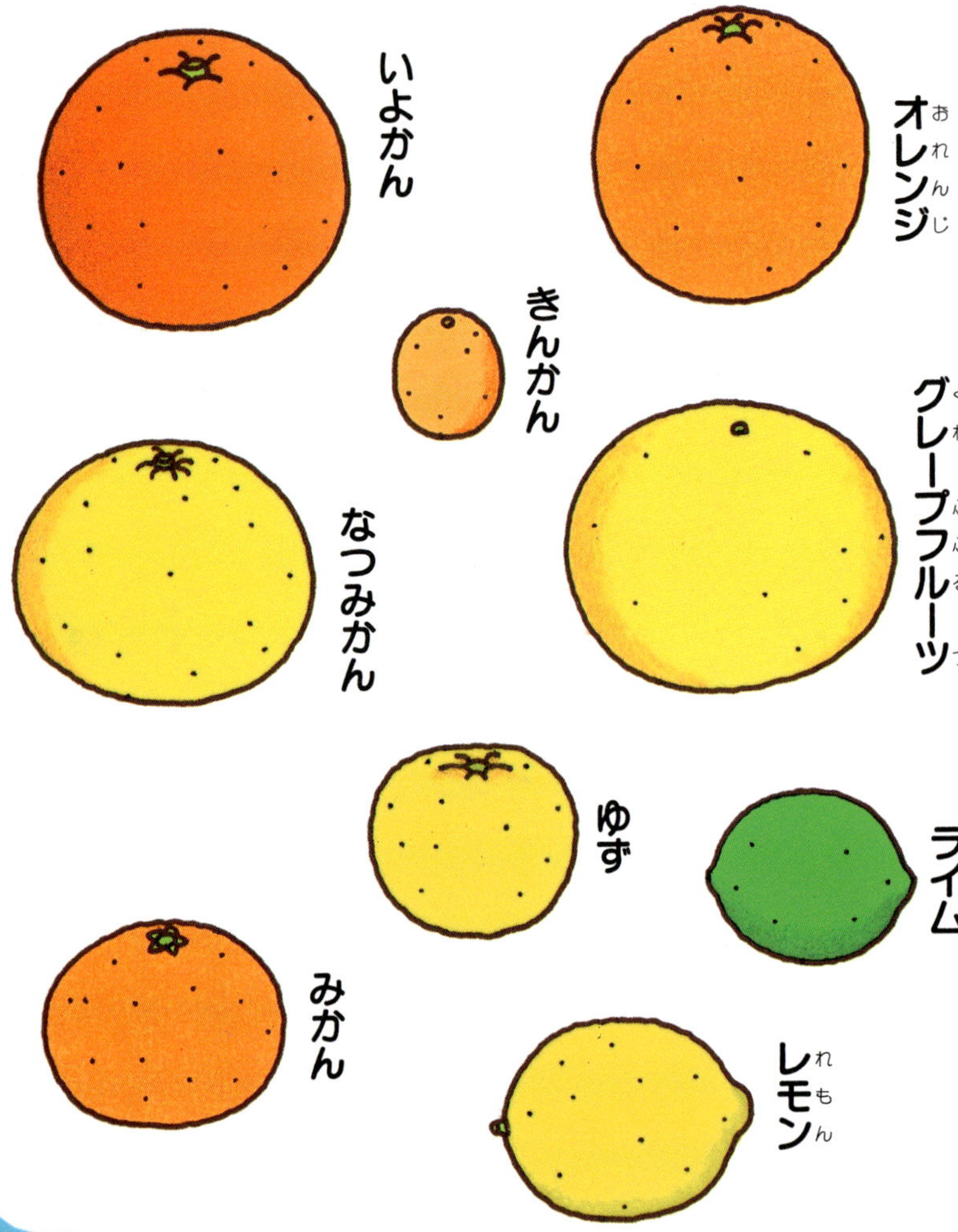

オレンジ《おれんじ》

いよかん

グレープフルーツ《ぐれーぷふるーつ》

きんかん

なつみかん

ライム《らいむ》

ゆず

レモン《れもん》

みかん

ももの　なかま

もも

プルーン《ぷるーん》

さくらんぼ

あんず

プラム《ぷらむ》

おうちの方へ

木や草の実が果物です。アボカドやオリーブには果物らしい甘さはなく、主にサラダなどに用いられます。この他に、梅も果物ですが、一般的に梅干しにして食べるため、P 33に登場させました。

いろいろな りんご

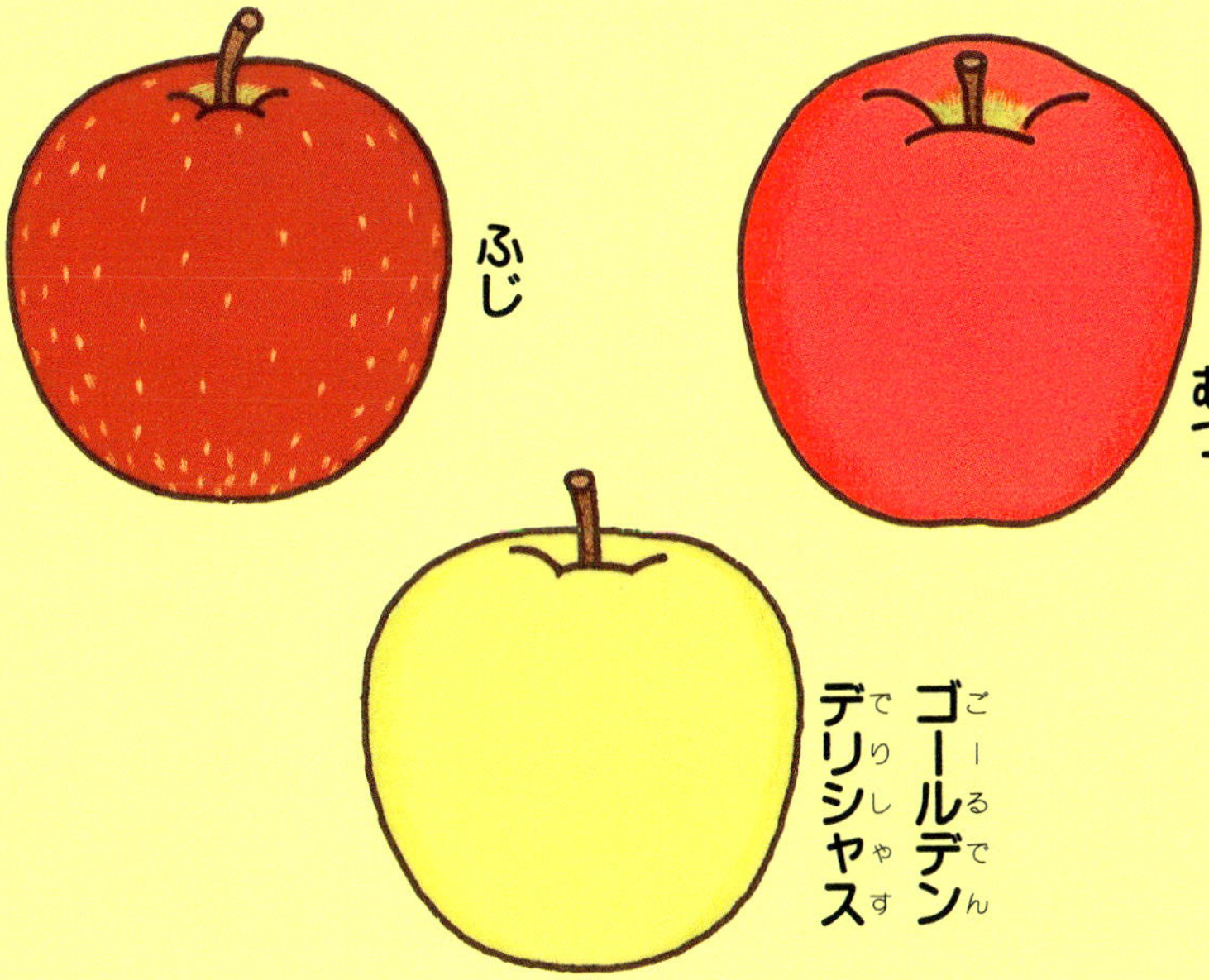

ふじ

むつ

ゴールデン《ごーるでん》デリシャス《でりしゃす》

いろいろな なし

こうすい

ラ・フランス《らふらんす》

ベリー《べりー》の なかま

いちご

ラズベリー《らずべりー》

ブルーベリー《ぶるーべりー》

ブラックベリー《ぶらっくべりー》

くだもの

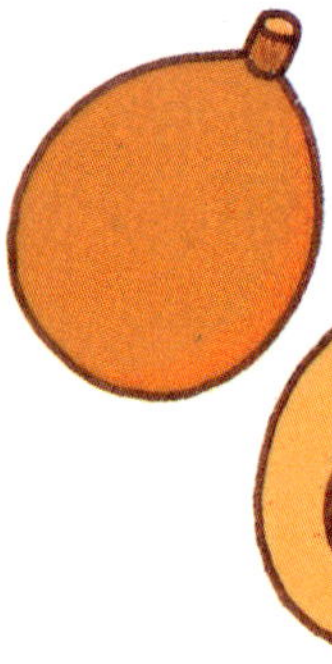
びわ

ざくろ

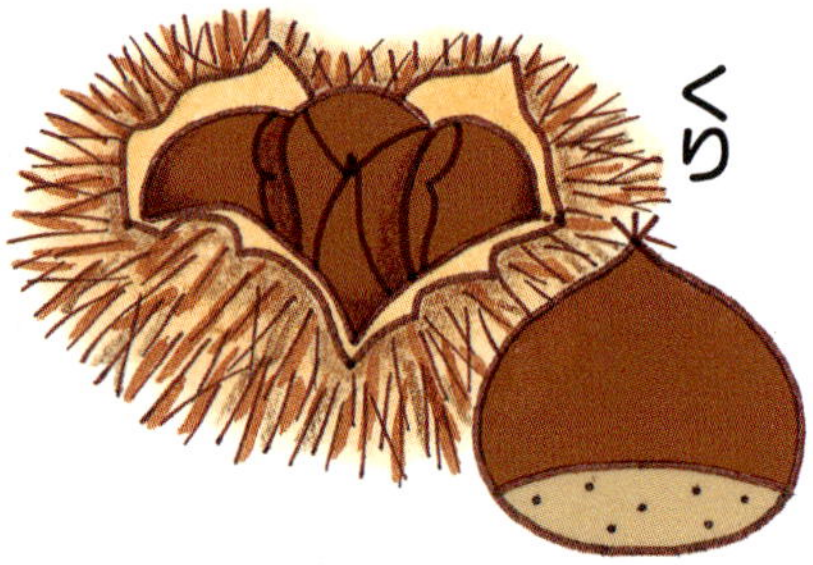
くり

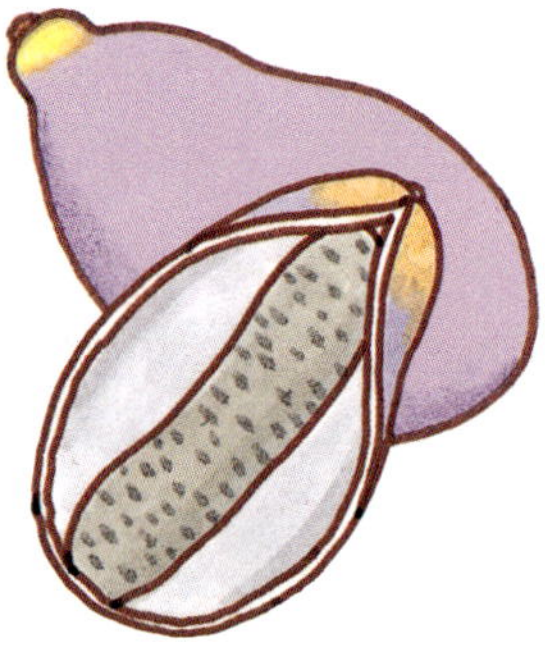
あけび

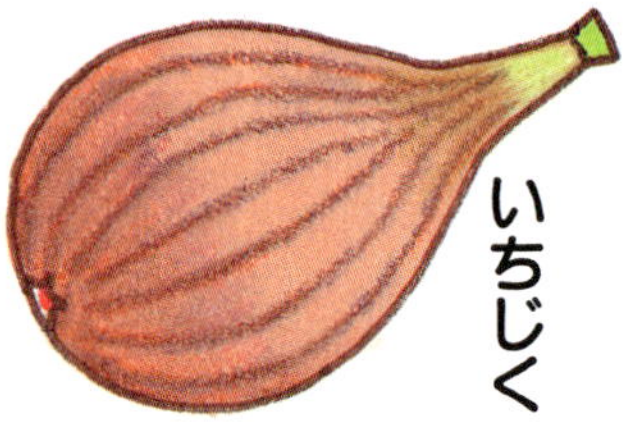
いちじく

かき

メロン《めろん》（プリンス《ぷりんす》メロン《めろん》）

すいか

メロン《めろん》（マスクメロン《ますくめろん》）

ぶどう（マスカット《ますかっと》）

ぶどう（きょほう）

バナナ《ばなな》

パパイア《ぱぱいあ》

パイナップル《ぱいなっぷる》

パッションフルーツ《ぱっしょんふるーつ》

ライチー《らいちー》（れいし）

キウイフルーツ《きういふるーつ》

グアバ《ぐあば》

オリーブ《おりーぶ》

アボカド《あぼかど》

マンゴー《まんごー》

さかな・にく

さかなや　にくは、みんなの　からだの　たいせつな　えいようになるんだよ。すききらいを　しないで　なんでも　たべよう。

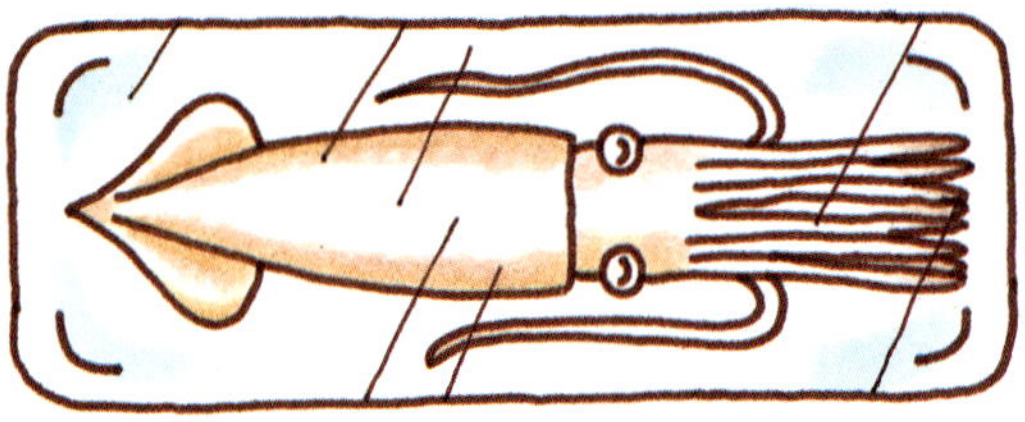
いか

たこの　きりみ

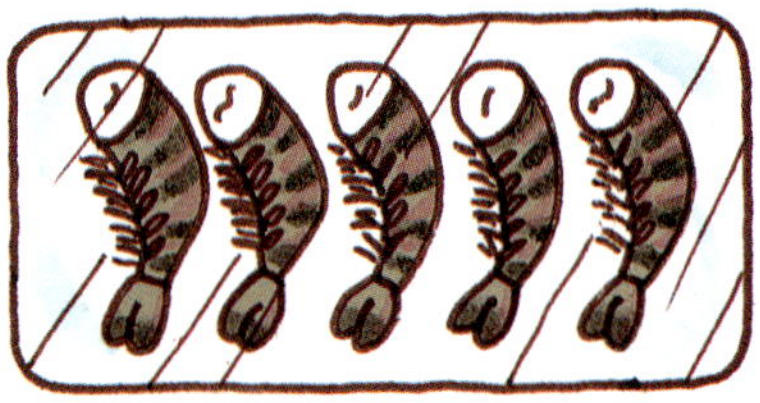
えび

かにの　カン《かん》づめ

まぐろ

まぐろの　さしみ

しじみの　みそしる

さば

さばの　みそに

さんまの　しおやき

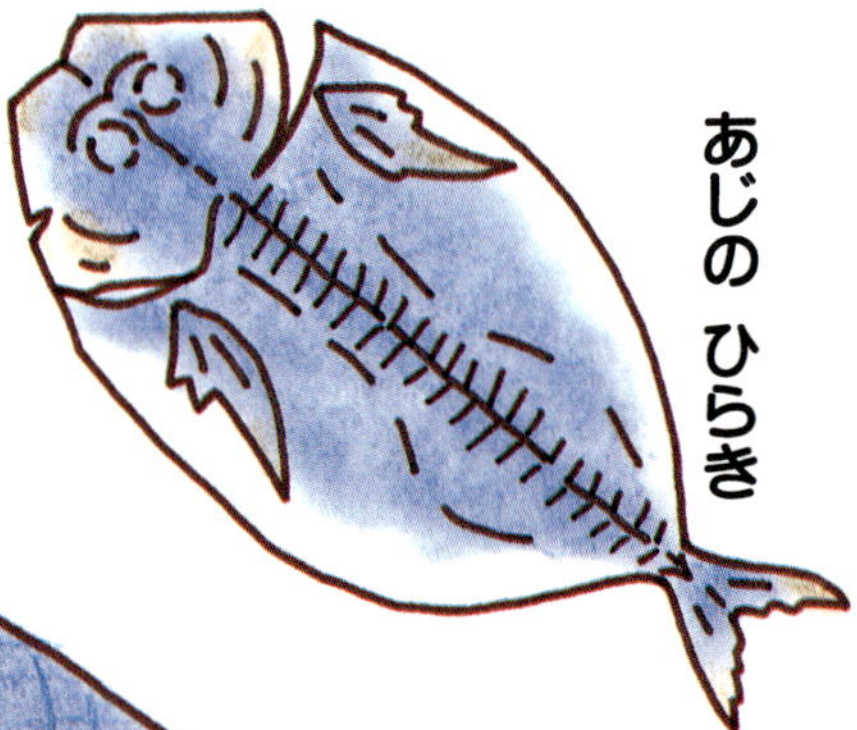
あじの　ひらき

にしん

かずのこ

イクラ《いくら》

さけの　きりみ

おうちの方へ

ここでは、食材として売られていたり、調理されている状態の魚や肉を取り上げています。魚についてはＰ200〜203、牛肉、豚肉、鶏肉の元の形はP166、P178を、それぞれ参照してみて下さい。

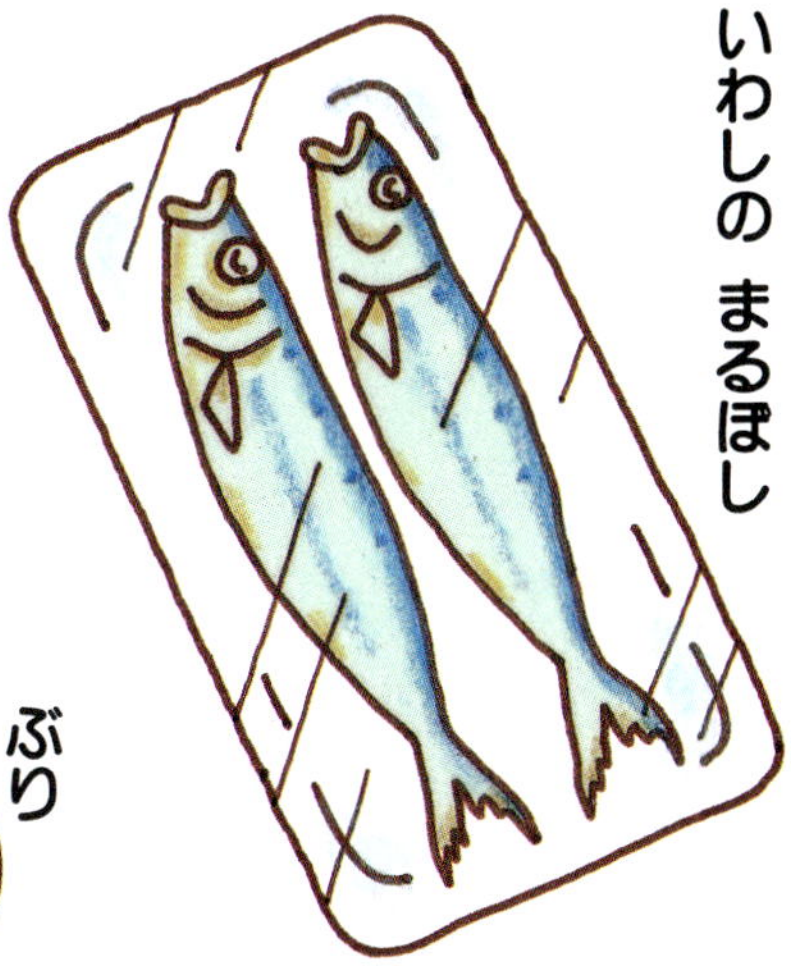
いわしの まるぼし

ぶりの てりやき

ぶり

こぶまき

かつおの たたき

かれいの につけ

わかめ

かつお

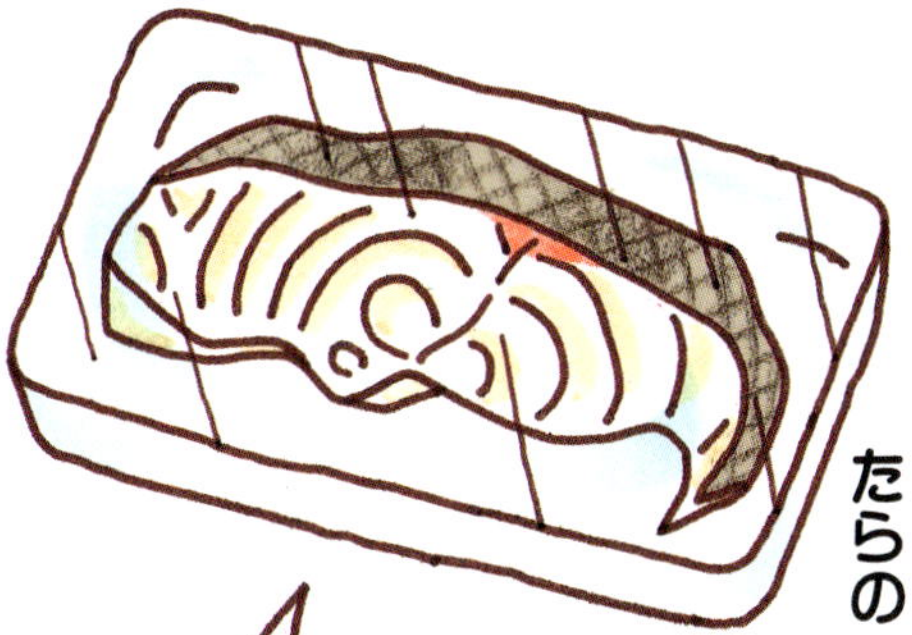
たらの きりみ

わかめの みそしる

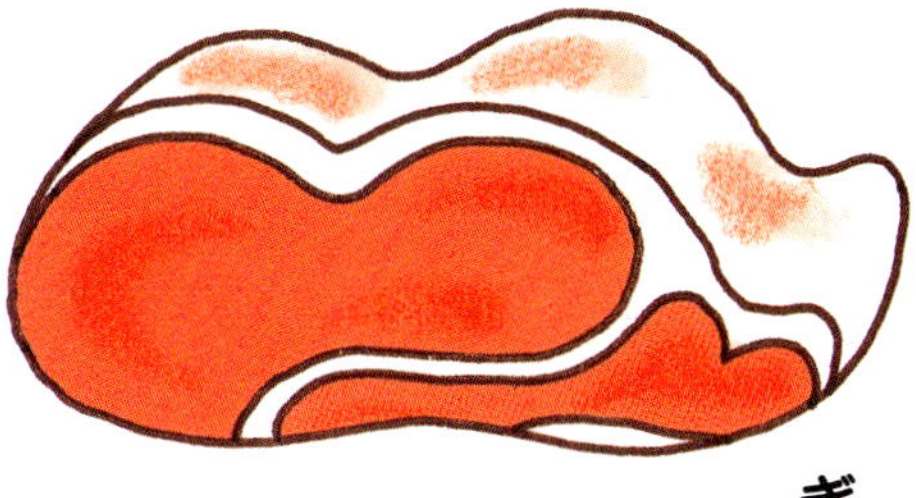
ぎゅうにく

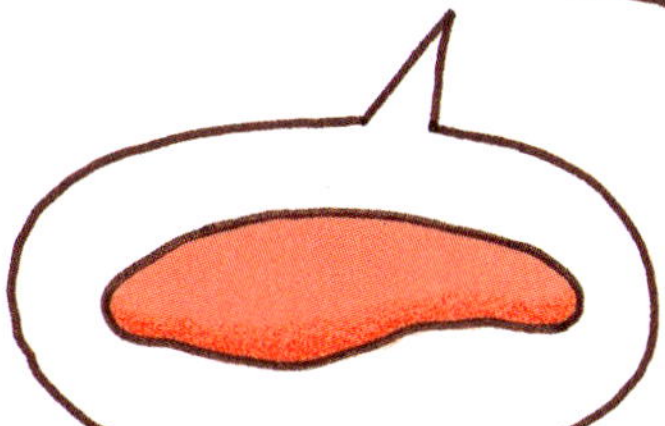
たらこ

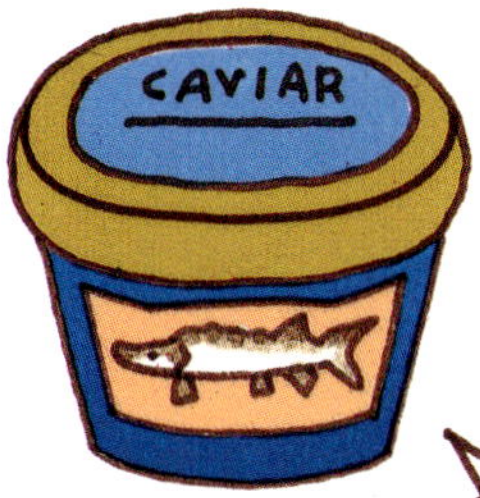

キャビア《きゃびあ》

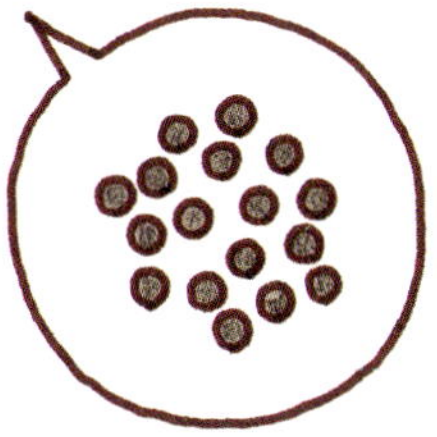

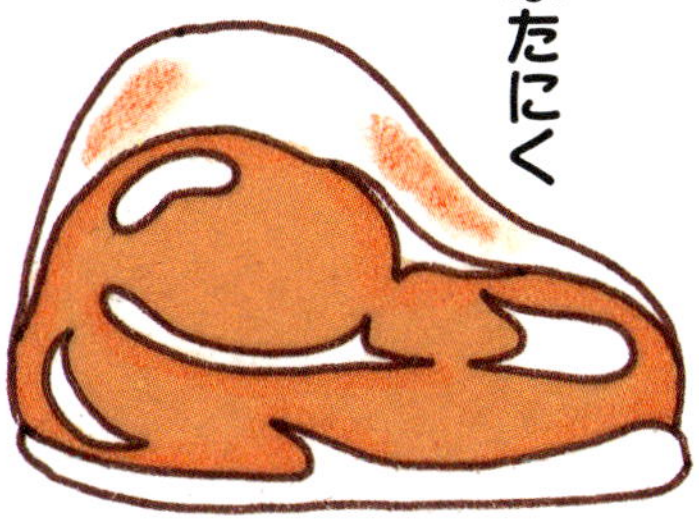
ぶたにく

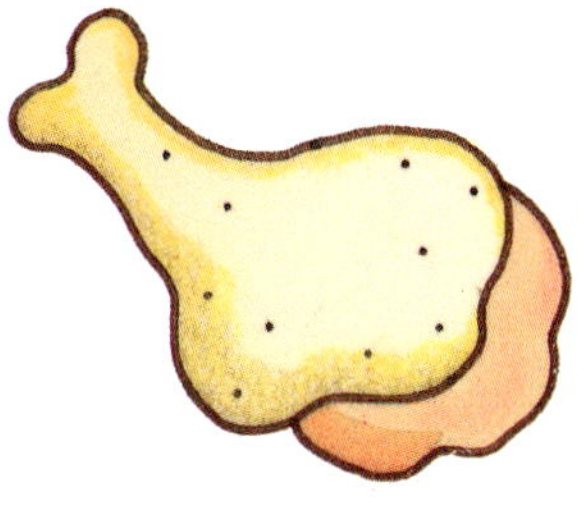
とりにく

いろいろな たべもの

とうふや　あつあげは、まめから　つくるんだよ。ハム《はむ》や　ベーコン《べーこん》は、にくから　つくるんだ。にている　なかまを　みつけよう。

ベーコン《べーこん》
ハム《はむ》
ソーセージ《そーせーじ》
かまぼこ
はんぺん
ふりかけ
ちくわ
のり
あぶらあげ
こんにゃく

まめ

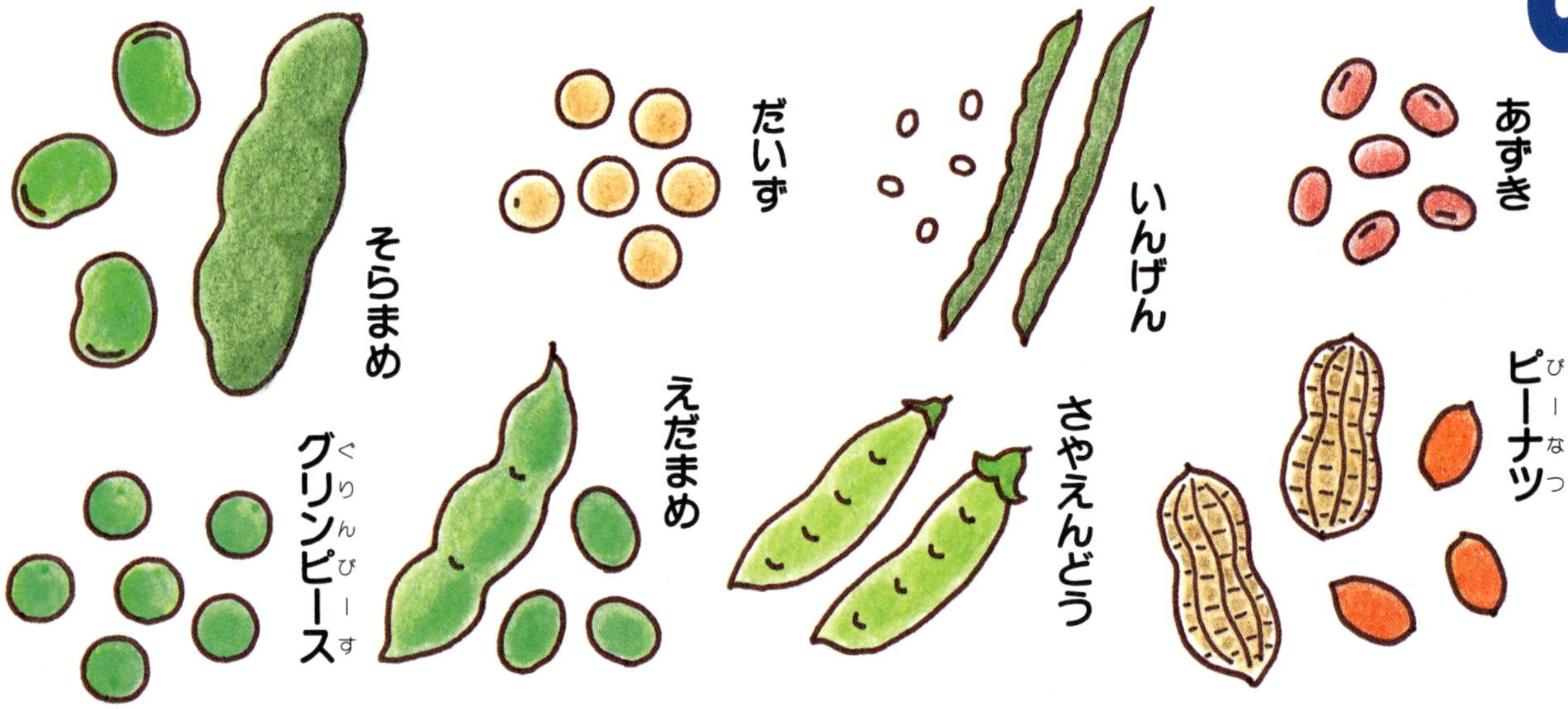
そらまめ
だいず
いんげん
あずき
グリンピース《ぐりんぴーす》
えだまめ
さやえんどう
ピーナツ《ぴーなつ》

様々な加工品と、豆類、きのこ類を集めました。加工品には、肉や魚を加工した物や、大豆、牛乳を加工した物などがあります。お子さんといっしょに、加工品の仲間分けをしてみて下さい。

おうちの方へ

なっとう
とうふ
あつあげ
たまご
チーズ《ちーず》
ヨーグルト《よーぐると》
ヨーグルト
うめぼし
つけもの（たくあん）
ジャム《じゃむ》
はちみつ
ラーメン
インスタントラーメン《いんすたんとらーめん》

きのこ

マッシュルーム《まっしゅるーむ》
しいたけ
えのきたけ
まいたけ
なめこ
しめじ
まつたけ

ちょうみりょう

りょうりを　する　ときに、あじを　つける　ものが　ちょうみりょう。からいのは　どれ？　あまいのは　どれ？

料理の味つけや香りづけに使う物、食べる時に添える物などを集めました。サラダ、お茶などにも利用されるハーブは、多くの種類がありますが、ここでは代表的な２種を生の形で取り上げました。

おうちの方へ

しょうが

わさび

からし（ねりからし）

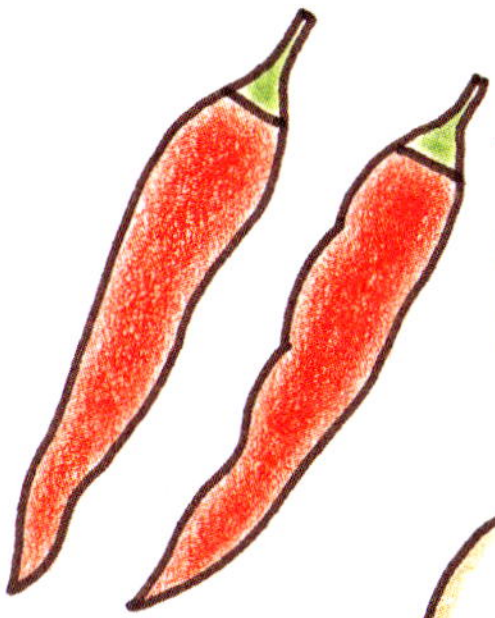

とうがらし

みょうが

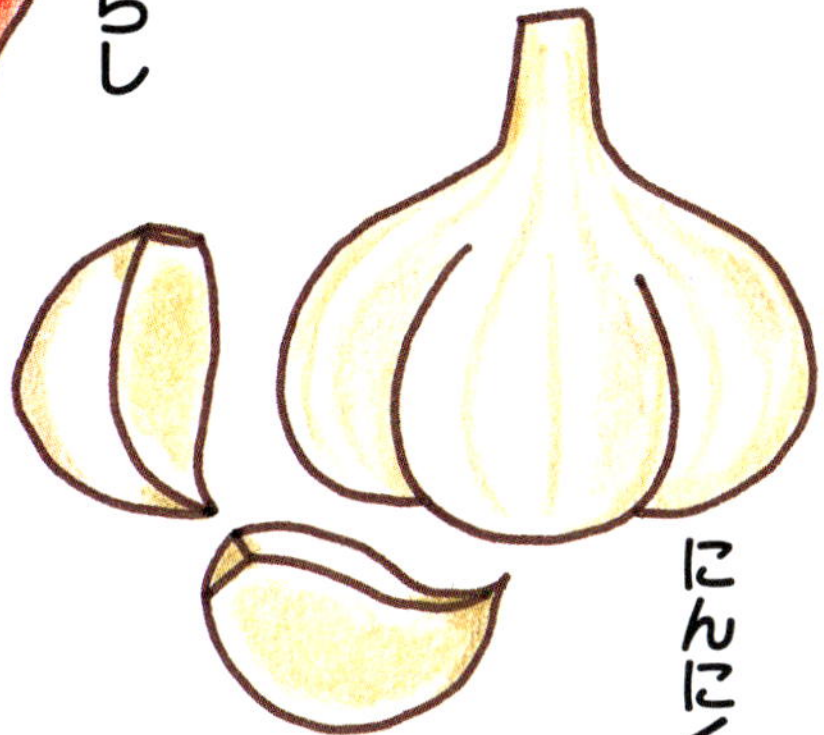

にんにく

だいこんおろし

ハーブ《はーぶ》

バジル《ばじる》

ミント《みんと》

クレソン《くれそん》

パセリ《ぱせり》

なにを つくっているのかな？

なべで にて つくった ものは なあに？
えびや いかは なにに なったの？

テーブルに並んでいる料理ができる過程を、簡単に円の中に示しました。どんな材料を使って、どんな作業をすると、どの料理ができるのか、矢印をたどりながらお子さんと話し合ってみて下さい。

おうちの方へ

たべものの なまえが かくれているよ

おうちの方へ

物の名前の中に、食べ物の名前が隠れている言葉を集めました。ここで取り上げた言葉の他にも、お子さんといっしょに、身のまわりの物から、似た言葉をさがしてみて下さい。

かきごおり

びっくりばこ

パンツ《ぱんつ》

かぶとむし

ハムスター《はむすたー》

マルチーズ《まるちーず》

2

ようふく

ようふく

おとうさんは　まいあさ　ワイシャツ《わいしゃつ》を　きる。ぼくは　ようちえんの　スモック《すもっく》を　きるよ。あめの　ひに　きる　ふくは　なんて　いう？

ティー（T）シャツ《てぃーしゃつ》

ブラウス《ぶらうす》

トレーナー《とれーなー》（スウェットシャツ《すうぇっとしゃつ》）

シャツ《しゃつ》（ワイシャツ《わいしゃつ》）

ベスト《べすと》（チョッキ《ちょっき》）

セーター《せーたー》

スモック《すもっく》

くびの　かたち

まるくび

ブイネック《ぶいねっく》

タートルネック《たーとるねっく》（とっくり）

ハイネック《はいねっく》

スカート《すかーと》
ジャンパースカート《じゃんぱーすかーと》
ミニスカート《みにすかーと》
ファスナー《ふぁすなー》
プリーツスカート《ぷりーつすかーと》（ひだスカート《すかーと》）
ロングスカート《ろんぐすかーと》
キュロットスカート《きゅろっとすかーと》

ズボン《ずぼん》
はんズボン《ずぼん》
ジーパン《じーぱん》（ジーンズ《じーんず》）
ファスナー《ふぁすなー》
ながズボン《ずぼん》
オーバーオール《おーばーおーる》

ようふく

うわぎ

ブレザー《ぶれざー》
（ジャケット《じゃけっと》）
えり
ボタン《ぼたん》
ポケット《ぽけっと》
フード《ふーど》
ファスナー《ふぁすなー》
パーカ《ぱーか》
カーディガン《かーでぃがん》
トレンチコート《とれんちこーと》
オーバー《おーばー》
（オーバーコート《おーばーこーと》）
けがわ
ジャンパー《じゃんぱー》
マント《まんと》
ケープ《けーぷ》
レインコート《れいんこーと》

おうちの方へ

大人用と子ども用のふだん着・外出着・室内着の代表的な物を取り上げています。男性用も女性用も同じ呼び名の物、主に女性が着る物など、家の中の洋服と比べながら、お子さんと話をしてみましょう。

したぎ・きもの・くつ

さむい ときに きる、そでの ながい ふくは ながそで。あつい ときに きる、そでの みじかい ふくを なんて いう?

靴下・下着類と和服、靴の代表的な物を集めてみました。大人の物に興味を示すお子さんは多いことでしょう。大人の靴と子供の靴とを比べてみるなどして、大きさの違いを実感させてあげて下さい。

おうちの方へ

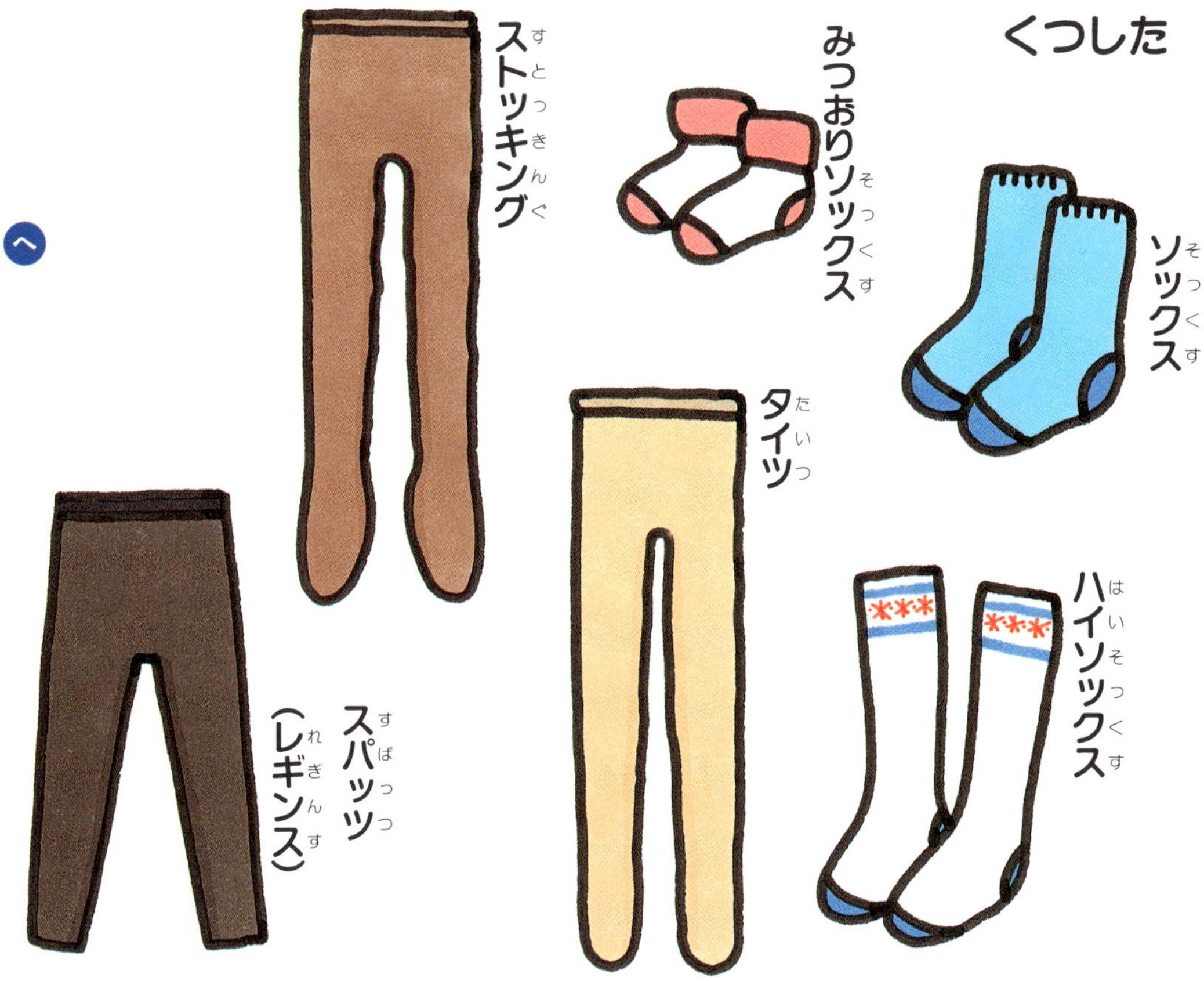

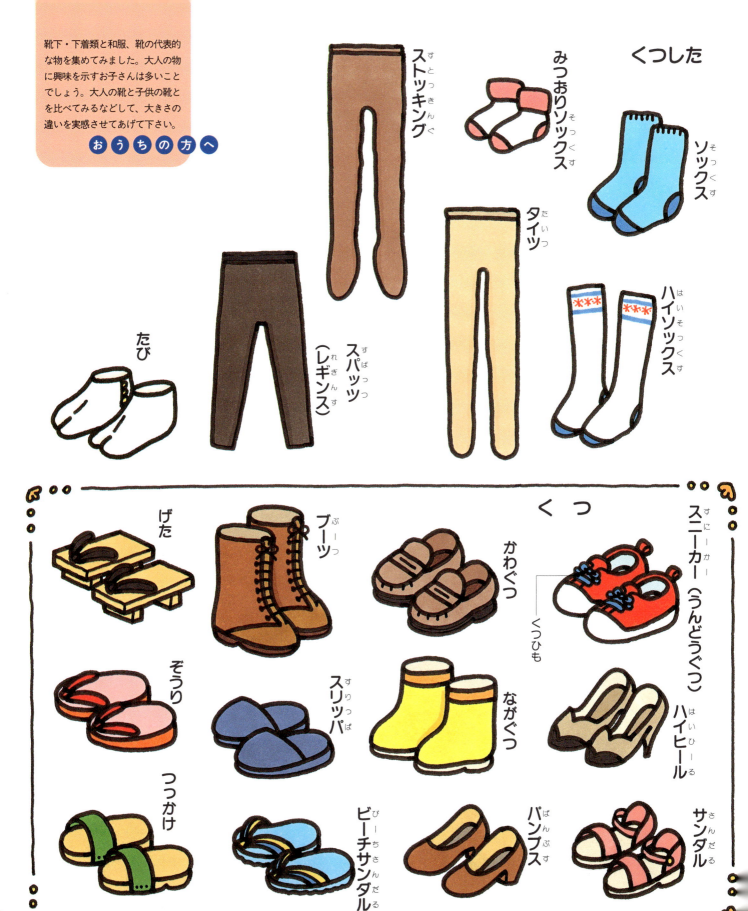

ようふく

みにつける もの

つめたい かぜが ふく さむい きせつに、くびに まいたり て を つつんだりすると、からだが あたたまる ものは なに?

ぼうし

アクセサリー《あくせさりー》

おうちの方へ

帽子・手袋・マフラーなど季節に合わせて使う物と、アクセサリーとして身につける物の代表的な形を取り上げました。様々な種類の商品がありますので、実物を見せてあげるといいでしょう。

もちもの

かたに　かけたり、せなかに　せおったり、いろいろな　かばんが　あるよ。しょうがっこうに　はいったら　せおっていくのは　なに?

かさ

おりたたみがさ

かばん（がくせいかばん）

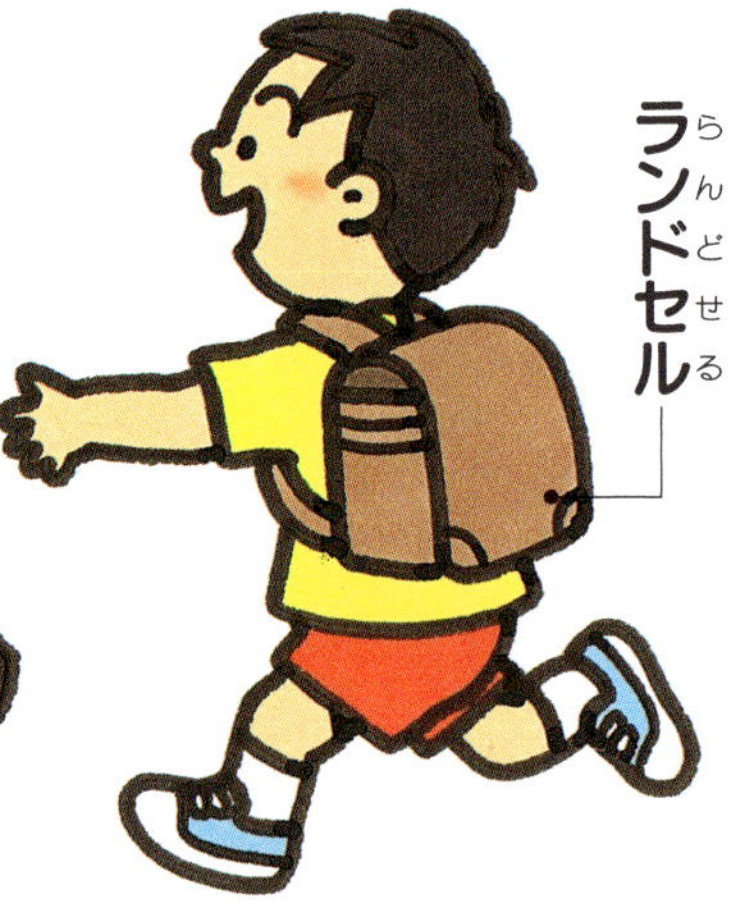

ランドセル《らんどせる》

だいじな　もの

つうちょう

はんこ

かぎ

キーホルダー《きーほるだー》

ポケットティッシュ《ぽけっとてぃっしゅ》

ハンカチ《はんかち》

きんちゃくぶくろ

つうえんバッグ《ばっぐ》

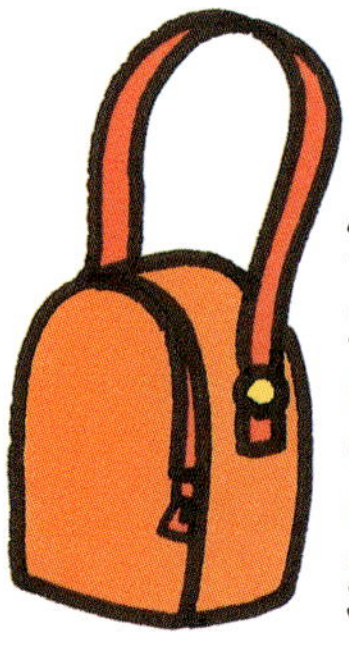

シューズバッグ《しゅーずばっぐ》（うわばきいれ）

ウエストポーチ《うえすとぽーち》

おけいこバッグ《ばっぐ》

リュックサック《りゅっくさっく》

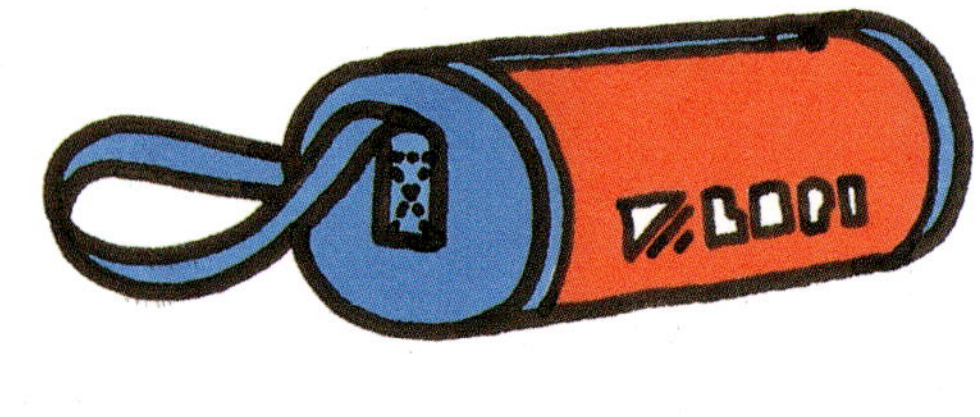

スポーツバッグ《すぽーつばっぐ》

かばんやバッグを中心とした手に持つ物、傘、貴重品などを集めました。どんな時に、誰が持つのか、お子さんと話し合ってみましょう。また、鍵や印鑑などはどうして大切なのか、教えてあげて下さい。

おうちの方へ

ショルダー《しょるだー》バッグ《ばっぐ》

ハンドバッグ《はんどばっぐ》

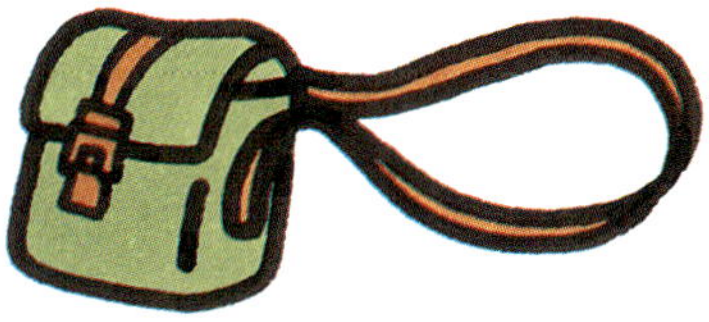
ポシェット《ぽしぇっと》

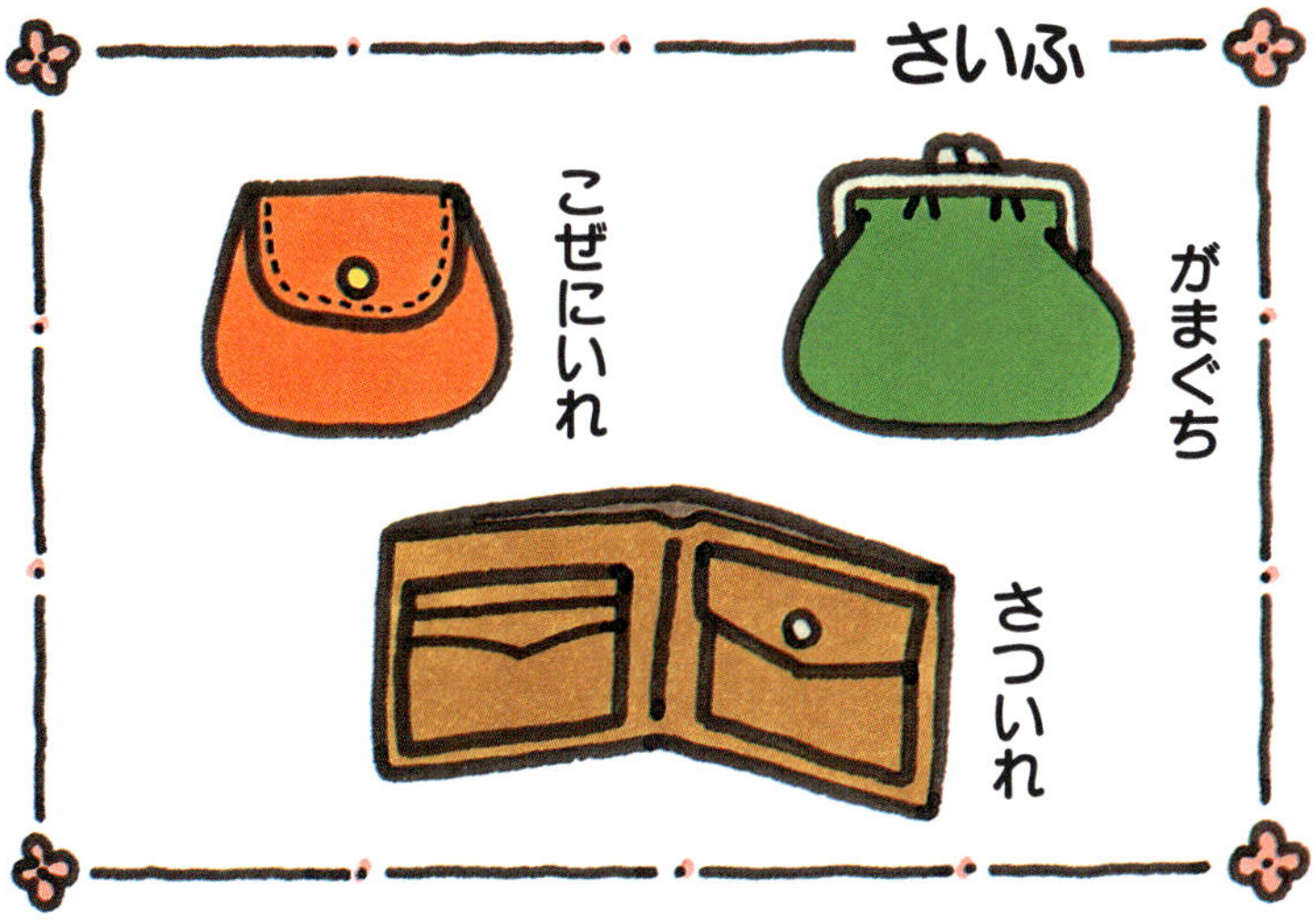

トートバッグ《とーとばっぐ》

かみぶくろ

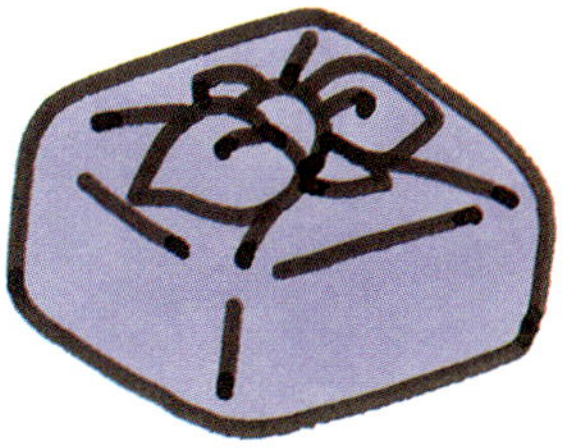
ふろしき

スーツケース《すーつけーす》（トランク《とらんく》）

なにを きようかな？

おはよう、あさだよ。きょうは　どのふくを　きようかな。

おうちの方へ

朝の着がえの風景です。ここではP40〜49で取り上げた洋服や靴下、持ち物などが登場しています。お子さんといっしょに、どこに何があるのか、さがしてみましょう。

おうちの方へ

ここでは、顔や体の各部位の名前を取り上げています。絵を見ながら、実際に、お子さんの顔や体を指し示すなどして、場所とその名前が一致するように教えてあげて下さい。

からだの なまえが わかるかな？

3 いえのなか

だいどころの　どうぐ

りょうりを　する　ときには、いろいろな
どうぐを　つかうんだね。なにを　するのに
つかう　どうぐか　しっているかな？

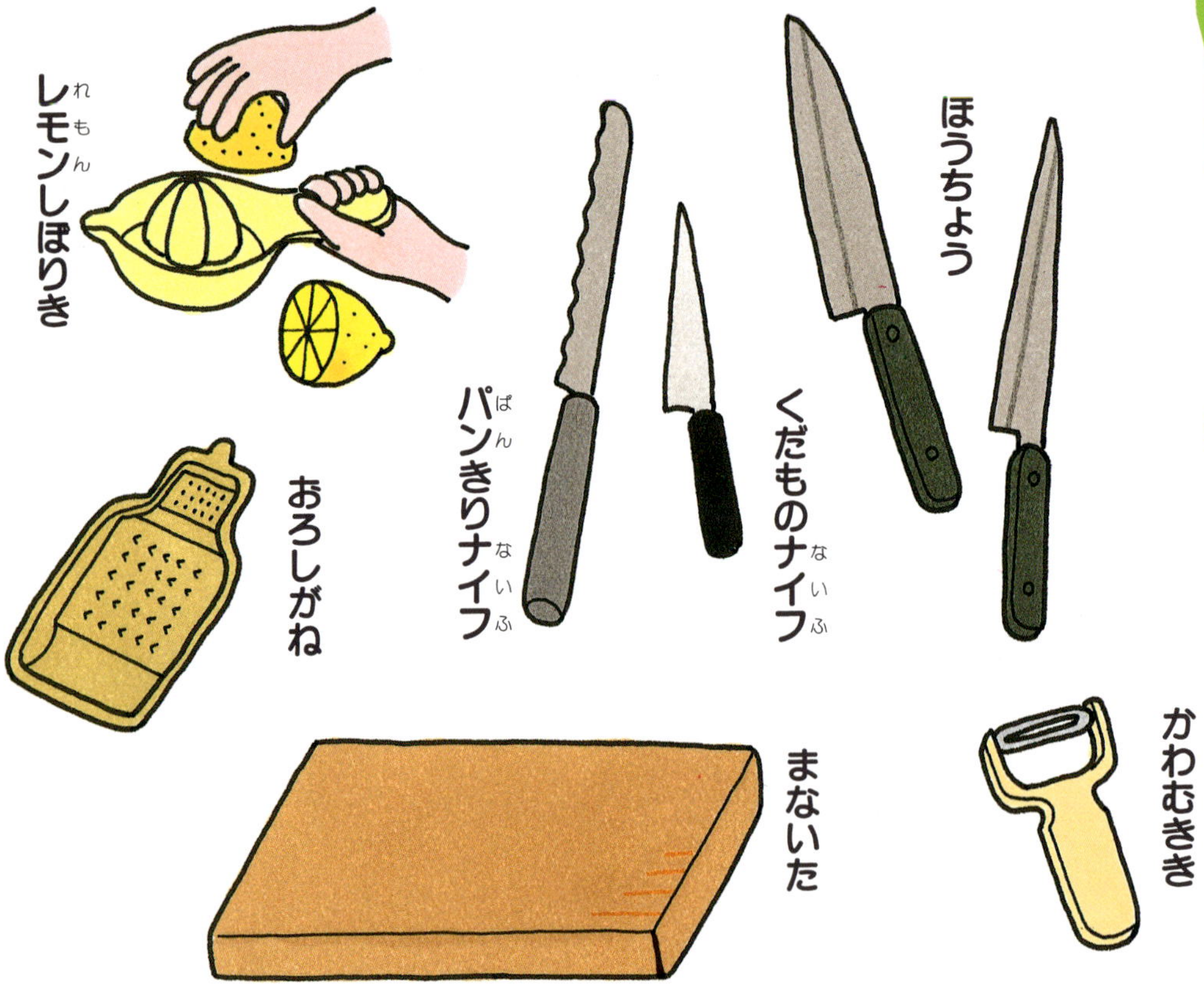

台所の電気製品、調理器具を集めました。切る、煮る、焼く、計る、炒める…どの道具でどんなことができるのか、また、実際にどのように使うのか、説明してあげて下さい。

おうちの方へ

やきあみ

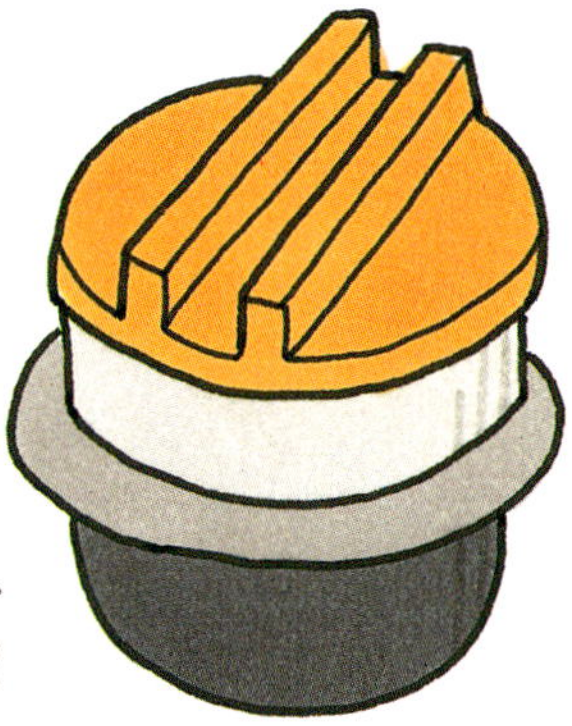
かま

なべ（りょうてなべ）

やかん

なべ（かたてなべ）

ミルクパン《みるくぱん》

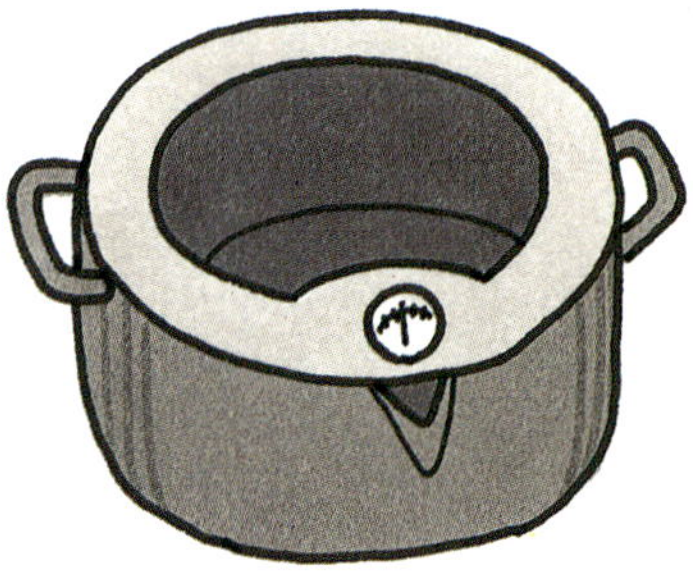
なべ（てんぷらなべ）

たまごやきき

ふた
むしき

なべ（ずんどうなべ）

なべ（どなべ）

フライパン《ふらいぱん》

なべ（ちゅうかなべ）

だいどころのどうぐ

ワインオープナー《わいんおーぷなー》

アイスクリームディッシャー《あいすくりーむでぃっしゃー》

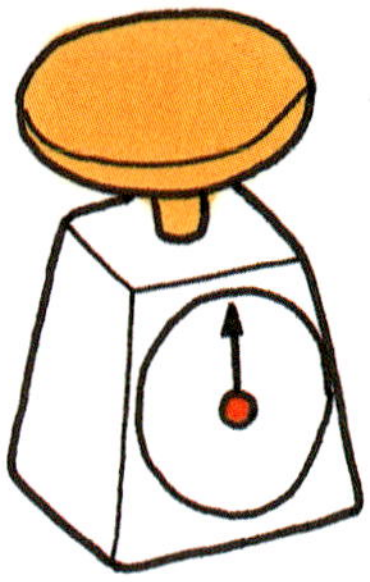
はかり

ちゃこし

なべつかみ

ちょうみりょういれ

かんきり

せんぬき

ます

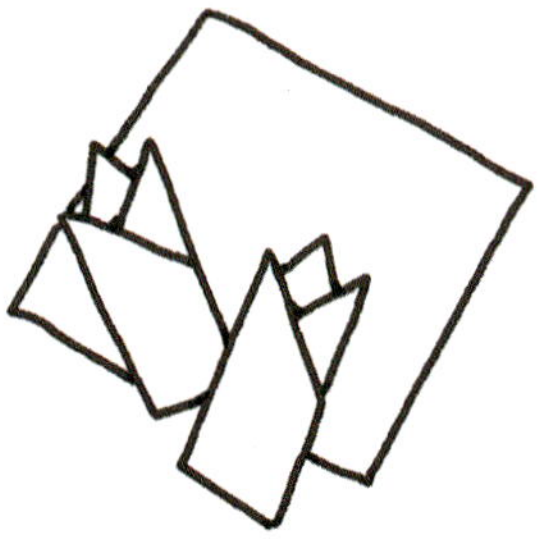
かみナプキン《なぷきん》

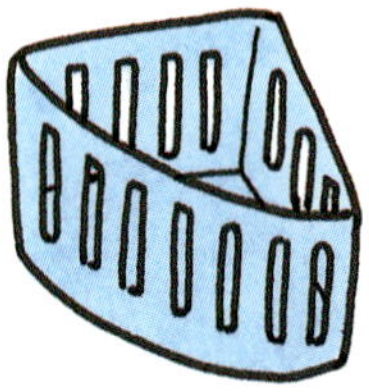
さんかくコーナー《こーなー》

みずきり

ラップ《らっぷ》

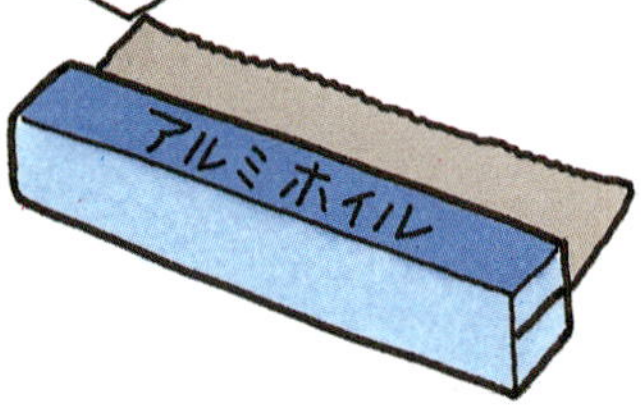

アルミホイル《あるみほいる》

ふきん

じょうすいき

ライスボックス《らいすぼっくす》（こめびつ）

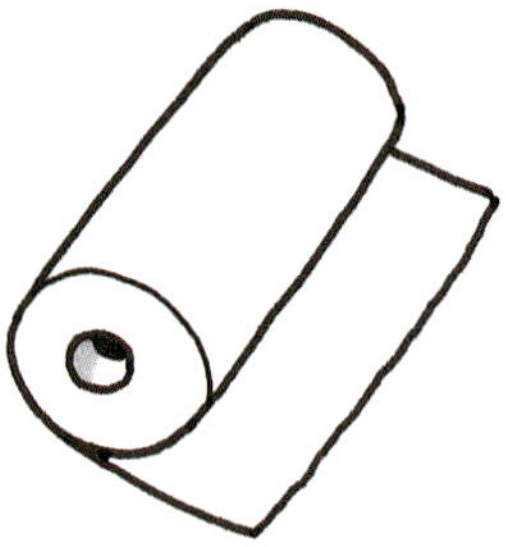
キッチンペーパー《きっちんぺーぱー》

あぶらこしき（オイルポット《おいるぽっと》）

おぼん（トレー《とれー》）

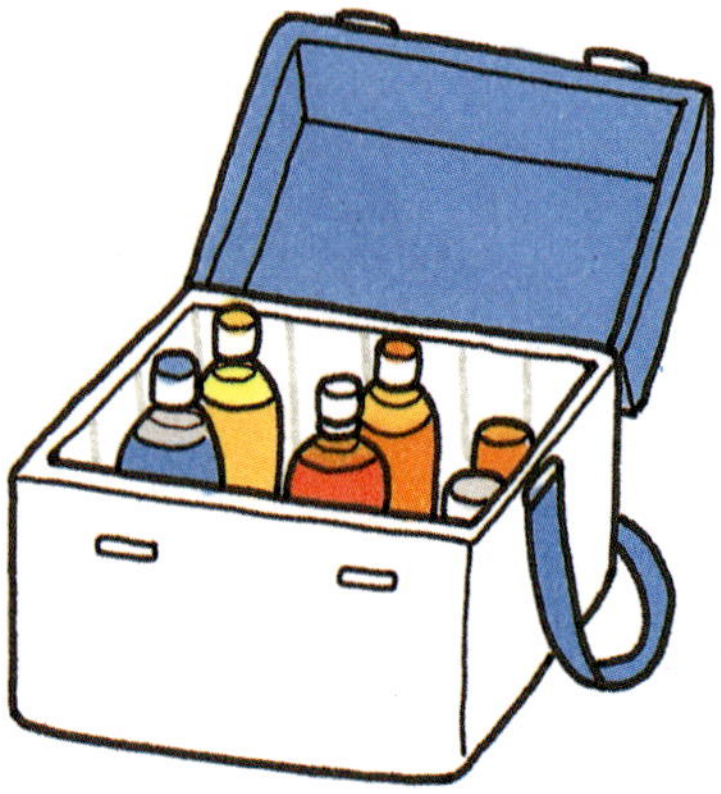
クーラーボックス《くーらーぼっくす》

すいはんき（でんしジャー《じゃー》）

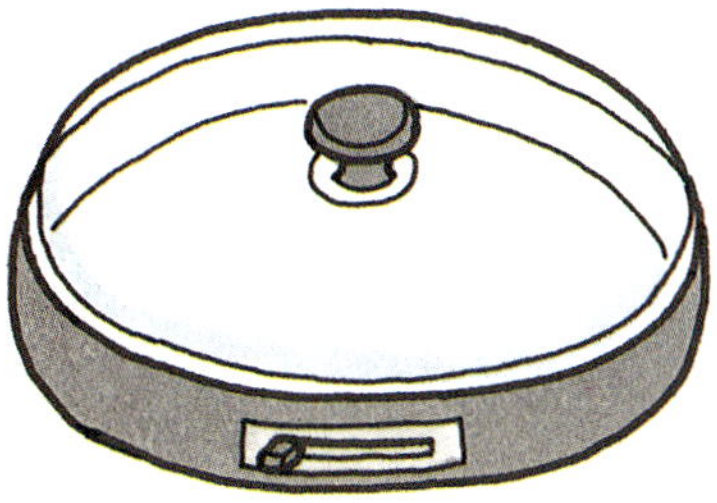

ホットプレート《ほっとぷれーと》

ミキサー《みきさー》

れいぞうこ

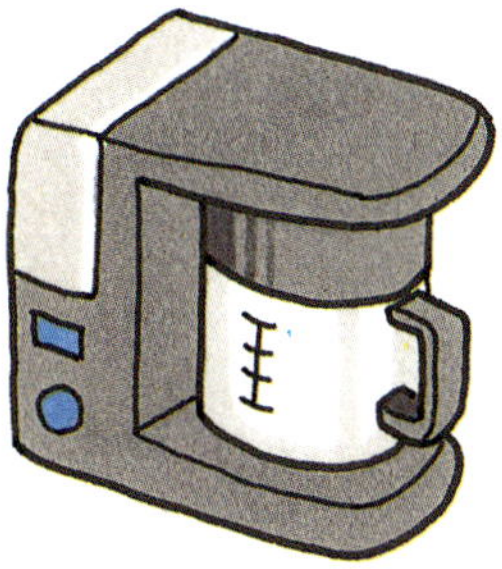

コーヒーメーカー《こーひーめーかー》

でんきポット《ぽっと》

トースター《とーすたー》

オーブントースター《おーぶんとーすたー》

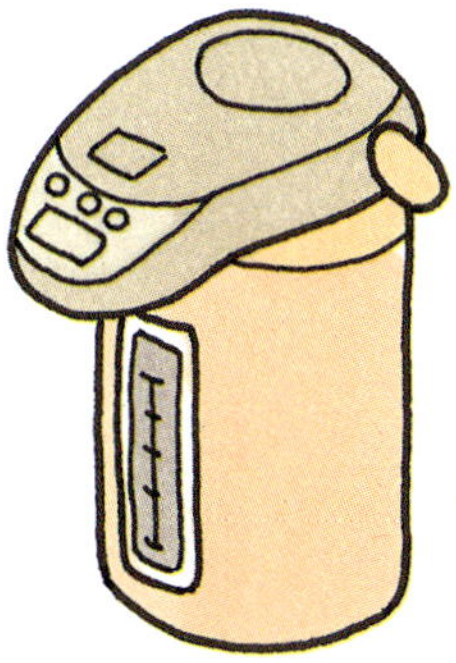

ポット《ぽっと》（まほうびん）

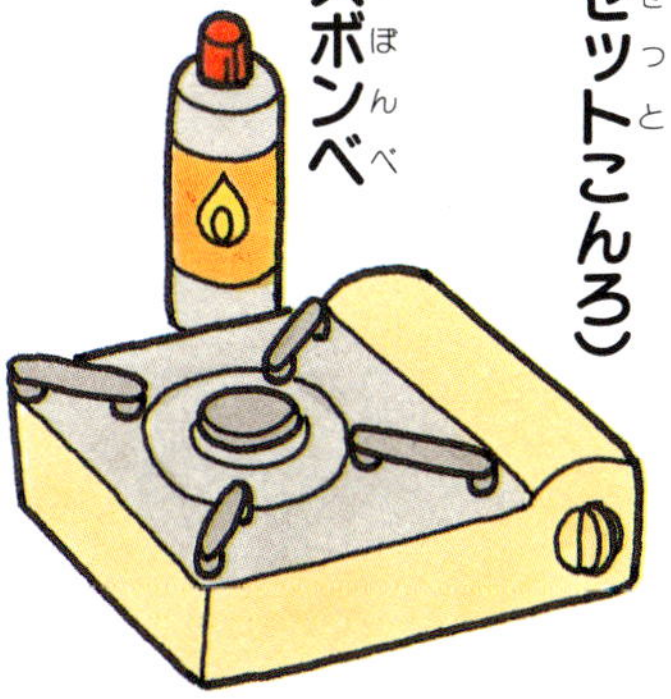

こんろ（カセット《かせっと》こんろ）

ガスボンベ《がすぼんべ》

でんしレンジ《れんじ》

ガスレンジ《がすれんじ》

いえの なか

しょっき

ごはんを　たべる　ときに　つかう　どうぐが　いっぱい　あるよ。きみは　いつも、どれを　つかって　たべている？

ちゃわん
サラダボウル《さらだぼうる》
おわん
サーバー《さーばー》
こばち
どんぶり
さら（こざら）
さら
さら（おおざら）
ストロー《すとろー》
コップ《こっぷ》
コースター《こーすたー》
おちょこ
とっくり
グラス《ぐらす》（ワイングラス《わいんぐらす》）
ジョッキ《じょっき》
ちゃぶつつ
ゆのみ
カップ《かっぷ》
マグカップ《まぐかっぷ》
ソーサー《そーさー》（うけざら）
ちゃたく
シュガーポット《しゅがーぽっと》
きゅうす
ティーポット《てぃーぽっと》
コーヒーポット《こーひーぽっと》

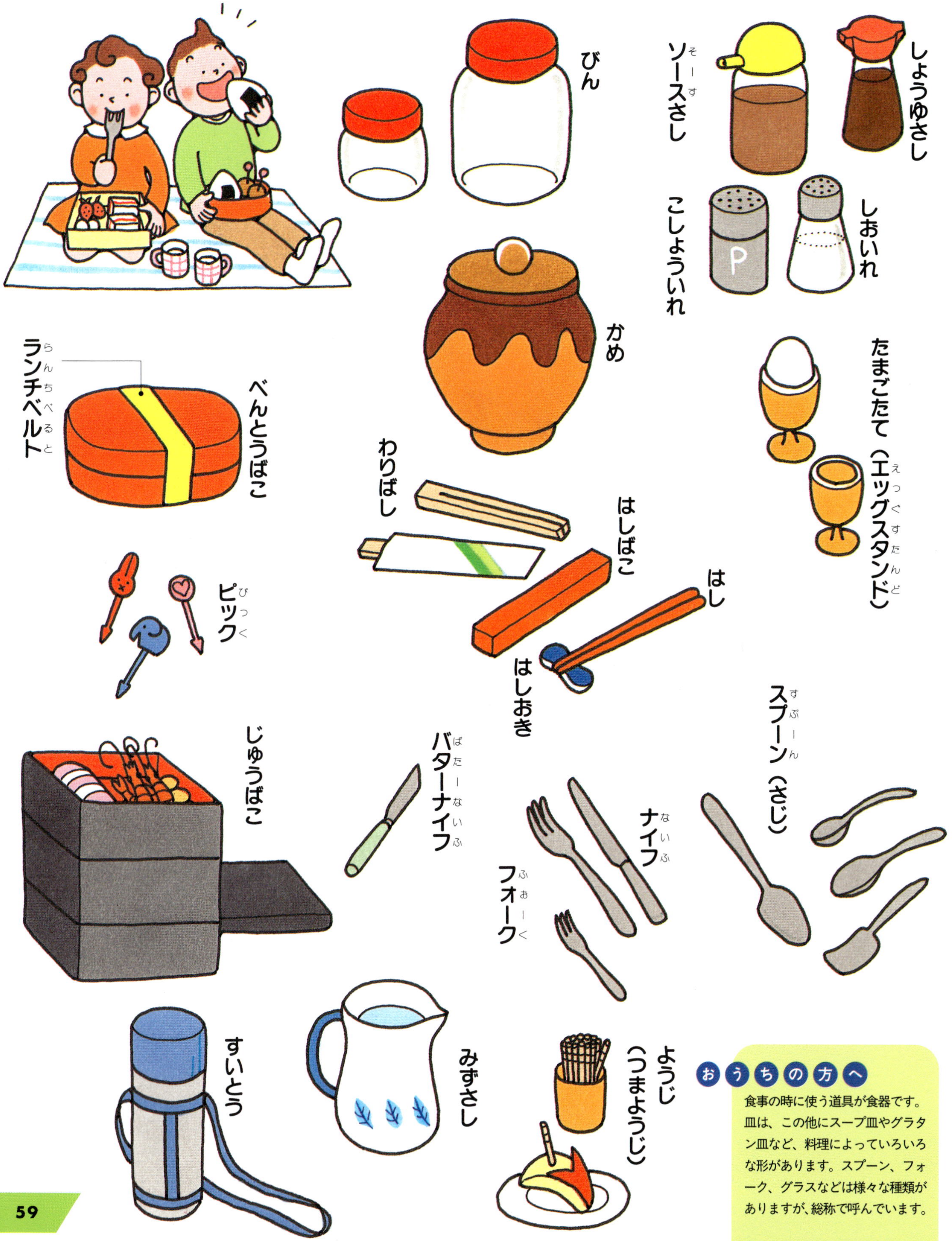

おうちの方へ

食事の時に使う道具が食器です。皿は、この他にスープ皿やグラタン皿など、料理によっていろいろな形があります。スプーン、フォーク、グラスなどは様々な種類がありますが、総称で呼んでいます。

どこにしまったらいいの？

おやつの　あとの　おかたづけ、どれを　どこに　しまうのかな？

おうちの方へ

子どもたちが後片づけを手伝っています。ここではP 54〜59に出てくる道具が登場します。それぞれの子が何を持っていて、どこに運んだらいいのかなど、お子さんといっしょに考えてみて下さい。

おふろとトイレ《といれ》のどうぐ

からだを きれいに する ものや、びようきや けがを した ときに つかう もの。きみの うちには どこに ある?

コップ《こっぷ》
はブラシ《ぶらし》
くし
ブラシ《ぶらし》
はみがきこ
ドライヤー《どらいやー》
ティー《てぃー》(T)じかみそり
てかがみ
かみそり
でんきかみそり
(シェーバー《しぇーばー》)
ムース《むーす》
リンス《りんす》
(コンディショナー《こんでぃしょなー》)
シャンプー《しゃんぷー》
ひげそりクリーム《くりーむ》
スポンジ《すぽんじ》
かるいし
せっけん
えきたいせっけん
せっけんいれ
ボディーブラシ《ぼでぃーぶらし》
てぬぐい
せんめんき
すのこ

おうちの方へ

風呂場や洗面所、トイレなどにある道具の他、衛生用品などの家庭雑貨を集めました。カミソリや防虫剤、薬品など、子どもがいたずらをすると危ない物もたくさんあります。注意してあげましょう。

けしょうひん

タオル《たおる》

おふろと トイレ《といれ》の どうぐ

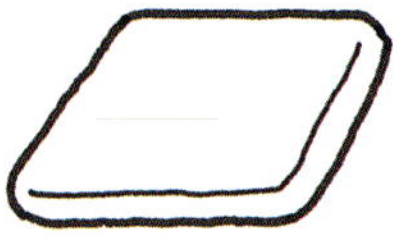
だっしめん

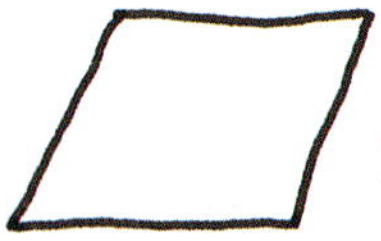
ガーゼ《がーぜ》

ティッシュペーパー《ていっしゅぺーぱー》
（ちりがみ）

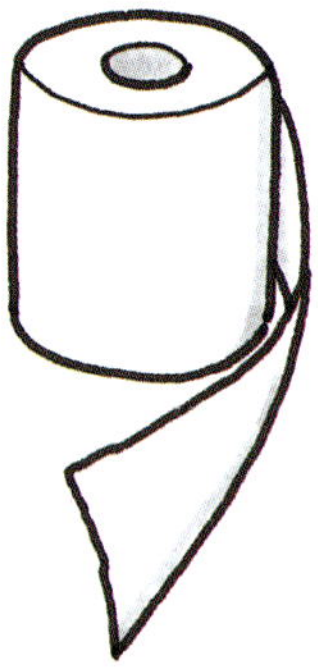
トイレットペーパー《といれっとぺーぱー》

ウエットティッシュ《うえっとてぃっしゅ》

めんぼう

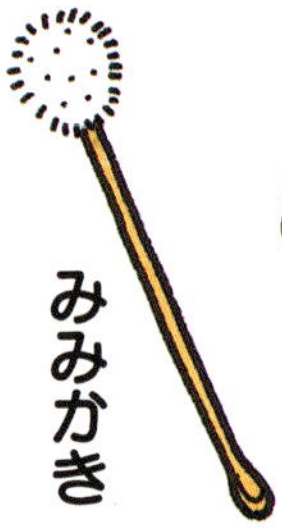
みみかき

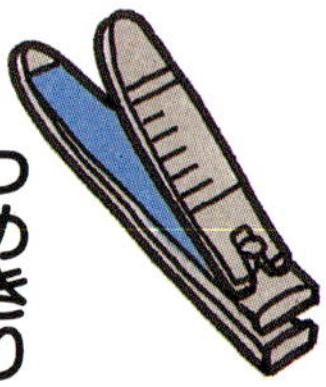
つめきり

けぬき

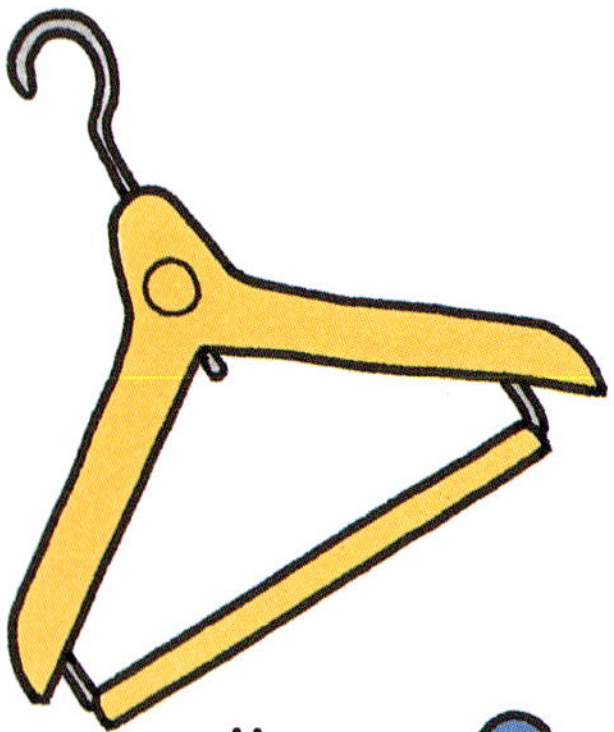
ハンガー《はんがー》

わゴム《ごむ》

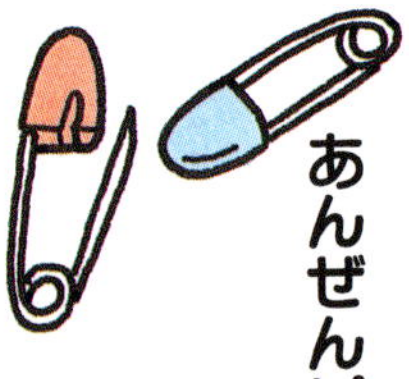
あんぜんピン《ぴん》

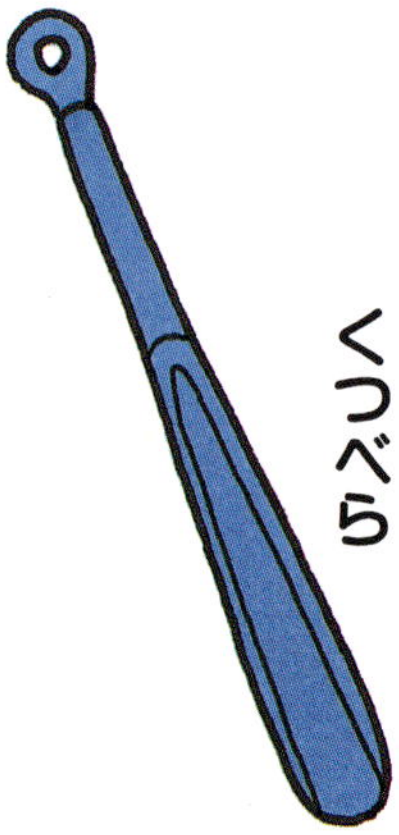
くつべら

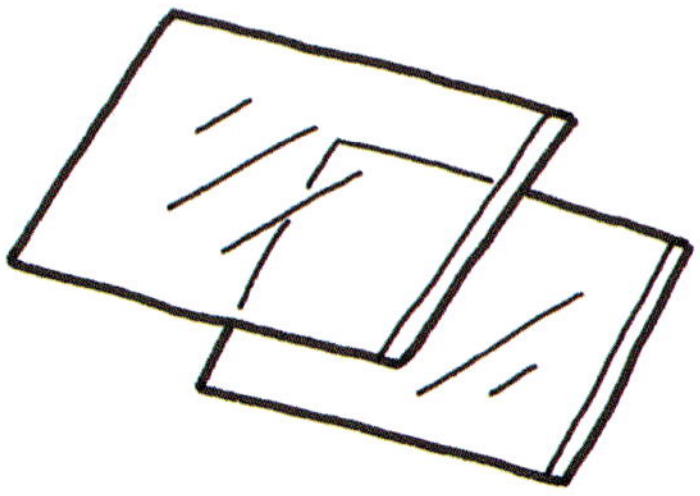
ビニール《びにーる》ぶくろ
（ポリ《ぽり》ぶくろ）

ろうそく

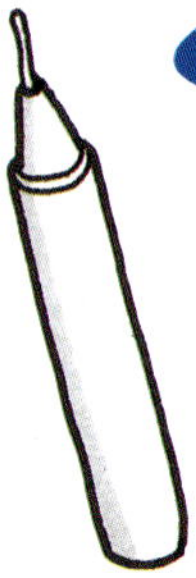

はいざら

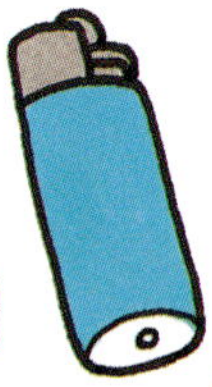
ライター《らいたー》

マッチ《まっち》

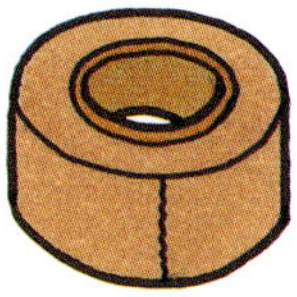
ガムテープ《がむてーぷ》

だんボール《ぼーる》

ひも

ぼうちゅうざい
ほうこうざい
かとりせんこう
さっちゅうざい
ゴキゲラー
コットン《こっとん》（カット《かっと》めん）
ナプキン《なぷきん》
かんそうざい
ドライ
みずまくら（こおりまくら）
がんたい
マスク《ますく》
ばんそうこう
ほうたい
くすり
のみぐすり
カプセル《かぷせる》
じょうざい
こなぐすり
たいおんけい
しょうどくえき
消毒用
オキシドール
ぬりぐすり
なんこう
めぐすり

なにを もって なにを して いる？

あさ おきたら なにを する？ よる ねる まえには どうするの？

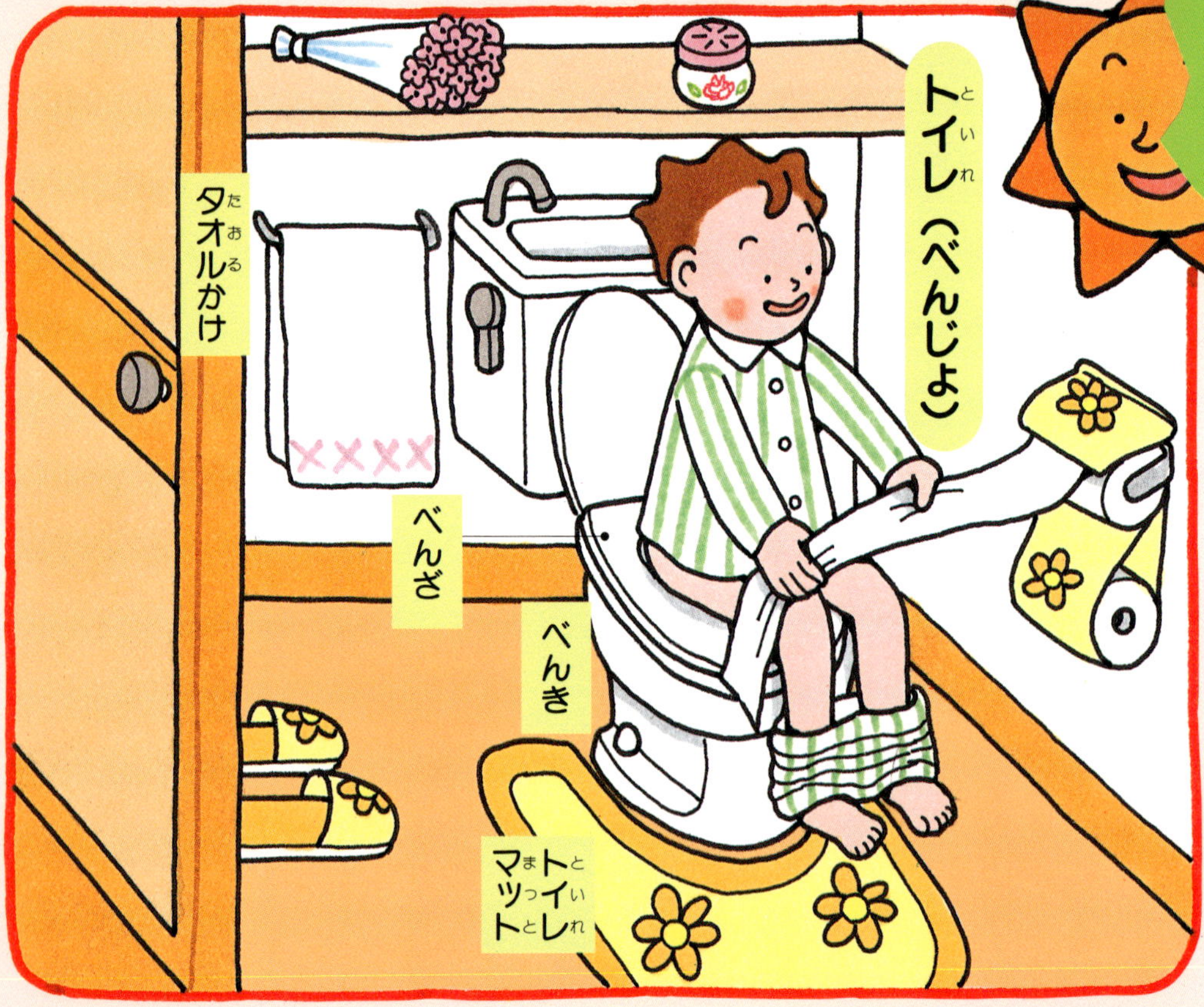
トイレ《といれ》（べんじょ）
タオル《だおる》かけ
べんざ
べんき
トイレ《といれ》マット《まっと》

だついかご
せんめんだい
WHITE

おうちの方へ

ここではＰ62〜65の物が登場しています。朝、起きてからすること、夜、寝る前にすることを比べてみて、何をしている絵なのか、どんな道具を使っているのか、お子さんと話し合って下さい。

ぶんぼうぐ

えや　じを　かく　どうぐは　どれ？　かみを　きる　ときに　つかう　ものは　どれかな？　きみは　どれを　もっている？

文房具、事務用品の他、本やノート、手紙など、子ども部屋や書斎にある物、または学校などで使う物を集めました。書道の道具、お絵描きの道具など、グループ分けをして教えてあげて下さい。

おうちの方へ

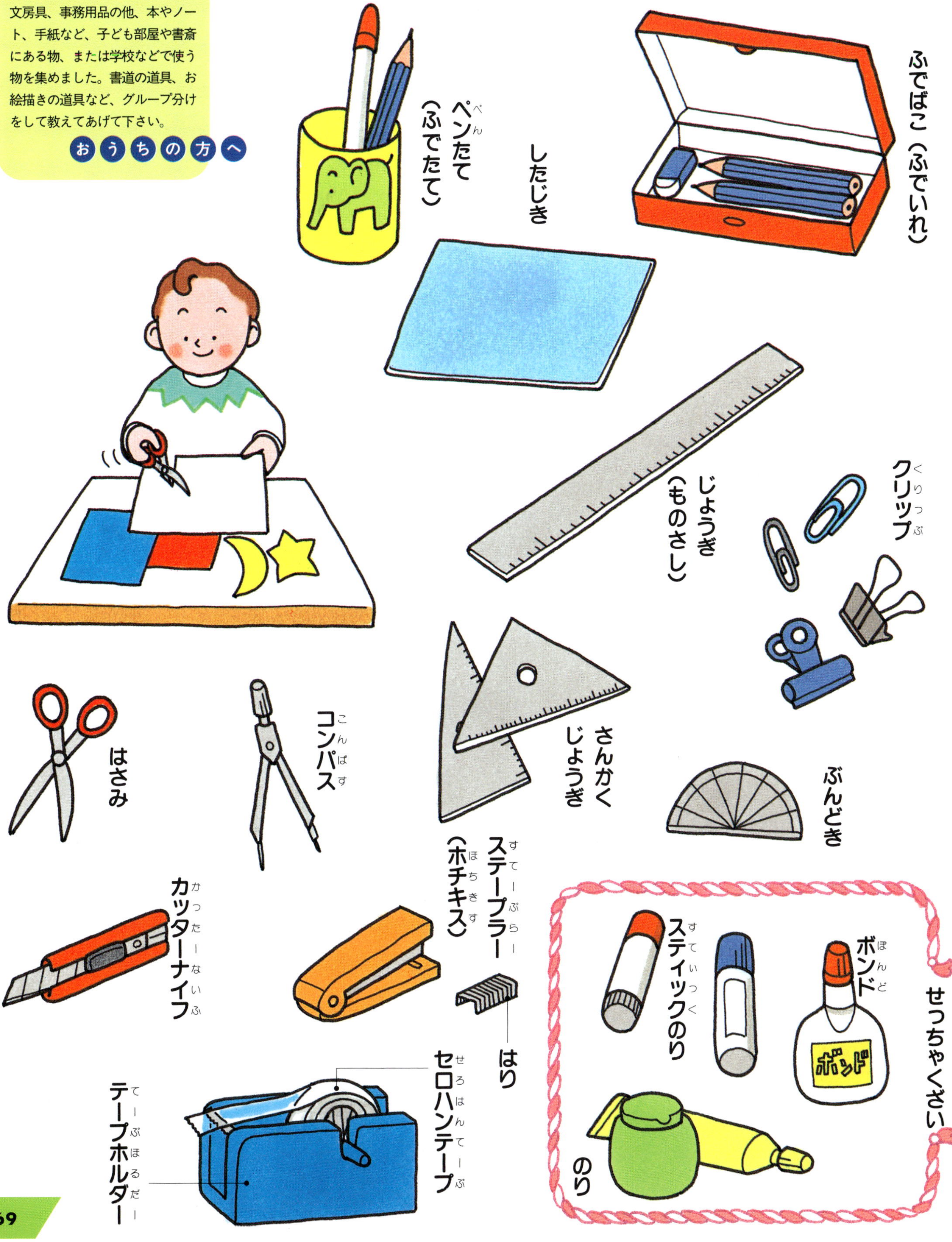

ぶんぼうぐ

ほん

ひゃっかじてん

えほん

ずかん

まんがの ほん

じしょ

ざっし

かみしばい

ちず

しんぶんし

でんわちょう

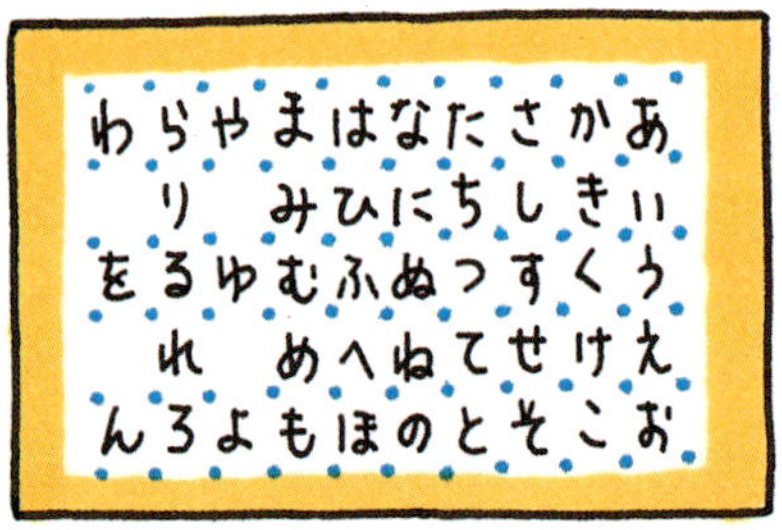

あいうえおひょう

ポケットアルバム《ぽけっとあるばむ》
しゃしん
アルバム《あるばむ》
バインダー《ばいんだー》
（ファイル《ふぁいる》）
ルーズリーフ《るーずりーふ》
えにっき
Diary
にっきちょう
シール《しーる》
ステッカー《すてっかー》
がようし
メモ《めも》ちょう
メモ
てがみ
きって
はがき
えはがき
ふうとう
びんせん
てちょう
スケッチブック《すけっちぶっく》
だいがくノート《のーと》
ノート《のーと》
こくご
がくしゅうノート《のーと》
カレンダー《かれんだー》
1がつ
ひめくりカレンダー《かれんだー》
1月
7
メモボード《めもぼーど》

いえのなか

ぶんぼうぐ

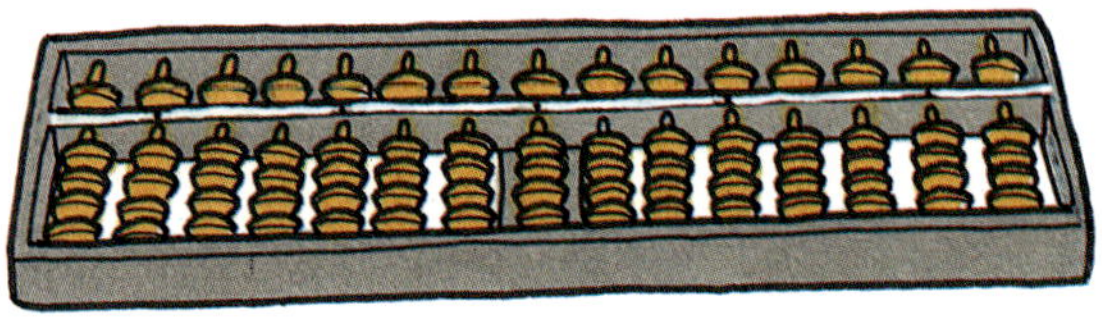

そろばん

けいさんき（でんたく）

がびょう

レ《れ》タ《た》ー《ー》ボ《ぼ》ッ《っ》ク《く》ス《す》

プ《ぷ》ッ《っ》シ《し》ュ《ゅ》ピ《ぴ》ン《ん》

どうぐばこ

じしゃく

むしめがね

そうがんきょう

ちきゅうぎ

ぼうえんきょう（てんたいぼうえんきょう）

スタンプ《すたんぷ》だい

スタンプ《すたんぷ》

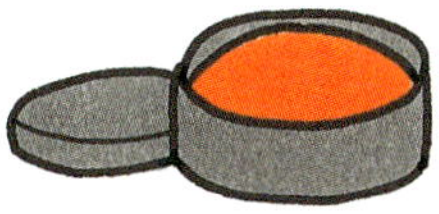

しゅにく

はんこ

しゅうじの どうぐ

ぼくじゅう

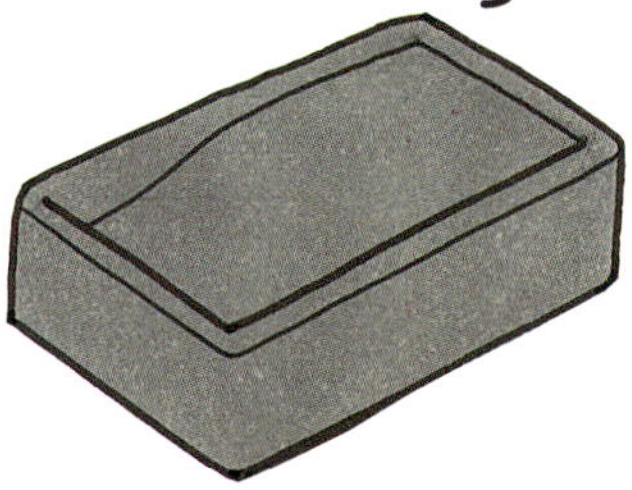

すずり

ふで

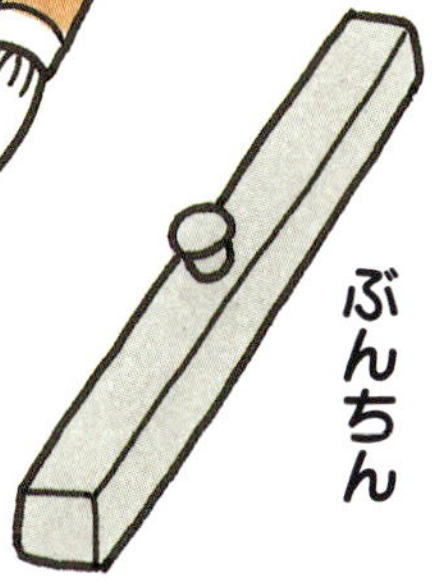

ぶんちん

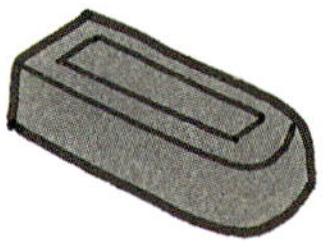

すみ

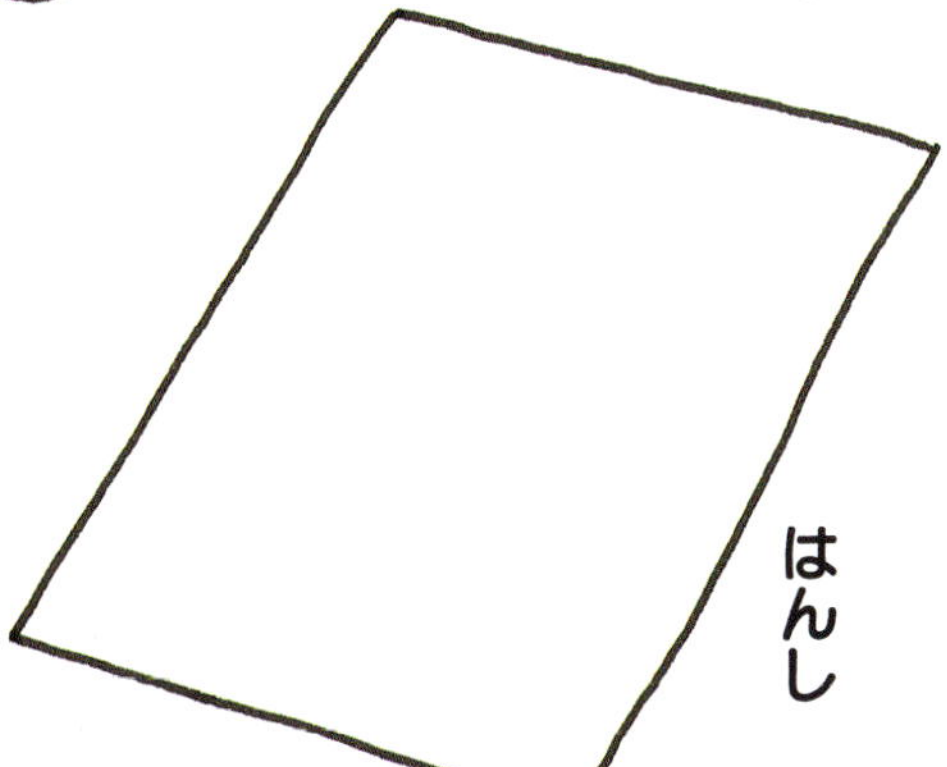

はんし

いえの なか

おもちゃ

あそぶ　ときに　つかう　どうぐが　おもちゃだね。いえの　なかで　あそぶ　ものと　そとで　あそぶ　ものが　あるよ。わかるかな？

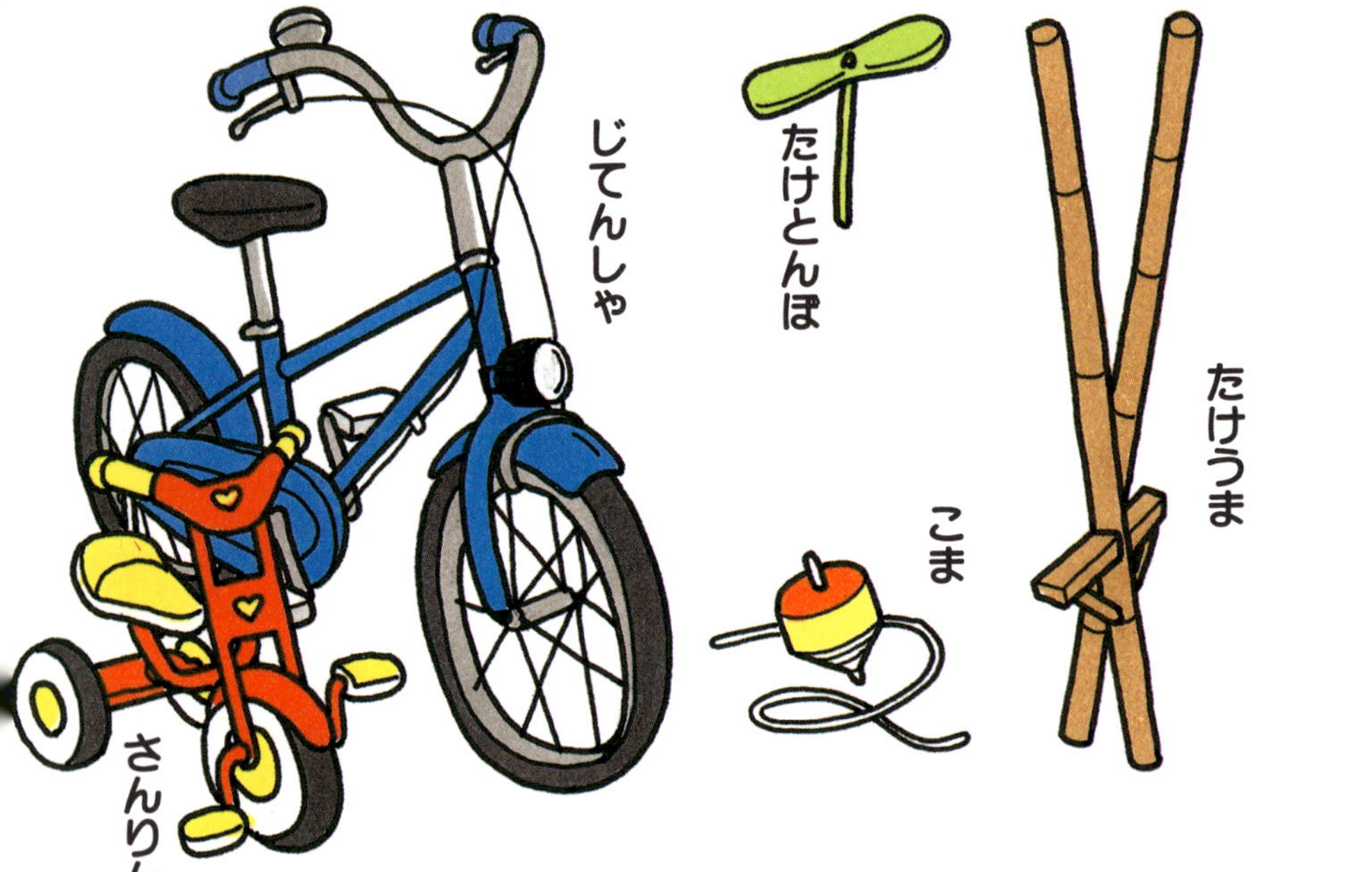

P 74、P 75は外で使うおもちゃ、P 76～79は家の中で使うおもちゃを取り上げています。竹馬、けん玉など、昔からのおもちゃもたくさん紹介していますので、お子さんに教えてあげて下さい。

おうちの方へ

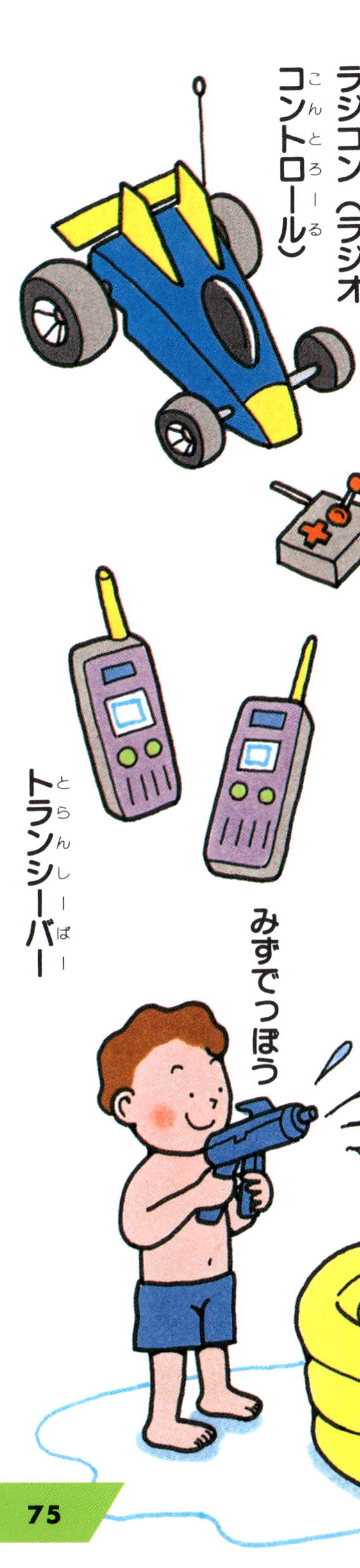

おもちゃ

ロボット《ろぼっと》
おもちゃばこ
あやつりにんぎょう
だるま
こけし
きせかえにんぎょう
にんぎょう
キューピー《きゅーぴー》にんぎょう
ドールハウス《どーるはうす》
ぬいぐるみ
ゆびにんぎょう

ままごとセット《せっと》
ブロック《ぶろっく》
つみき
モビール《もびーる》
てつどうもけい
たいこ
ばち
らっぱ
プラモデル《ぷらもでる》
もけいひこうき
ぜんまい（ねじ）
ふえ
マイク《まいく》（マイクロホン《まいくろほん》）
オルゴール《おるごーる》
ミニカー《みにかー》

おもちゃ

けんだま
かざぐるま
かみふうせん
おりがみ
おりづる
ねんど
てるてるぼうず
おてだま
ヨーヨー《よーよー》
ぬりえ
おめん
わ
バッジ《ばっじ》
おはじき
ビー《びー》だま
わなげ

ゲーム《げーむ》

しょうぎばん
しょうぎ
こま
ご
ごいし
ごばん
ゲーム《げーむ》き
ゲームソフト《げーむそふと》
けいたいようゲーム《げーむ》き
ダーツ《だーつ》
ルーレット《るーれっと》
ジグソーパズル《じぐそーぱずる》
トランプ《とらんぷ》
ひゃくにんいっしゅ
カルタ《かるた》
さいころ
すごろく
ゴール

おもちゃは どこへ いったの？

おもちゃが いっぱい ちらかっているよ。どんな おもちゃが あるかな？

子ども部屋に、たくさんの文房具やおもちゃがちらかっています。P 68～79の物が登場しています。どんなおもちゃがあるのか、どこにしまったらいいのか、お子さんといっしょに考えてみて下さい。

おうちの方へ

そうじと せんたくの どうぐ

いえや ようふくを ぴかぴかに する どうぐって こんなに たくさん あるんだね。おかあさんを てつだって つかってみよう。

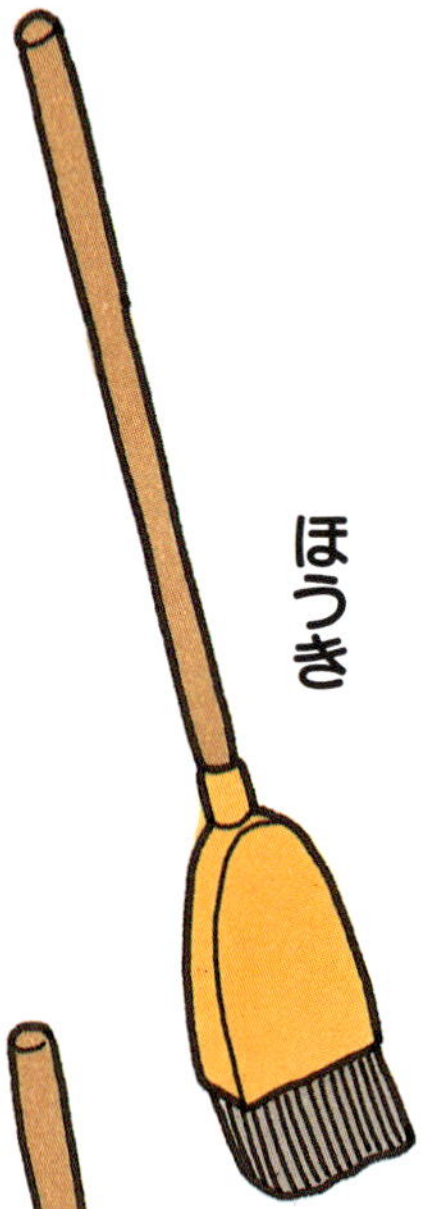
ほうき

くつあらいたわし

くつブラシ《ぶらし》
（シューズブラシ《しゅーずぶらし》）

くつずみ

バケツ《ばけつ》

たわし

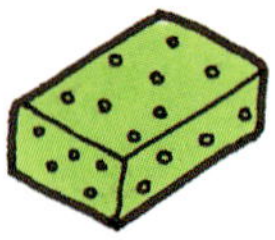
スポンジ《すぽんじ》

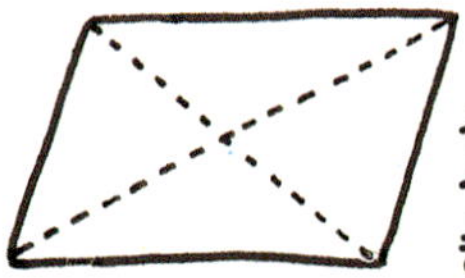
ぞうきん

トイレブラシ《といれぶらし》

モップ《もっぷ》

はたき

ちりとり

きゅういんぼう
（ラバーカップ《らばーかっぷ》）

ごみばこ

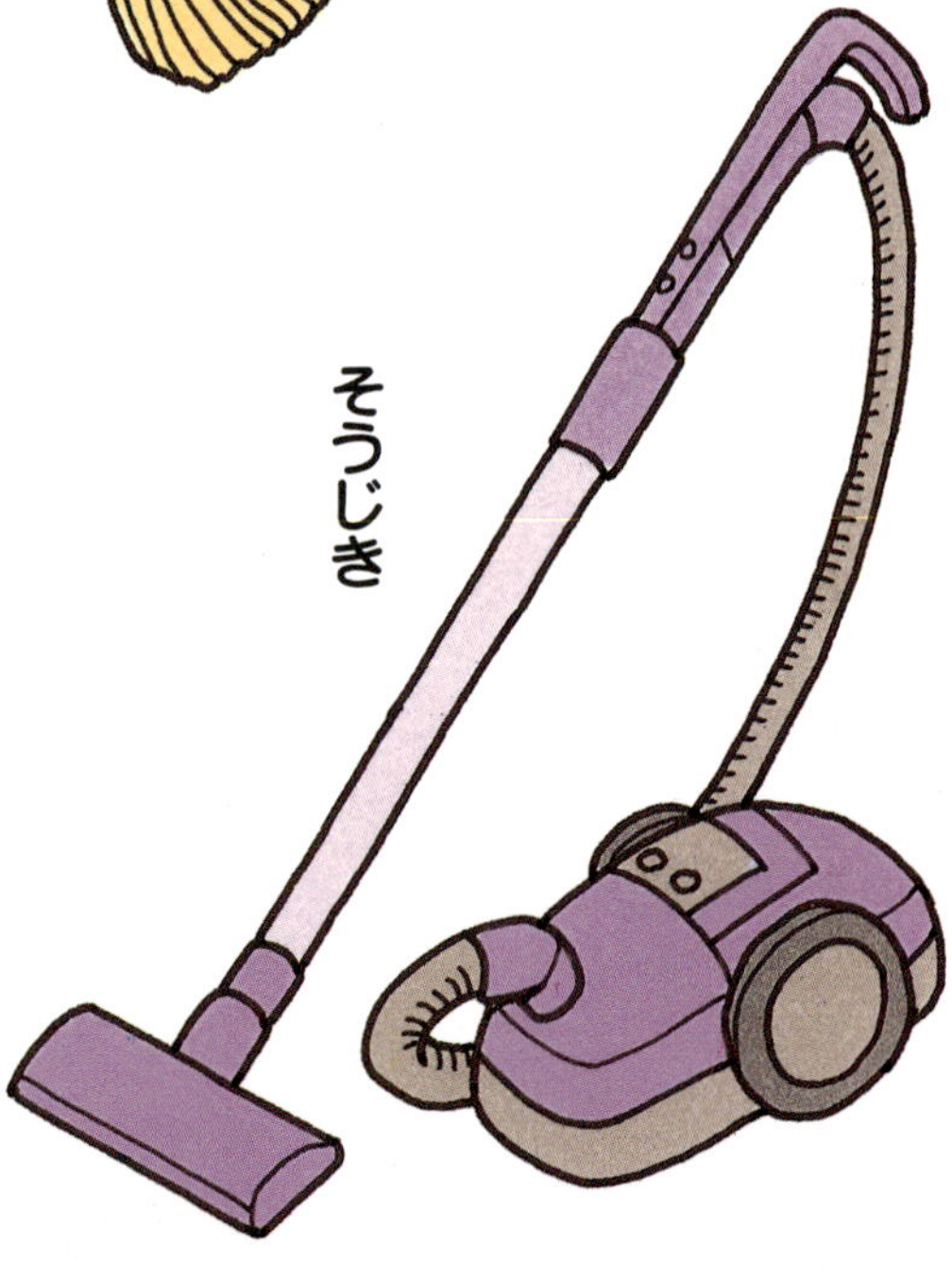
そうじき

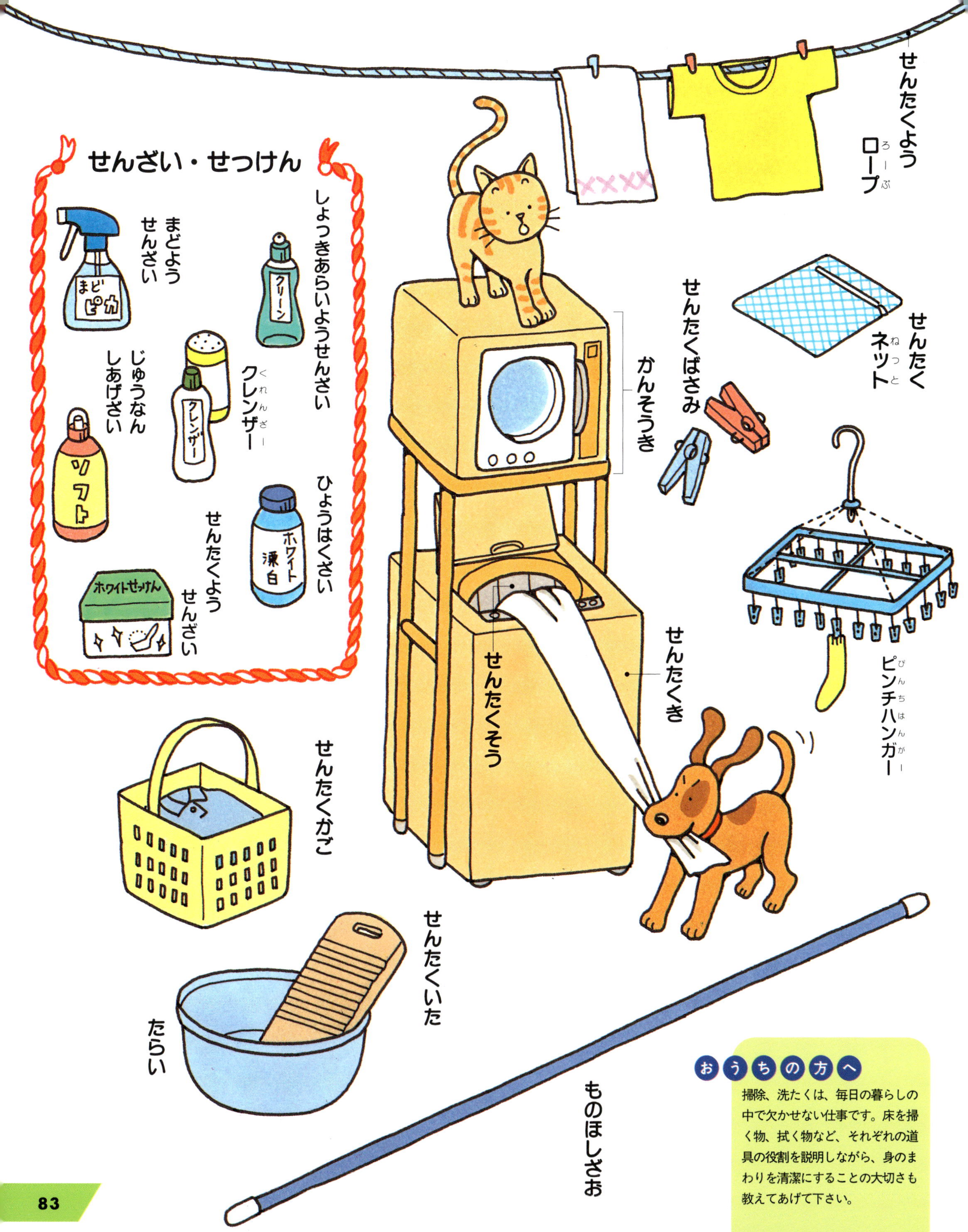

おうちの方へ

掃除、洗たくは、毎日の暮らしの中で欠かせない仕事です。床を掃く物、拭く物など、それぞれの道具の役割を説明しながら、身のまわりを清潔にすることの大切さも教えてあげて下さい。

だいくしごとと にわしごとの どうぐ

きる、まわす、たたく。おもしろい どうぐが いっぱい。いぬの おうちを つくる ときに つかうのは どれだろう?

おうちの方へ

かんなや万力、くわなど、普通の家庭にはあまりない物も取り上げました。かんなは木の表面を削る、万力は材料を固定する、などと使い方を説明し、できれば実物を見せてあげましょう。

いえのなか

ぬいもののどうぐ

はりと いとを つかって チク《ちく》チク《ちく》、おかあさんが なにか しているよ。いったい なにが できるのかな？

あかちゃんの　もの

ても　あしも　ちいさい　あかちゃんが　つかう　ものは　どれも　みんな　ちいさいね。きみが　つかっていた　ものは　どれかな？

ロンパース《ろんぱーす》

よだれかけ

おむつ

おむつカバー《かばー》

おくるみ

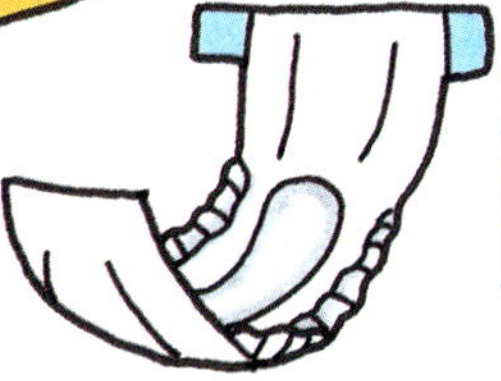
かみおむつ

がらがら

おしゃぶり

ベビーバス《べびーばす》

おまる（べんき）

ほにゅうびん

ベビーフード《べびーふーど》

ておしぐるま

びんブラシ《ぶらし》

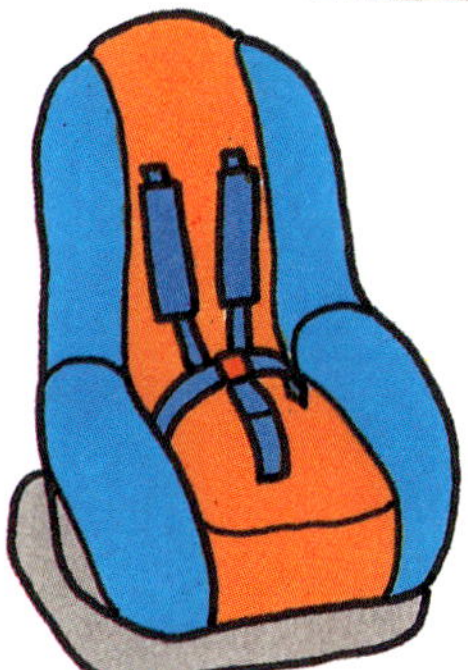
チャイルドシート《ちゃいるどしーと》

つるしメリー《めりー》

ほこうき

ベビーベッド《べびーべっど》

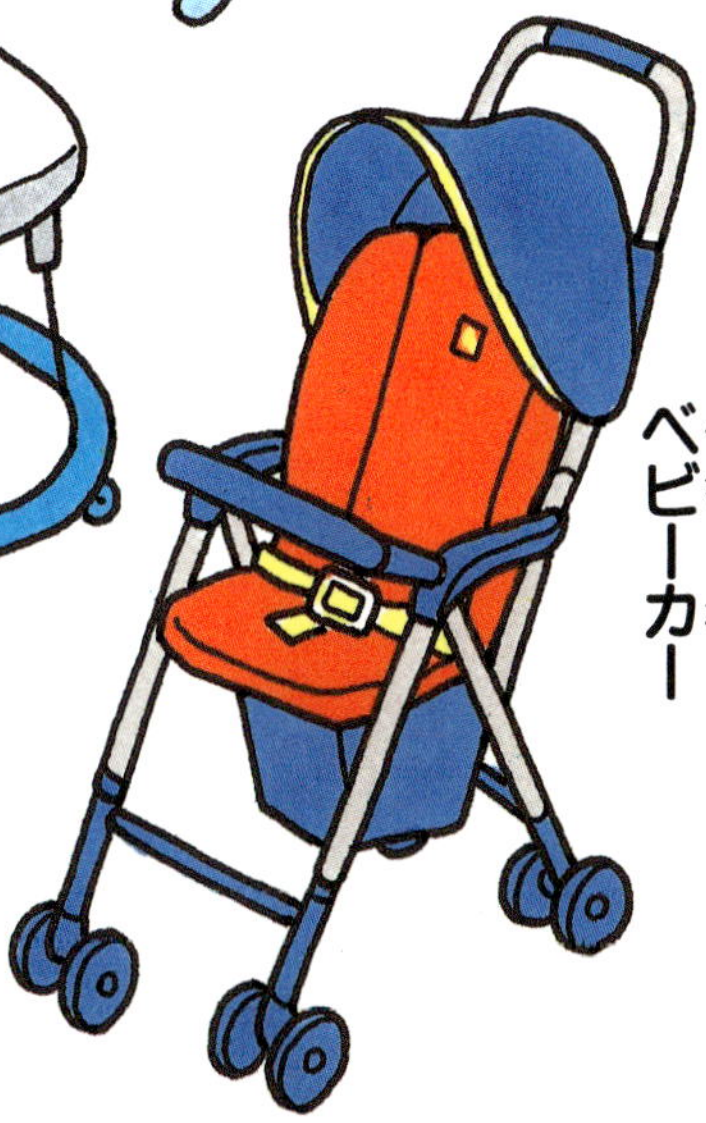
ベビーカー《べびーかー》

おうちの方へ

裁縫道具は、危ない物や細かい物が多いので、お子さんのいるところでは、出さないことも多いでしょう。できれば実物を一度見せてあげて、危険だということを注意しておくといいですね。

きせつの どうぐ・ペット《ぺっと》の もの

あつい なつや さむい ふゆにだけ、つかう どうぐが あるんだね。ペット《ぺっと》を かう ときには どんな ものを つかうのかな?

せんぷうき
うちわ
ふうりん
かとりせんこう
せんす
すだれ
ござ

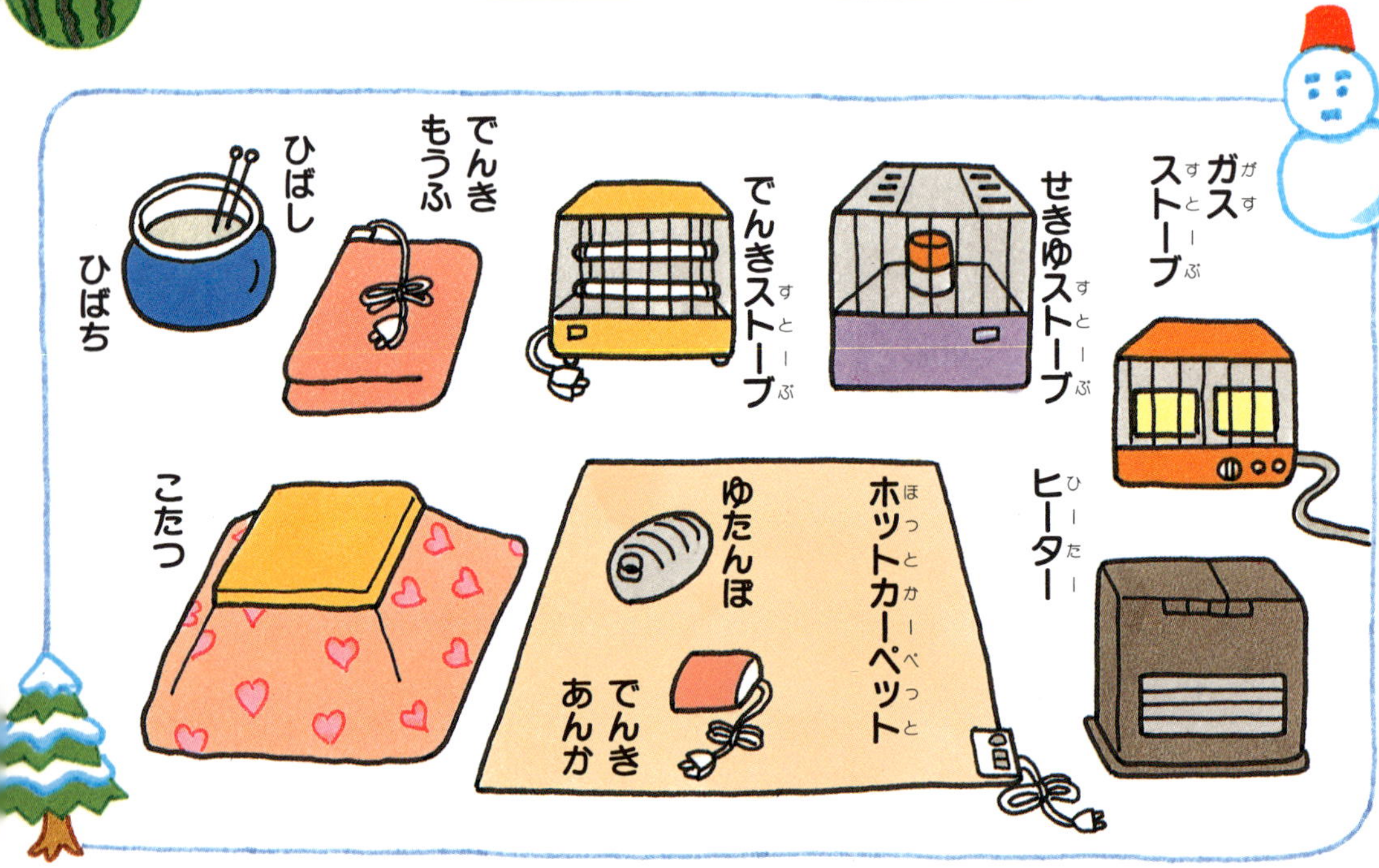
ひばち
ひばし
でんきもうふ
でんきストーブ《すとーぶ》
せきゆストーブ《すとーぶ》
ガス《がす》ストーブ《すとーぶ》
ヒーター《ひーたー》
ホットカーペット《ほっとかーぺっと》
ゆたんぽ
でんきあんか
こたつ

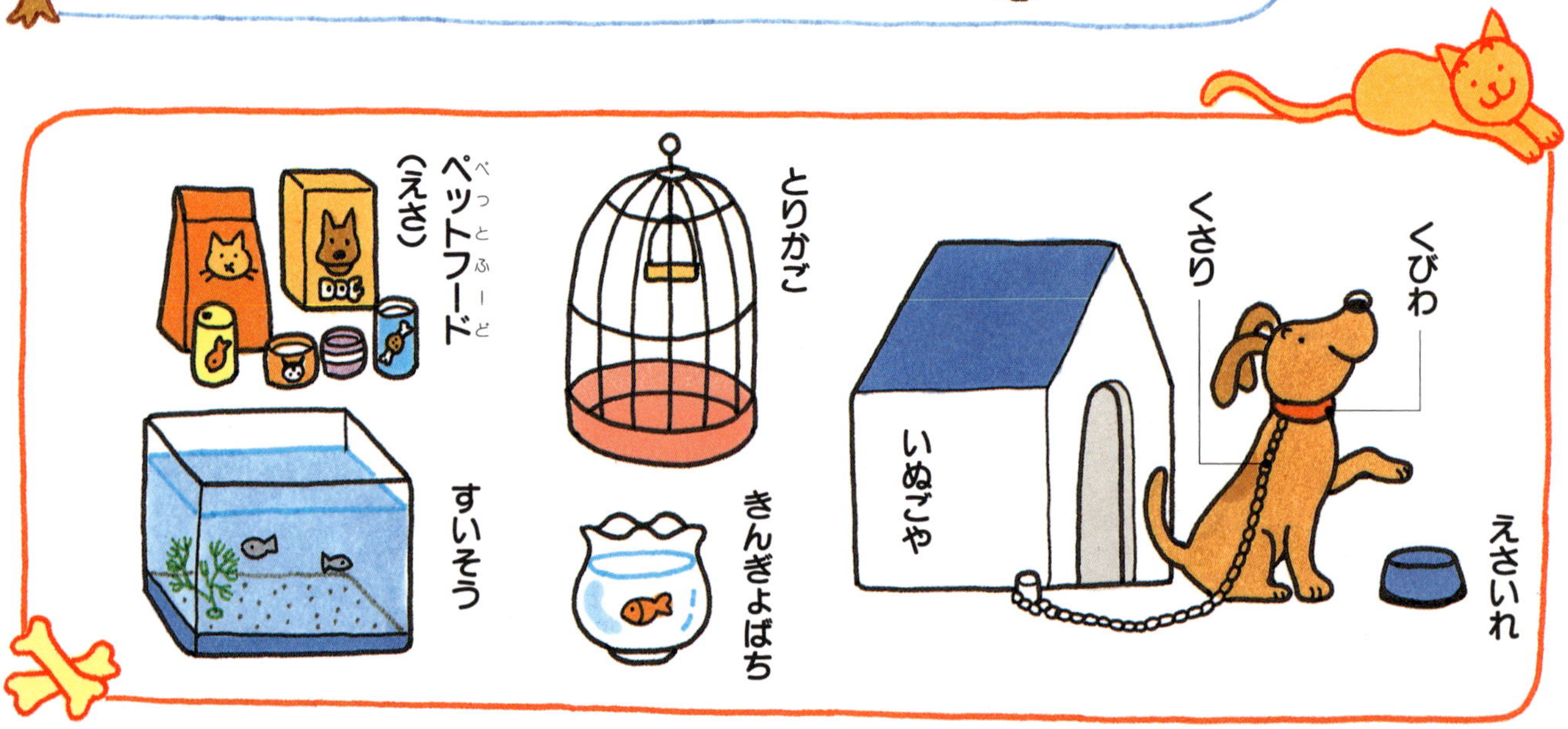
ペットフード《ぺっとふーど》（えさ）
とりかご
くびわ
くさり
いぬごや
えさいれ
すいそう
きんぎょばち

ぎょうじで つかう もの

おしょうがつに もらえる おこづかいを なんて いう？ おまつりの ひに きる きものは なんて いう？

かがみもち
はごいた
はね
しめなわかざり
おとしだまぶくろ
ねんがじょう
きね
うす
かどまつ

ひなにんぎょう
ぼんぼり
おだいりさま
おひなさま

こいのぼり
かぶとかざり

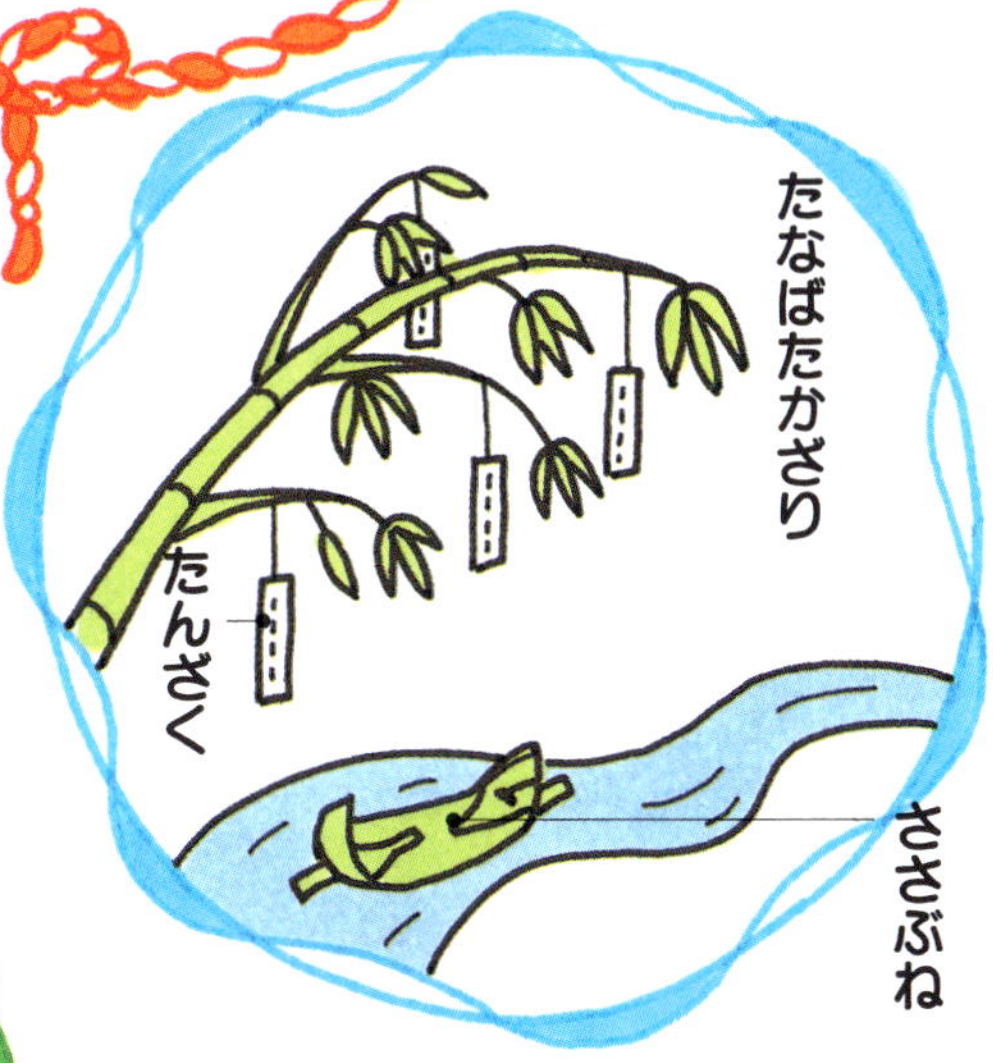
たなばたかざり
たんざく
ささぶね

クリスマスツリー《くりすますつりー》
クリスマスカード《くりすますかーど》
メリー クリスマス
クリスマスケーキ《くりすますけーき》

はっぴ

ちょうちん

じゅず

せんこう

おうちの方へ

季節や行事を限定して使う道具を集めてあります。何をいつ、どんなふうに使うのか、お子さんといっしょに考えてみてください。他の季節や行事についても、教えてあげましょう。

なにを もって なにを している?

おうちの　しごとで　おおいそがし。みんな　なにを　しているのかな?

大工仕事、庭仕事、洗たく、裁縫、家での様々な仕事の様子です。ここではP 82～86で取り上げた道具が登場しています。それぞれ何をしていて、何を使っているのか、お子さんと考えてみて下さい。

おうちの方へ

なにを もって なにを している？

みんなで あかちゃんの せわを するよ。なにを している ところかな？

おうちの方へ

掃除、あかちゃんの世話などの様子が描かれています。P82〜83、P87で取り上げた道具が登場しています。それぞれの道具を、どのように使うのか教えてあげて下さい。実物を見せるのもいいでしょう。

いえの なか でんきせいひん

いえの なかには こんなに たくさん でんきを つかう ものが あるよ。つかった ことが あるのは どれ?

ミニコンポ《みにこんぽ》（ステレオ《すてれお》）

スピーカー《すぴーかー》

エアコン《えあこん》（エアー《えあー》コンディショナー《こんでぃしょなー》）

ラジカセ《らじかせ》

ラジオ《らじお》

イヤホン《いやほん》

ブルーレイディスク《ぶるーれいでぃすく》

ディーブイディー《でぃーぶいでぃー》（DVD《でぃーぶいでぃー》）

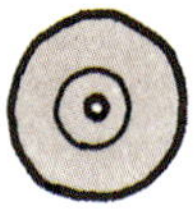

コンパクトディスク《こんぱくとでぃすく》（CD《しーでぃー》）

ビデオカメラ《びでおかめら》

テレビ《てれび》

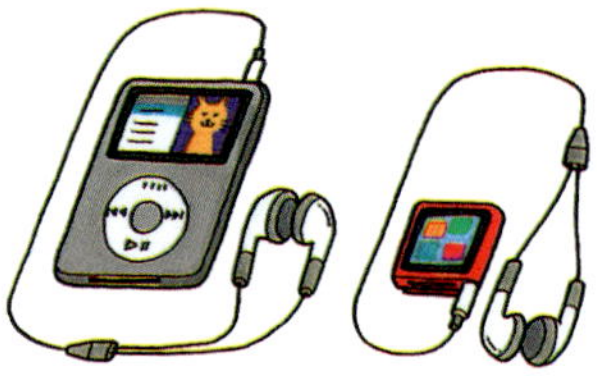

けいたいおんがくプレーヤー《ぷれーやー》

ヘッドホン《へっどほん》

リモコン《りもこん》

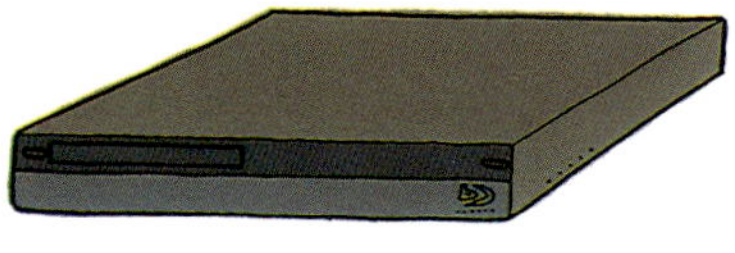

ディーブイディー《でぃーぶいでぃー》（DVD《でぃーぶいでぃー》）・ブルーレイ《ぶるーれい》・レコーダー《れこーだー》

カメラ《かめら》

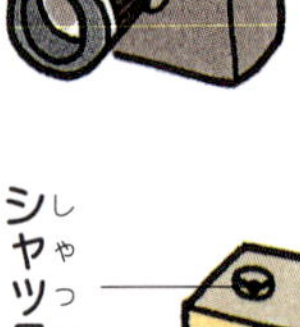

いちがんレフ《れふ》カメラ《かめら》

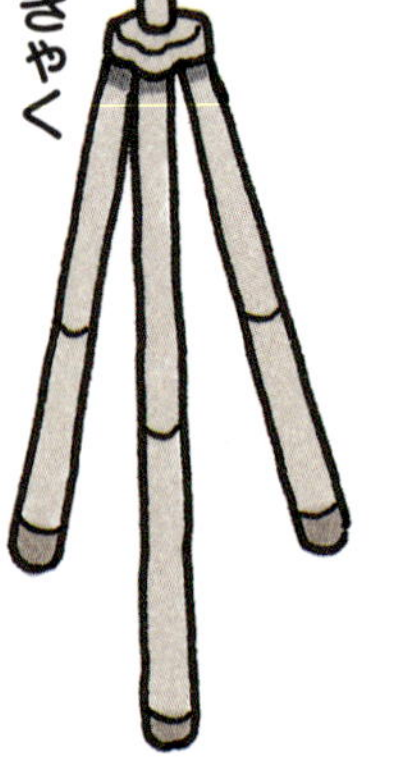

さんきゃく

メモリーカード《めもりーかーど》

コンパクトカメラ《こんぱくとかめら》

フラッシュ《ふらっしゅ》（ストロボ《すとろぼ》）

シャッター《しゃったー》

レンズ《れんず》

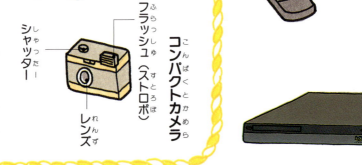

電気製品の他、カメラ、時計などの機械も取り上げています。きちんと使わないと、こわれてしまうことなども話しましょう。台所、掃除、洗たくの電気製品は、それぞれのページに登場しています。

おうちの方へ

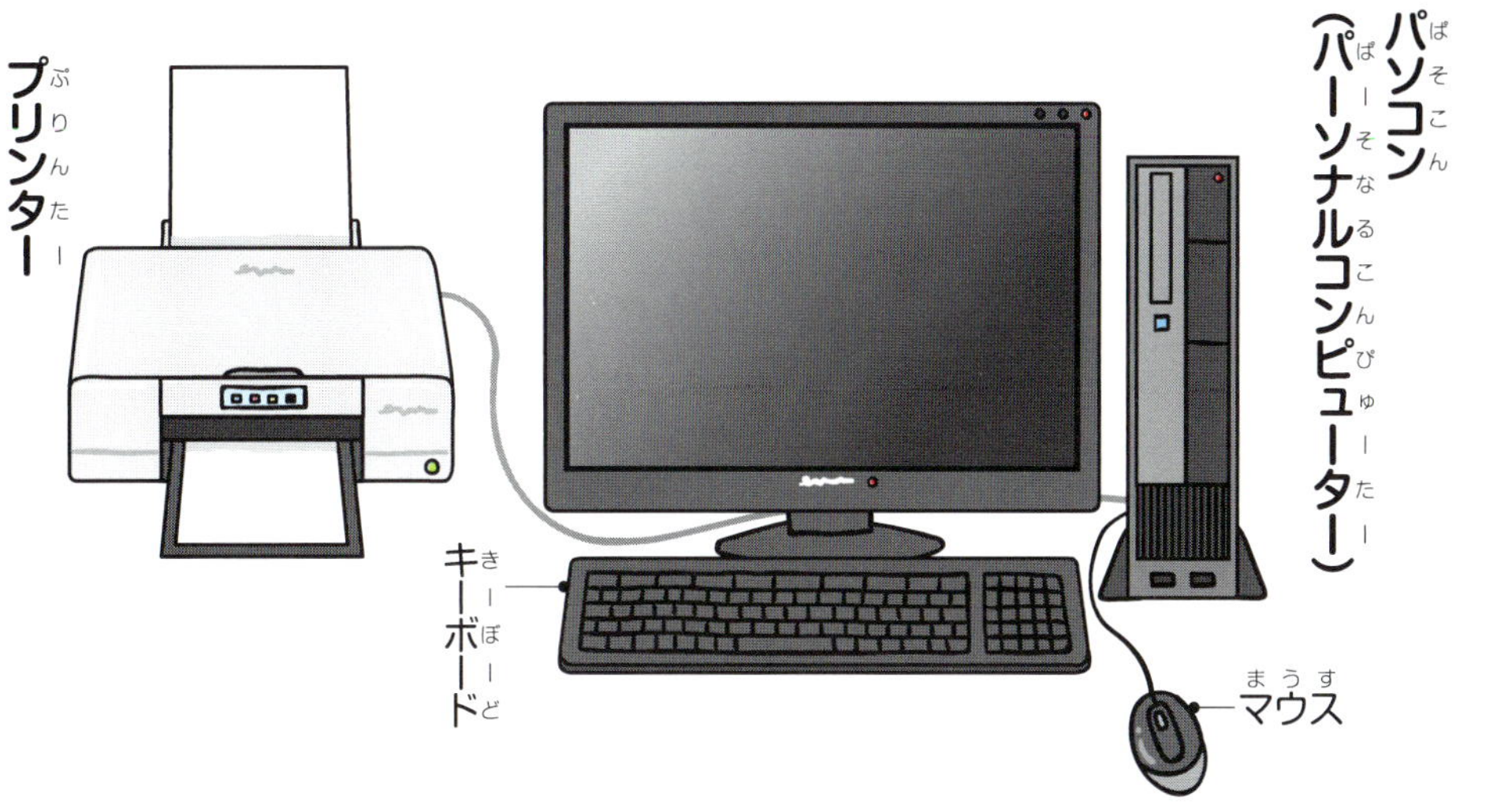

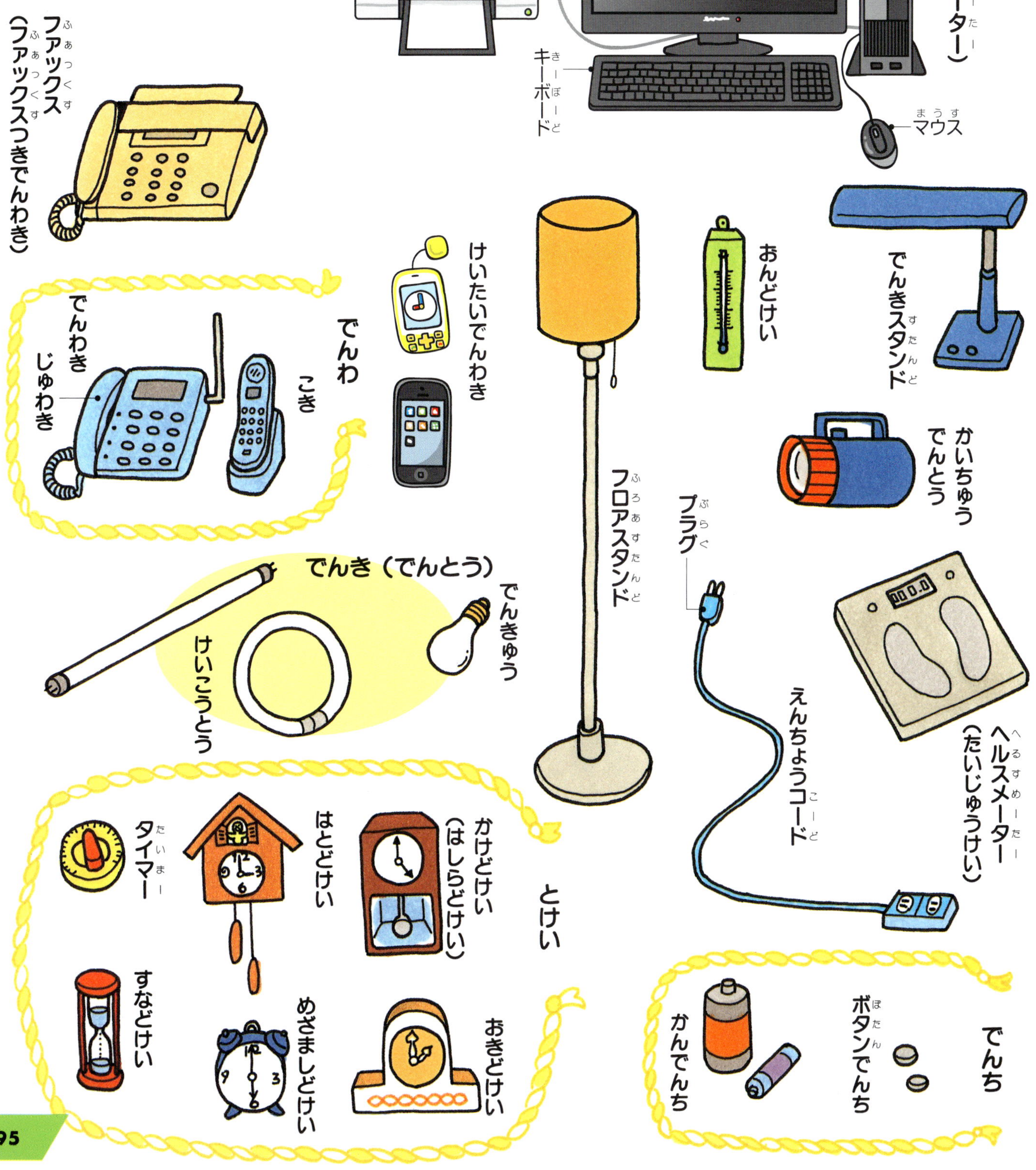

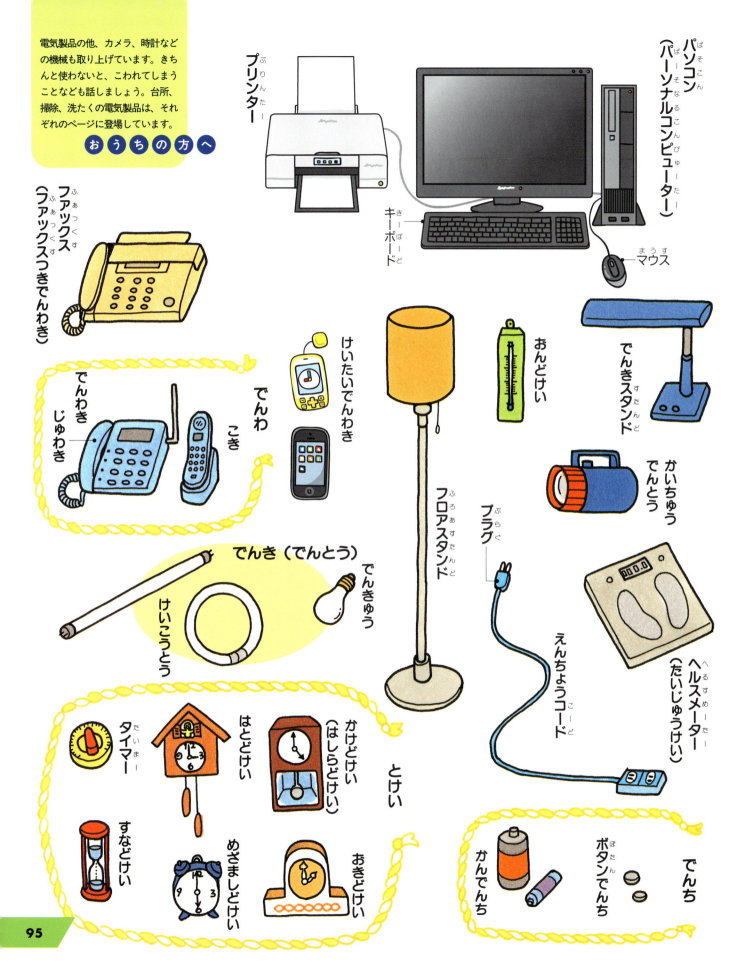

いえのなか

かぐ

ものを　しまっておく　どうぐや、ねる　ときに　つかう　どうぐ。みんなが　あつまる　へやには　どれが　ある?

しょっきだな（サイドボード《さいどぼーど》）

ほんだな（ほんばこ）

ぶつだん

たんす

ちゃだんす

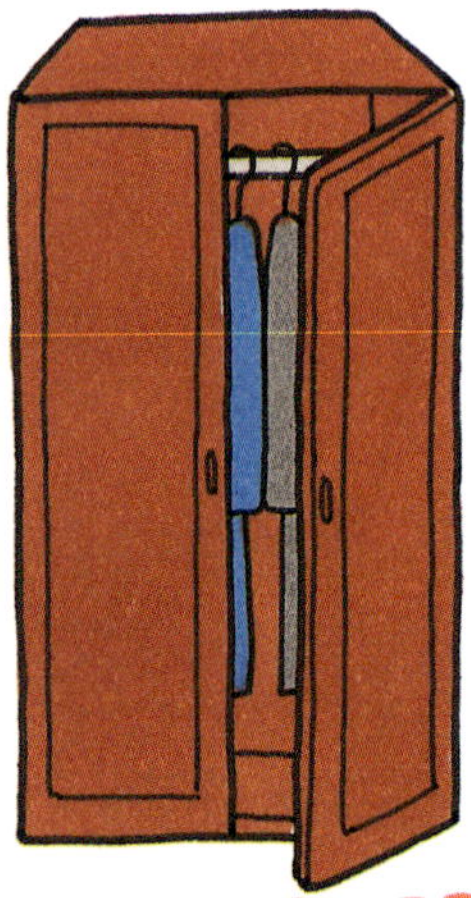
ようふくだんす

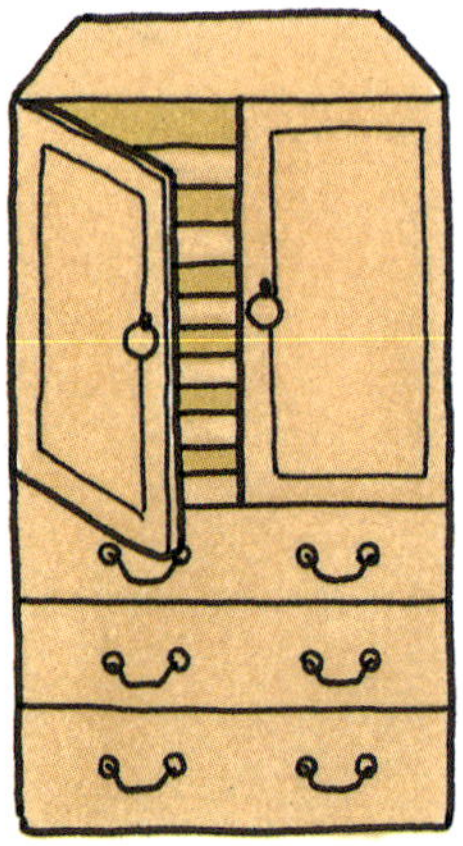
わだんす

せいりだんす

とって

ひきだし

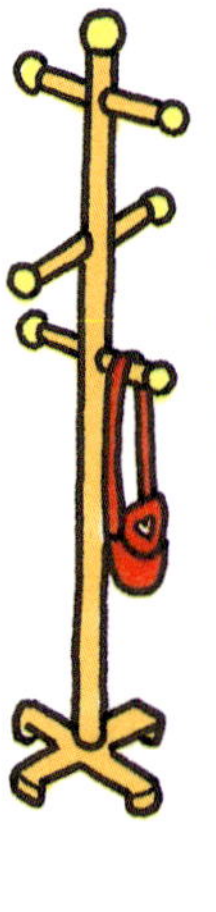
ポールハンガー《ぽーるはんがー》

ワゴン《わごん》

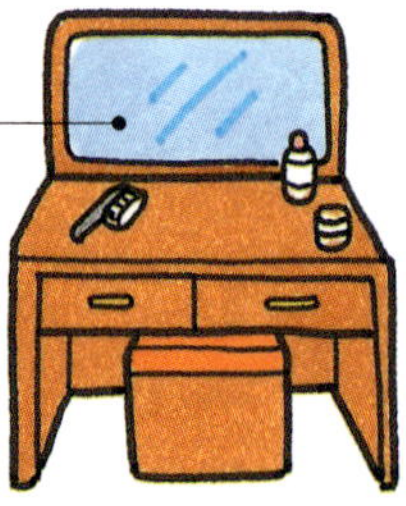
ドレッサー《どれっさー》（きょうだい）

かがみ

すがたみ

くつばこ（げたばこ）

かご（バスケット《ばすけっと》）

しゅうのうケース《けーす》

かびん

マガジンラック《まがじんらっく》

かさたて

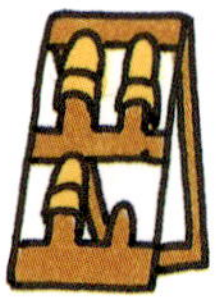
スリッパ《すりっぱ》たて

おうちの方へ

家具には様々なデザインの物がありますので、家にある物と比べながら、このページを見るとよいでしょう。また、ここでは家具の他、寝具と大型楽器のピアノも取り上げています。

いえの なか

どこに なにが おいて ある?

いえには いろいろな へやが あるね。へやには なにが おいて ある?

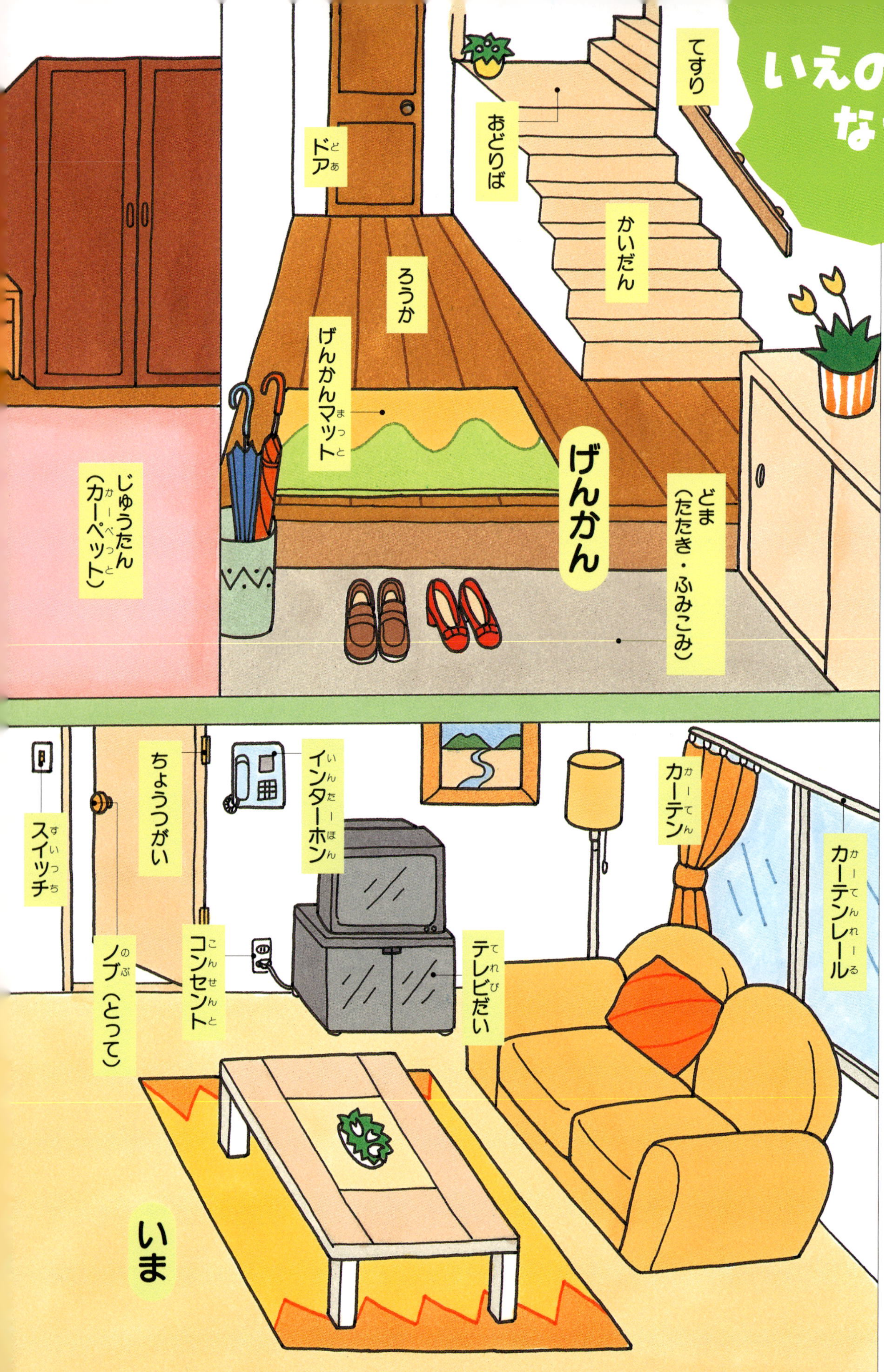

おうちの方へ

いくつかの部屋の様子が描かれています。ここではP 94〜97に出てきた物が登場しています。居間や寝室など部屋の名前や、階段、天井など家の部分名についても、説明してあげましょう。

いえは どんな ようすかな?

いえの まわりに ある ものの なまえ、きみは いくつ しってる?

いえ

今までのページでは、主に家の中の物を取り上げてきましたが、ここでは家を外から見た時に見える物を取り上げています。散歩に出た時などにも、いろいろな形の家を例にとって教えてあげましょう。

おうちの方へ

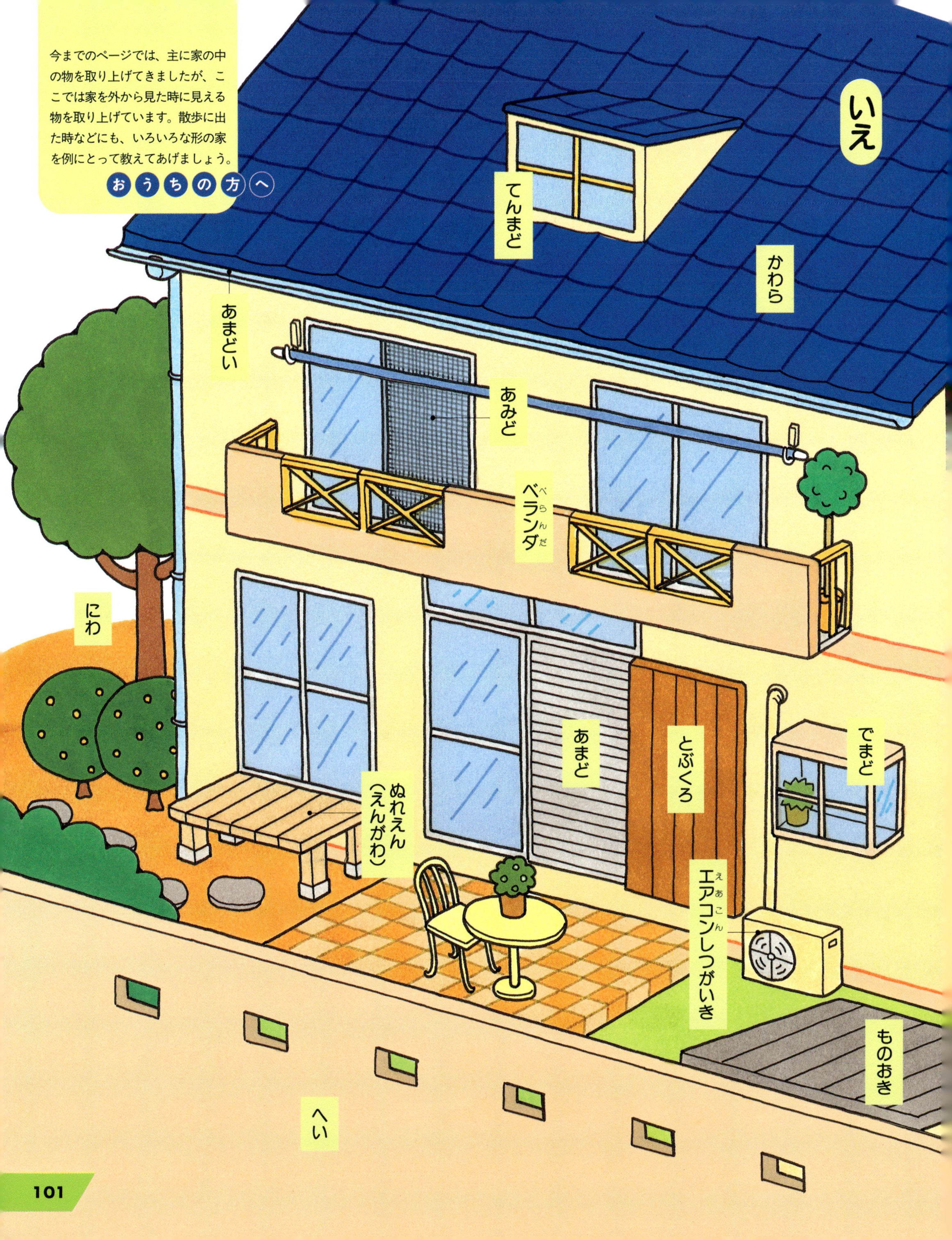

おうちの方へ

絵を見て、パンダからさっぱまで、しりとりで進む迷路です。「ん」で終わる言葉は、行き止まりになっています。物の名前を声に出して言いながら、いっしょに遊んであげて下さい。

しりとりを　しながら めいろで　あそぼう

しりとりめいろ

スタート《すたーと》
パンダ《ぱんだ》
◀ここから　はじめてね。
らっぱ
ゴール《ごーる》
うまく ゴール《ごーる》 できたかな？

こたえ パンダ《ぱんだ》→だるま→まないた→たいおんけい→いす→すいか→かご→ゴリラ《ごりら》→らっぱ

4 まちのなか

こうえん

すべりだい、ブランコ《ぶらんこ》、てつぼう。きみは　どれで　あそびたい？

おうちの方へ

遊具のある公園の様子です。どの遊具が一番好きか、あしたはどれで遊びたいか、など質問をしてみて下さい。近所の公園にない物があれば、どのようにして遊ぶ物なのか、説明してあげましょう。

おうちの方へ

子どもは、幼稚園や保育園の話をするのが大好きです。きょうはだれと何をして遊んだのか、問いかけてあげましょう。また、絵を見ながら、お子さんの通う園との違いについても話し合って下さい。

ようちえん

ようちえん、だいすき。
あしたも　ともだちや　せんせいに　あえるのが　たのしみだね。

ジャングルジム《じゃんぐるじむ》
すべりだい
どうぶつごや
すなば
みずたまり
ようちえん

てあらいば
うわばき
ろうか
しょうかき
とけい
ベンチ《べんち》
ブランコ《ぶらんこ》
かだん
えんてい
おゆうぎしつ
ブロック《ぶろっく》
ようちえんぼうし
なふだ
ピアノ《ぴあの》
もん

スポーツ《すぽーつ》の どうぐ・がっき

スポーツ《すぽーつ》で つかう どうぐと、いろんな おとの でる がっきが いっぱい あるよ。

おうちの方へ

代表的なスポーツの道具や楽器を取り上げました。スポーツの道具ならば、どのスポーツにどうやって使うのか、楽器ならば、どうすればどんな音が出るのか、などを教えてあげて下さい。

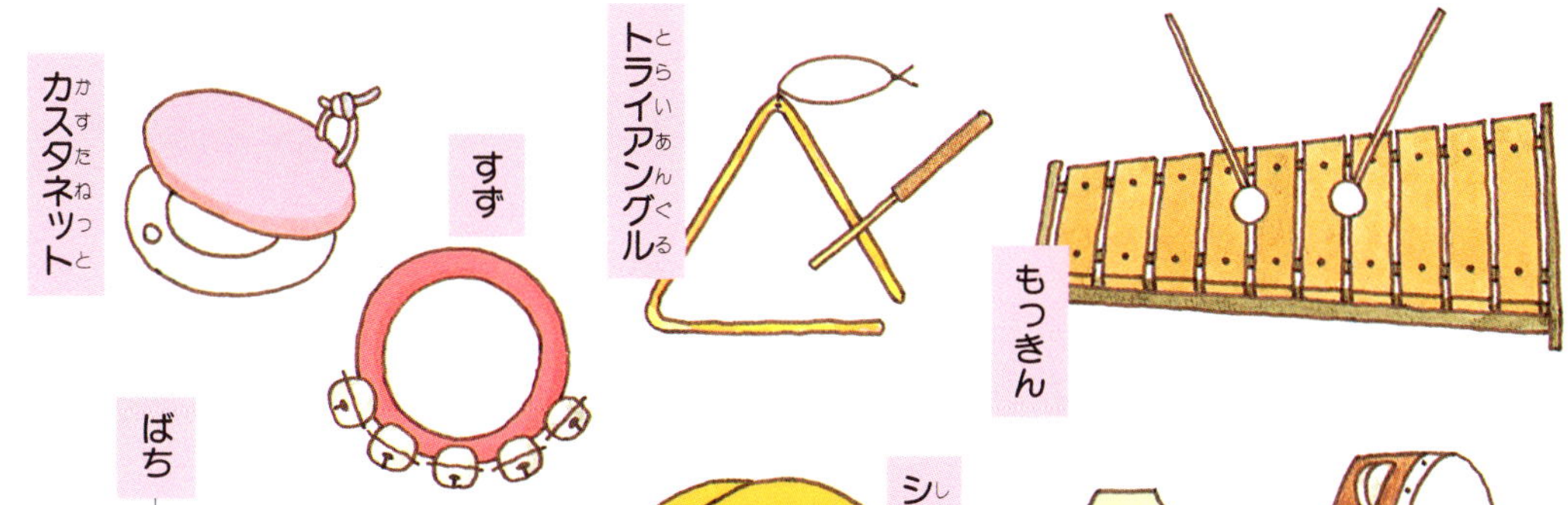

まちの なか

しょうてんがい

いらっしゃい いらっしゃい。ゆうがたの おみせは とても にぎやかだね。

おうちの方へ

買い物は、幼児にとって興味のあることのひとつです。野菜はどこで買えるのか、お花を売っているお店を何と言うのか、お子さんといっしょにお店をさがしながら、話し合ってみて下さい。

まちの なか

まち

おおきな こうさてんには くるまが いっぱい。わたる ときは きを つけてね。

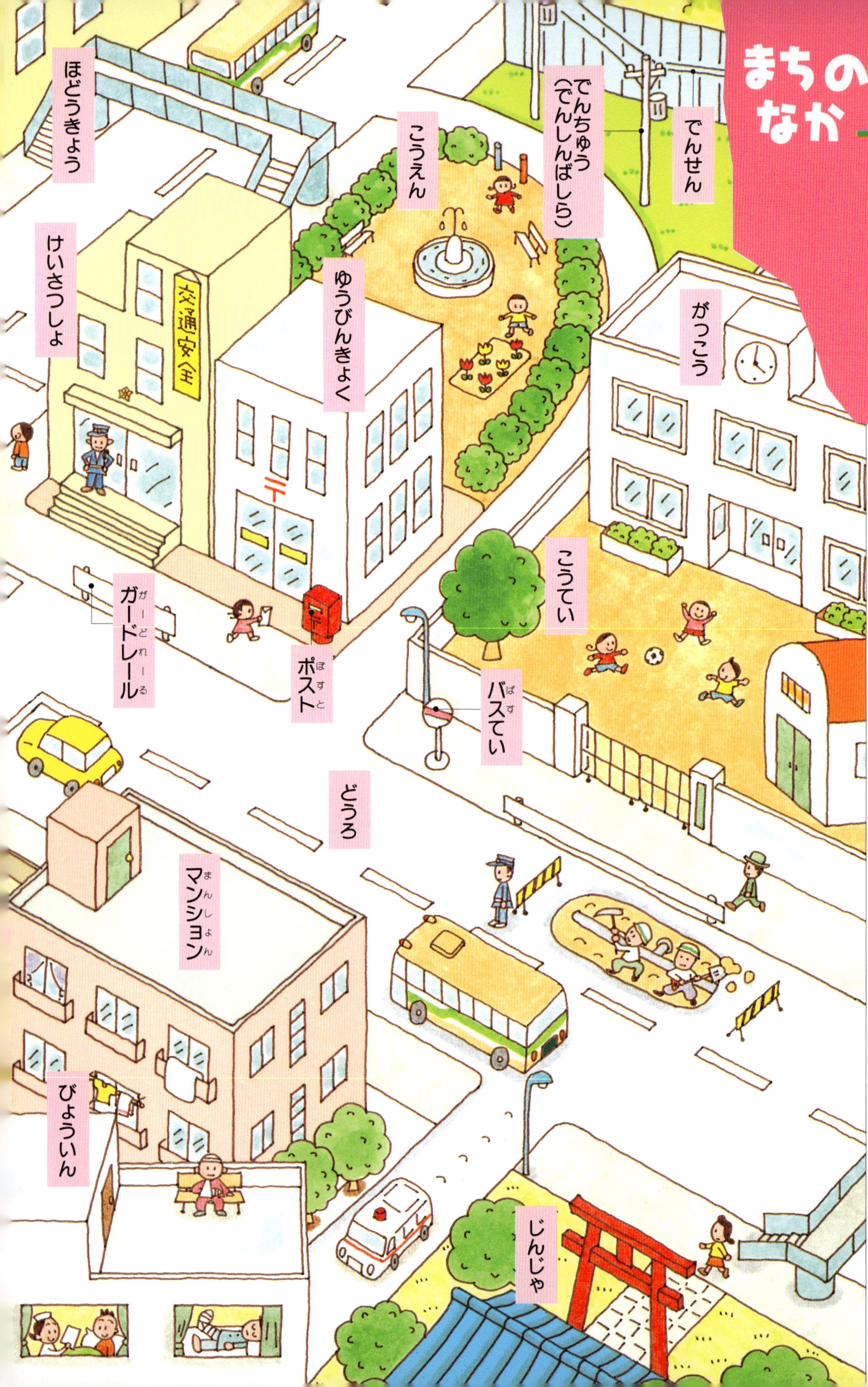

おうちの方へ

町の中心部にある主な建物を取り上げています。住んでいる町の様子と比べながら、お子さんと話をしてみましょう。また、交通安全のルールなどについても教えてあげましょう。

デパート《でぱーと》

デパート《でぱーと》では　たくさんの　ものが　うられているよ。きょうは　なにを　かおうかな？

おうちの方へ

デパートには様々な商品が並んでいます。どの売り場で何が買えるのか、場面を見ながら話し合ってみましょう。エスカレーターとエレベーターの違いについても、教えてあげて下さい。

おうちの方へ

逆さまから読むと別の物の名前になる言葉（逆さ言葉）と、逆さまから読んでも同じ言葉とを集めました。「他にもあるかな？」と、お子さんを促しながら、いっしょにさがして下さい。

さかさことばはどれかな？

さかさことば

さかさことばを　せんで　つないでね

いえ

すな

みせ

かい

にわ

せみ

えい

わに

なす

いか

うえから　よんでも　したから　よんでも　おなじだよ

トマト《とまと》

しんぶんし

こねこ

5

のりもの

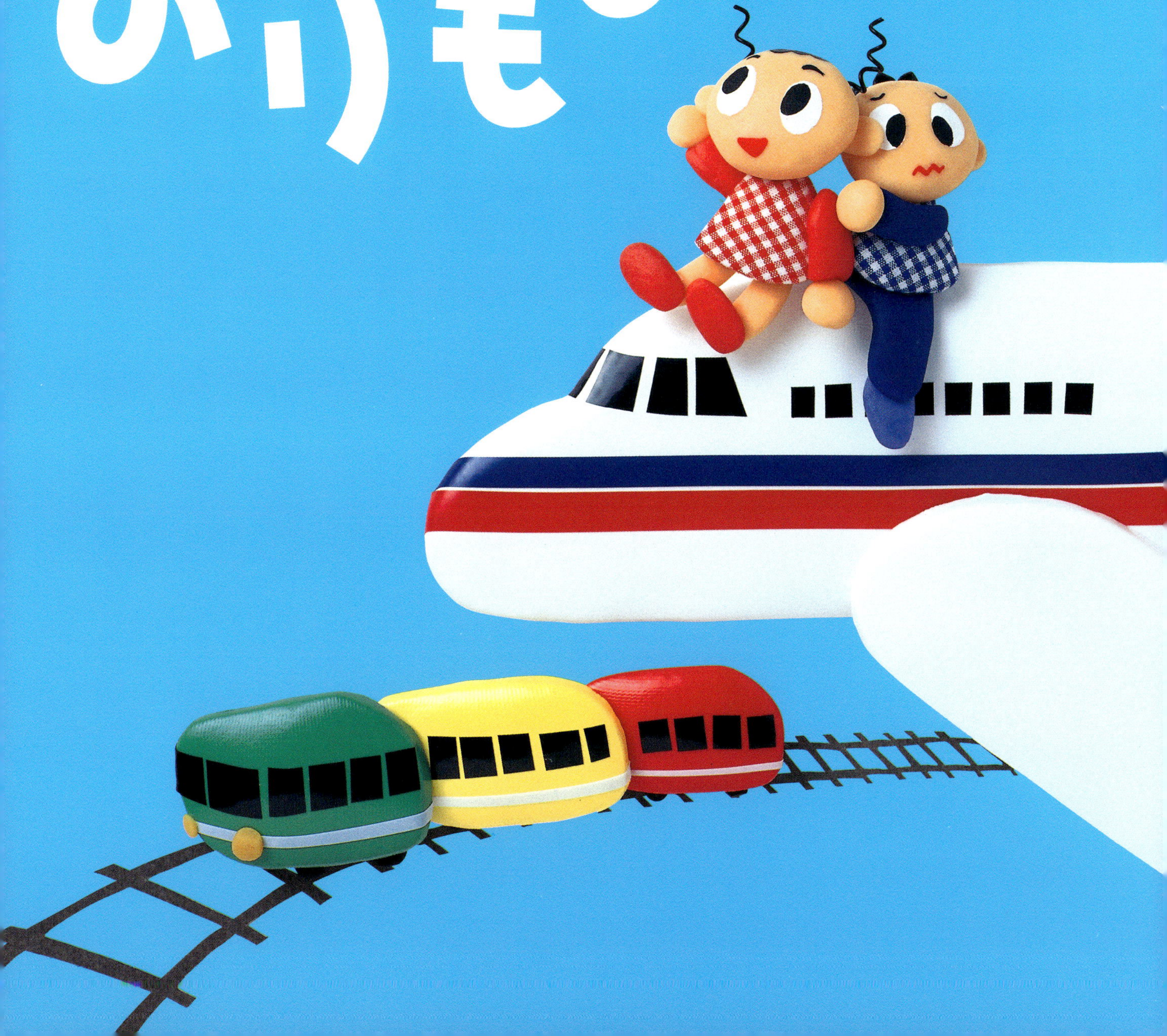

じどうしゃ・バス《ばす》・タクシー《たくしー》

いろいろな かたちの くるまが あるね。にもつを のせる くるま。ひとを のせる くるま。どれに のってみたいかな?

スポーツカー《すぽーつかー》（クーペ《くーぺ》）

じょうようしゃ（セダン《せだん》）

RV《あーるぶい》（リクリエーショナル・ビークル《りくりえーしょなる・びーくる》）

4WD《だぶりゅーでぃー》
エンジン《えんじん》からの ちからが 4つの タイヤ《たいや》 すべてに つたわって うごく くるま。

ワゴンしゃ《わごん》（ステーションワゴン《すてーしょんわごん》）

けいじどうしゃ

スクーター《すくーたー》

バイク《ばいく》（オートバイ《おーとばい》）

一般的に利用されている乗用車と、二輪車、バス、タクシーなど、町で見かけることの多い車を取り上げています。ＲＶは娯楽用の車で、特に野外活動に適したタイプを指します。

おうちの方へ

ライトバン《らいとばん》

キャンピングカー《きゃんぴんぐかー》

バス《ばす》

にかいだてバス《ばす》

レーシングカー《れーしんぐかー》

タクシー《たくしー》

じょうようしゃ

じょうようしゃ（セダン《せだん》）

まえにも　うしろにも　ざせきが　あり、ほとんどが　ドアは　4つ　あります。

テールランプ《てーるらんぷ》
トランク《とらんく》
ドアミラー《どあみらー》（サイドミラー《さいどみらー》）
ドア《どあ》
ルームミラー《るーむみらー》（バックミラー《ばっくみらー》）
タイヤ《たいや》
シートベルト《しーとべると》

オートマチック《おーとまちっく》しゃ

うごく　ちからの　きようじゃくを　じどうてきに　ちょうせいする　しくみを　もった　くるま。

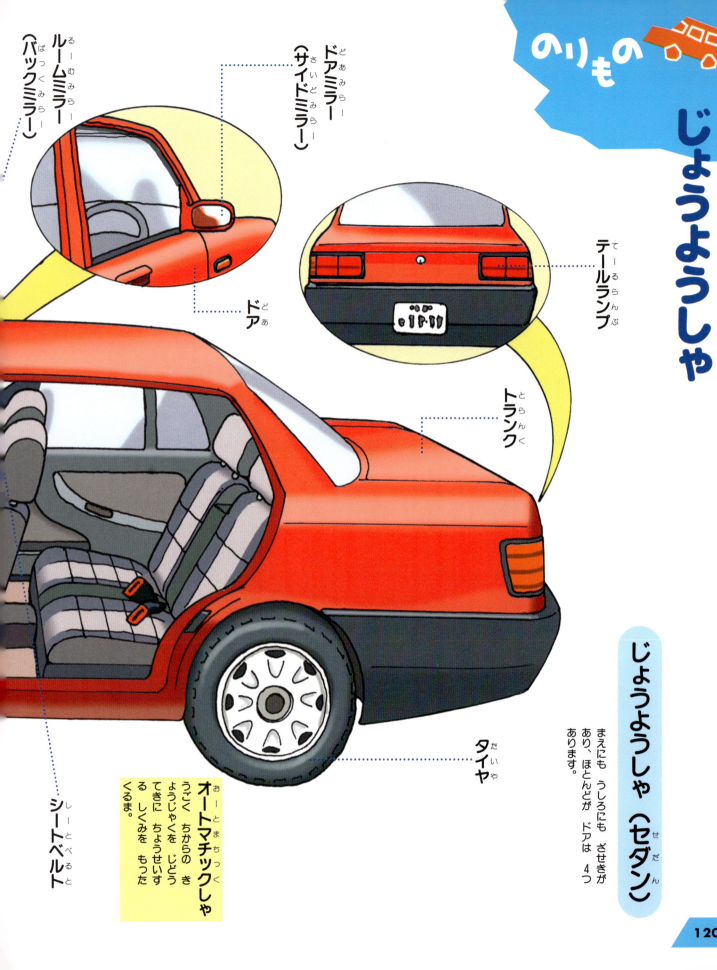

ここで取り上げた乗用車はオートマチック車ですが、マニュアル車にはブレーキペダルの左側にクラッチペダルがあります。車種によって、ボンネット内の部品の配置や構造が多少異なります。

おうちの方へ

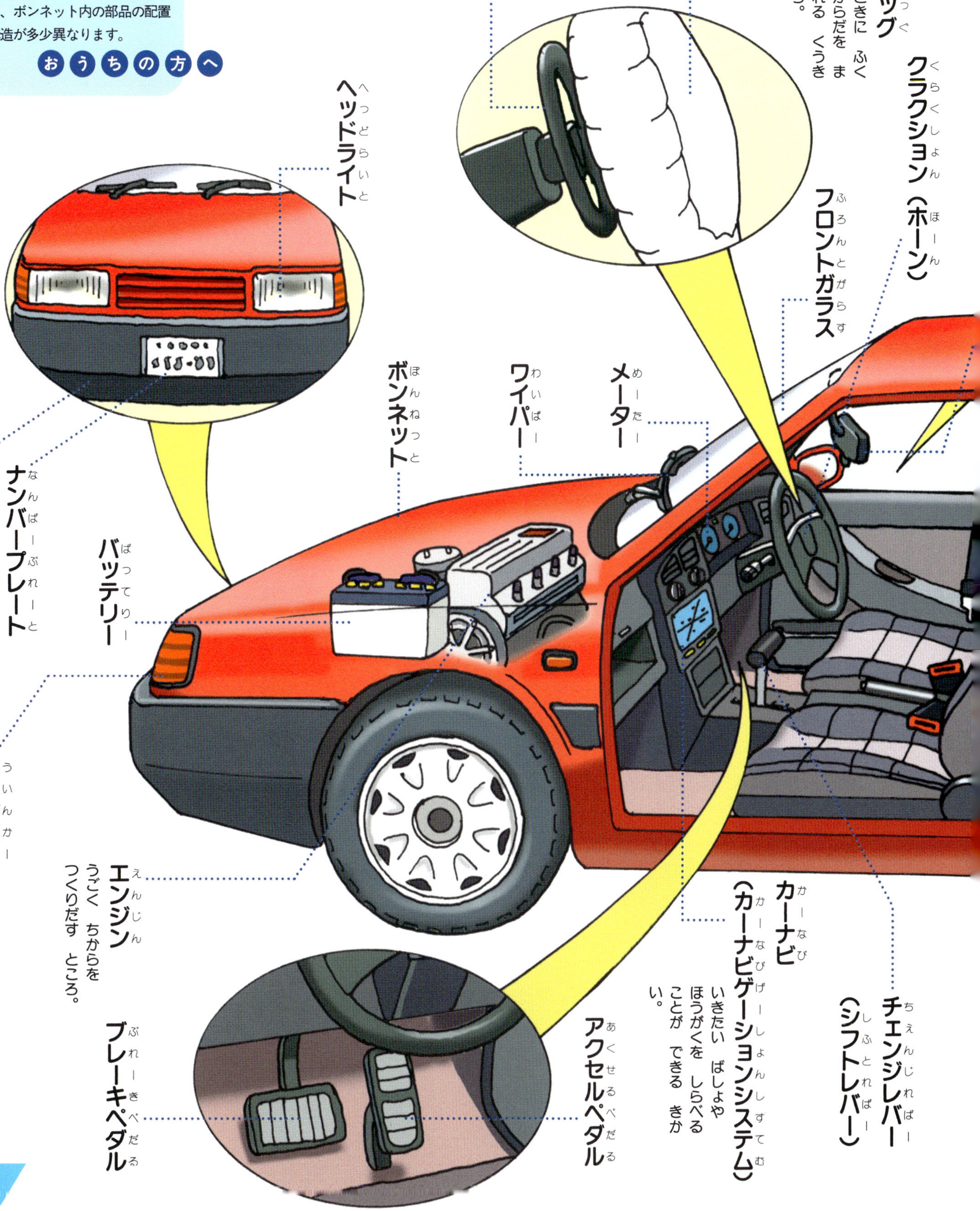

えきには どんな くるまが いるのかな？

えきまえは いつも にぎやか。ひとが のりおりして いるのは なにかな？

ここでは、P118～119に登場する乗り物を取り上げています。お子さんといっしょにさがして、名前を当ててみましょう。また、駅前の様子などにも注目し、話し合ってみて下さい。

おうちの方へ

しょうぼうしゃ・きゅうきゅうしゃ・パトカー《ぱとかー》

けがを した ひとを びょういんまで はこんでくれるのが きゅうきゅうしゃだよ。かじの ときに はしっていくのは なに?

しょうぼうしゃ

ポンプ《ぽんぷ》しゃ
ポンプ《ぽんぷ》を つかい、ホース《ほーす》から みずを だして ひを けします。

レスキュー《れすきゅー》しゃ
いろいろな きゅうじょようぐを そうびしています。

きゅうきゅうしゃ

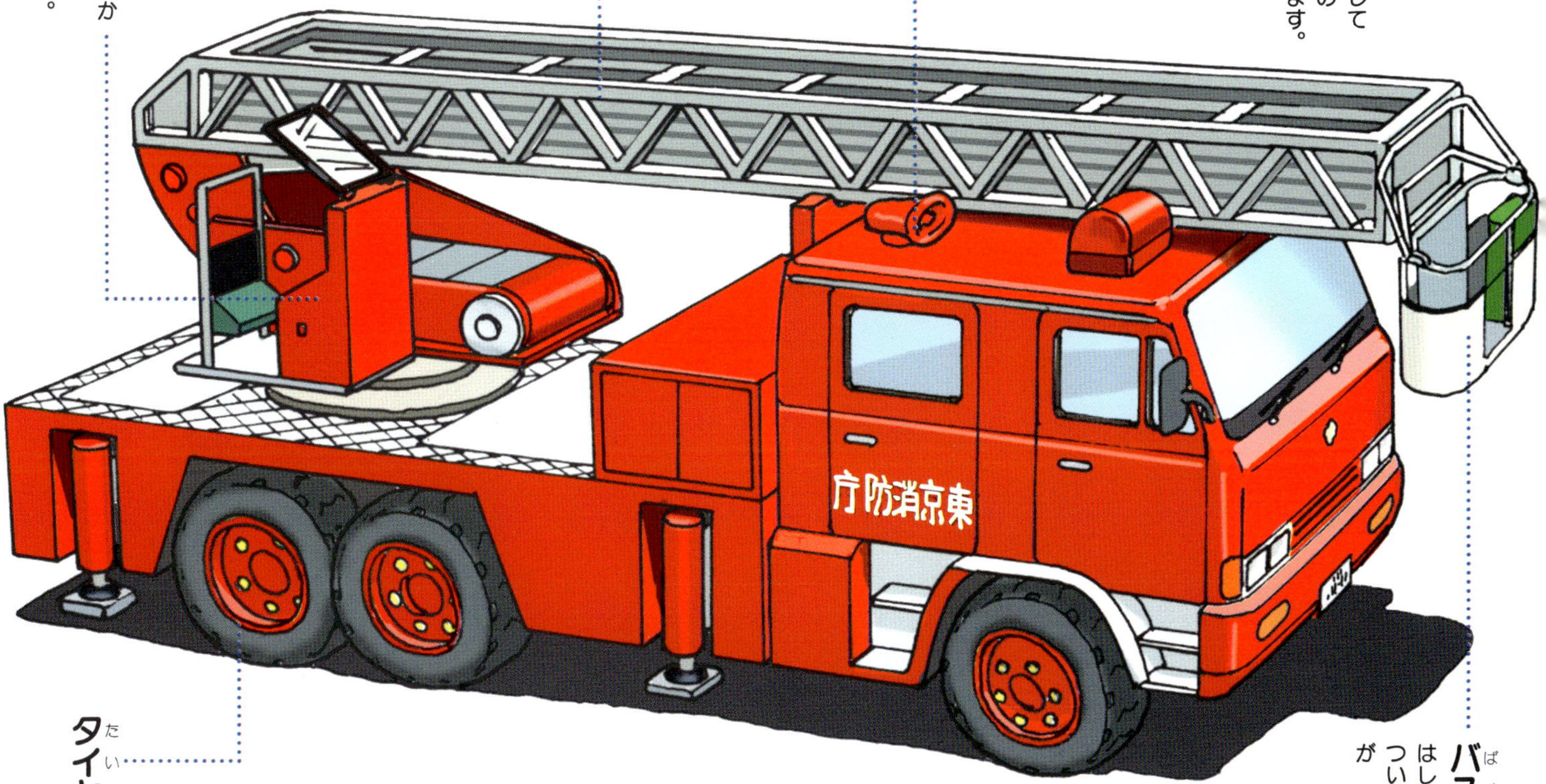
はしごしゃ
はしごを のばして たかい ところの ひとを たすけます。
スピーカー《すぴーかー》
はしご
そうさだい
はしごの むきを かえたり のばしたり そうさする ところ。
タイヤ《たいや》
バスケット《ばすけっと》
はしごの さきに ついている、ひとが のれる かご。

パトカー《ぱとかー》
（パトロールカー《ぱとろーるかー》）

しろバイ《ばい》
POLICE

おうちの方へ

火事や事故の時など、私達の安全を守ってくれる車です。現場にいち早くかけつけるために、サイレンを鳴らします。どんな人が乗っているのか、職業などについてもお子さんに教えてあげて下さい。

かじの ときに はたらいて いる くるまは なにかな？

はしごや ホース《ほーす》を つかって、ひとを たすけるのは なんて いう くるま？

おうちの方へ

ここではP124～125で取り上げた乗り物が、火事の場面で実際に働いている様子を描きました。それぞれの車の役目について話し合うと共に、火事を防ぐための火の用心についてもふれてみましょう。

はたらく くるま

おおきな ものを つりあげる
ことの できる クレーン《くれーん》しゃ。
どのくるまが どんな しごとを
しているのか わかるかな？

ブルドーザー《ぶるどーざー》
つちを けずって
はこんだり、じめん
を たいらに なら
したりします。

ホイールローダー《ほいーるろーだー》
つちや じゃりを
すくいあげて、は
こびます。

タイヤローラー《たいやろーらー》
ゴム《ごむ》の タイヤ《たいや》で どうろを
ふみかため、たいらに します。

クレーン《くれーん》しゃ
おもい ものを つりあげて
はこぶ ことが できます。

パワーショベル《ぱわーしょべる》（ショベルカー《しょべるかー》）
たくさんの つちや じゃりを
すくいとる ことが できます。

おうちの方へ

工事現場をはじめとして、様々な場所で働く乗り物を取り上げました。お子さんが見たことのある物を中心に、名前をたずねてみましょう。また、どんな仕事をしているのか、話し合ってみて下さい。

ダンプカー《だんぷかー》
つちや じゃりを はこび、おろす ときに にだいが うごきます。

トラック《とらっく》
たくさんの にもつを とおくへ はこぶのが しごとです。

コンクリート《こんくりーと》ミキサー《みきさー》しゃ
コンクリート《こんくりーと》が かたまらないように まぜながら はこびます。

タンクローリー《たんくろーりー》
ガソリン《がそりん》や かがくやくひんなど、えきたいを のせて はこびます。

カーキャリア《かーきゃりあ》（キャリアカー《きゃりあかー》）
じょうようしゃを いちどに なんだいも のせて はこびます。

けいトラック《とらっく》
ちいさめの トラック《とらっく》で、にだいに にもつを のせて はこびます。

はたらく くるま

たくはいしゃ

ごみしゅうしゅうしゃ

ゆうびんしゃ

ボトルキャリアカー《ぼとるきゃりあかー》

バキュームカー《ばきゅーむかー》

れいきゅうしゃ

なくなった ひとの いたいを はこぶ くるまです。

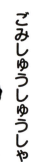

レッカー《れっかー》しゃ

こしょうしゃや、ちゅうしゃいはんの くるまを ひっぱります。

さんすいしゃ

みずを まいて はしり、どうろを きれいに します。

ロード《ろーど》スイーパー《すいーぱー》

ブラシ《ぶらし》で はいて、どうろの そうじを します。

じょせつしゃ

つもった ゆきを どうろの はしに よせる しごとを します。

トラクター《とらくたー》

たうえの まえに じめんを たがやす さぎょうを します。

コンバイン《こんばいん》

いねや むぎを かりとる さぎょうを します。

こううんき

ひとが てで おして たんぼや はたけを たがやします。

たうえき

すいでんに いねの なえを うえつける さぎょうを します。

きみの いえの ちかくにも くるかな？

まちには くるまが いっぱい。てがみを はこぶのは なんて いう くるま？

おうちの方へ

ここではP128～131で取り上げた乗り物が登場します。最近では、下水道設備が整い、バキュームカーは見かけにくくなりましたが、どの車も、私達に身近なところで働いています。

しんかんせん

はやいぞ！　しんかんせんは　いろいろな　かおを　しているね。きみは　どれが　すきかな？

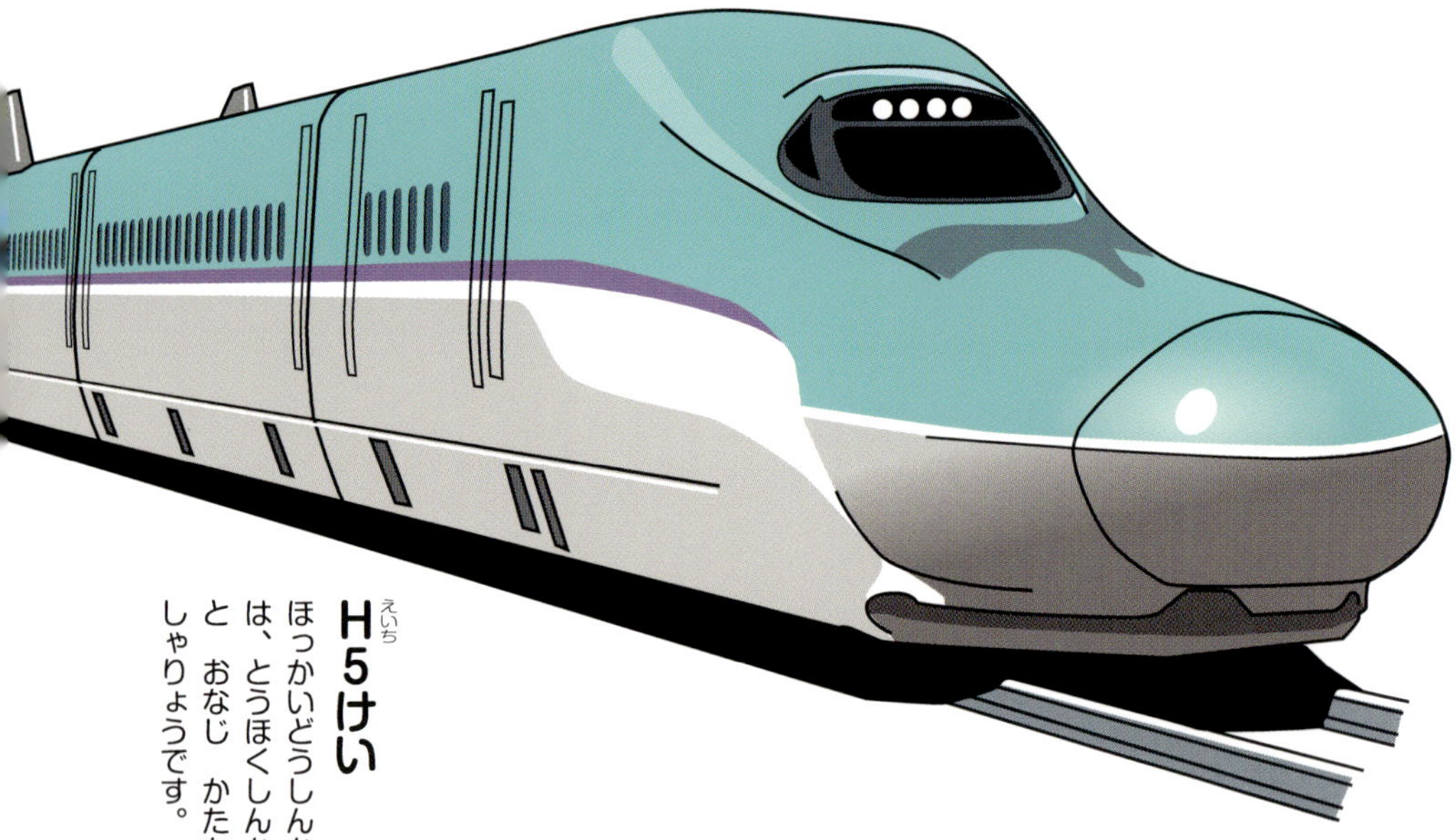

H《えいち》5けい

ほっかいどうしんかんせんは、とうほくしんかんせんと　おなじ　かたちのしゃりょうです。

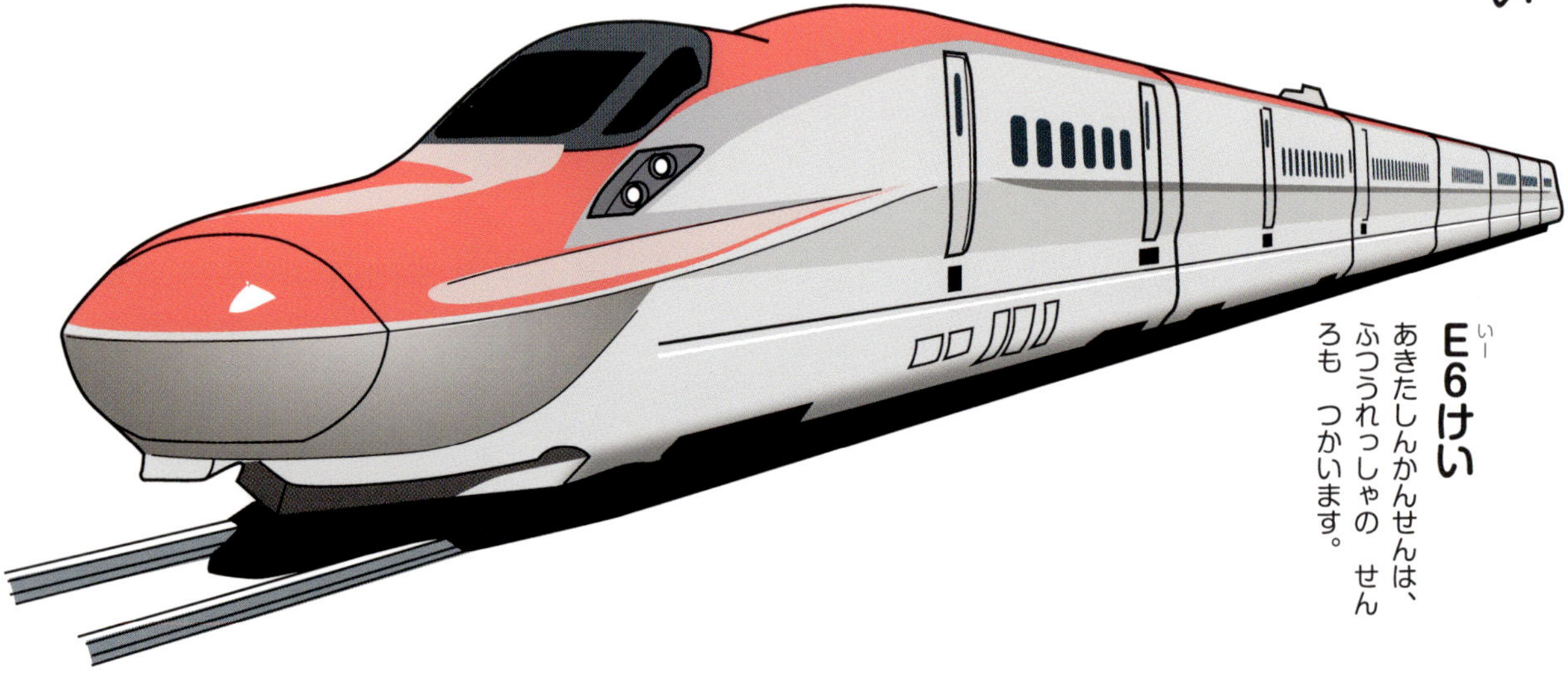

E《いー》6けい

あきたしんかんせんは、ふつうれっしゃの　せんろも　つかいます。

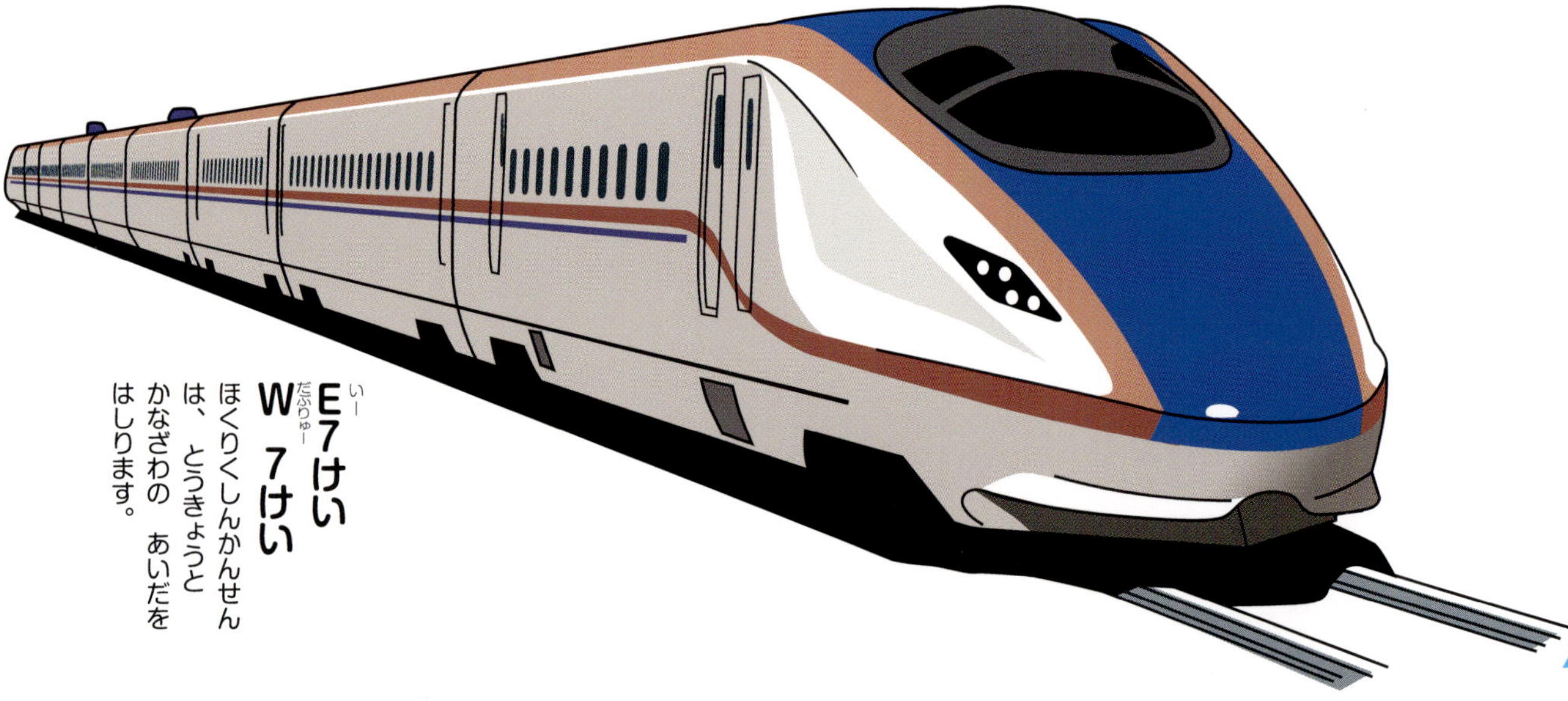

E《いー》7けい
W《だぶりゅー》7けい

ほくりくしんかんせんは、とうきょうとかなざわの　あいだをはしります。

最初の新幹線は、1964年（昭和39年）開業の東海道新幹線です。新幹線は速く走るために、先頭部分を細くし、風の抵抗が少なくなるように工夫されています。

おうちの方へ

N《えぬ》700A《えー》

とうかいどうしんかんせんの　N《えぬ》700けいと　おなじ　かたちですが、さらに　すくない　ちからで　はしれます。

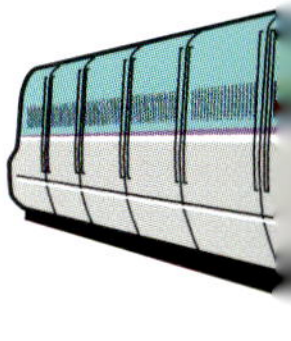

800けい

きゅうしゅうしんかんせんは、はかたと　かごしまの　あいだを　はしります。

ドクターイエロー《どくたーいえろー》

しんかんせんの　あんぜんを　まもるため　せんろや　かせんや　しんごうなどを　けんさします。

走行路線や形・塗装が変更されている場合があります。

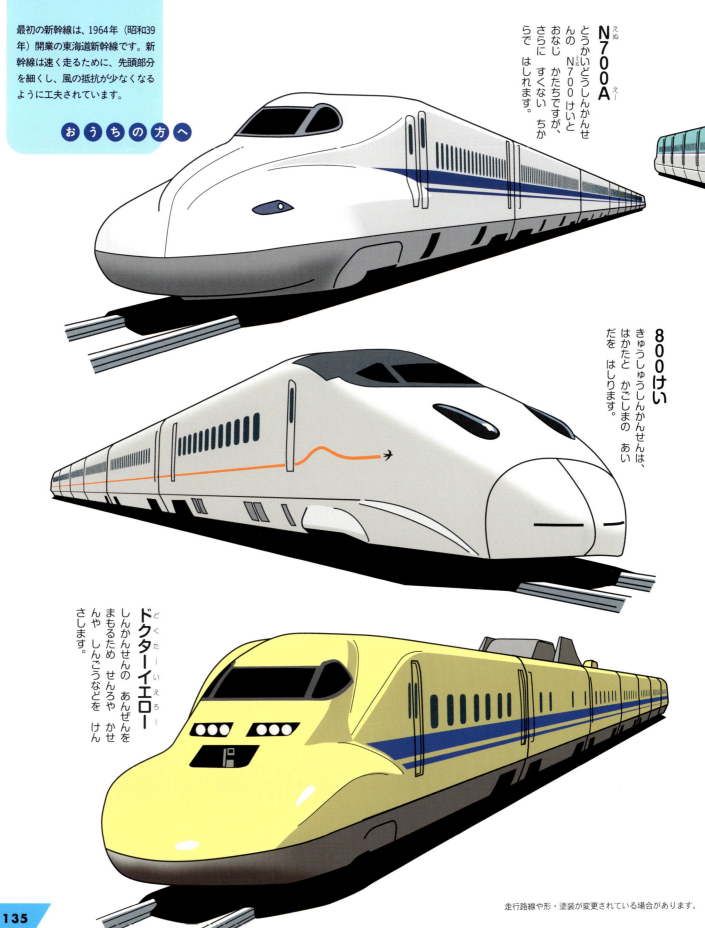

しんかんせん

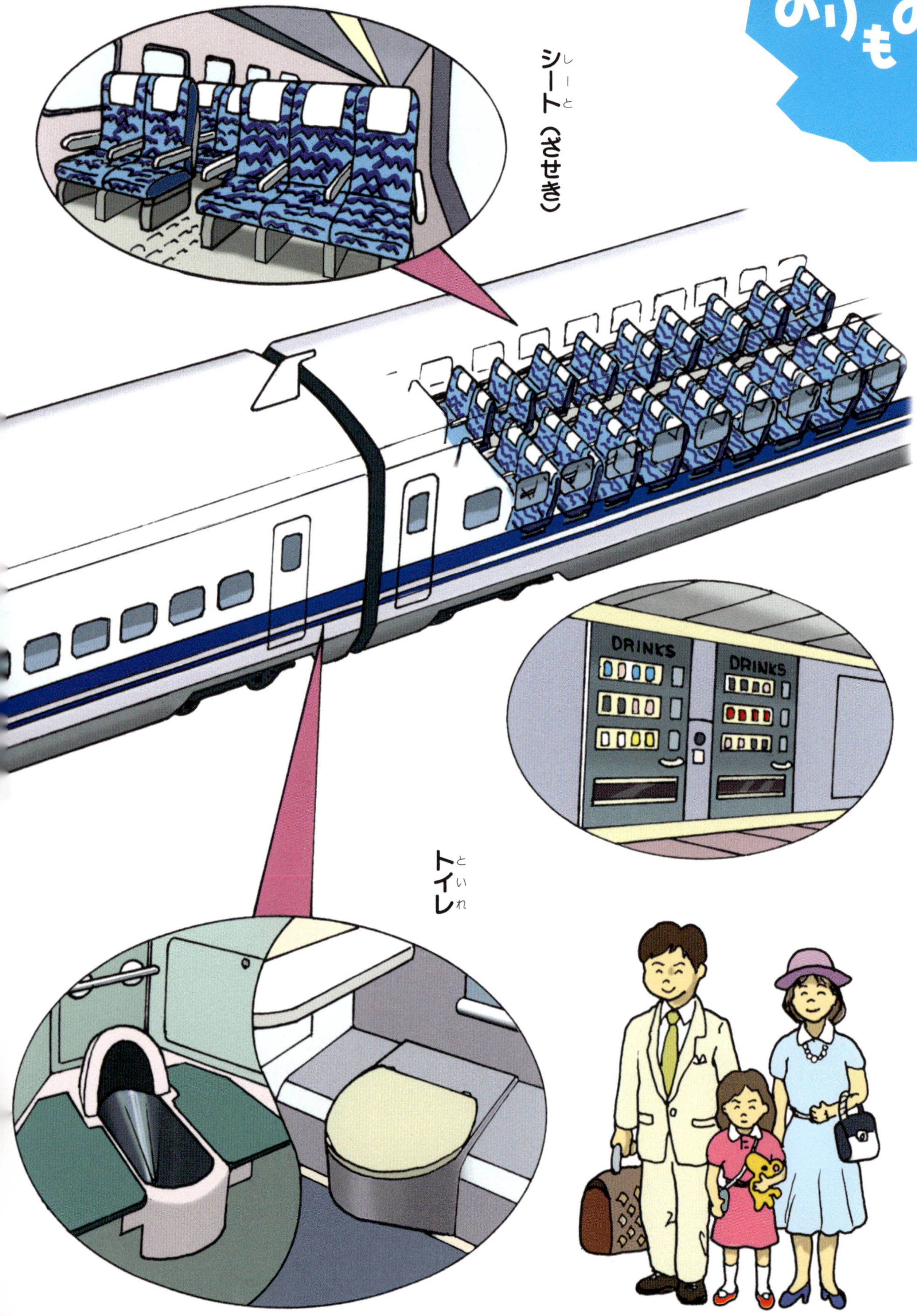

シート《しーと》（ざせき）

じどうはんばいきコーナー《こーなー》

トイレ《といれ》

700系はＪＲ東海とＪＲ西日本が共同開発した新幹線車両で1999年「のぞみ」として営業運転を開始しました。軽量化と省エネルギー化に成功し、後のN700系や800系の基礎となりました。

おうちの方へ

パンタグラフ《ぱんたぐらふ》
でんせんから　でんきを　あつめ、しんかんせんを　はしらせます。

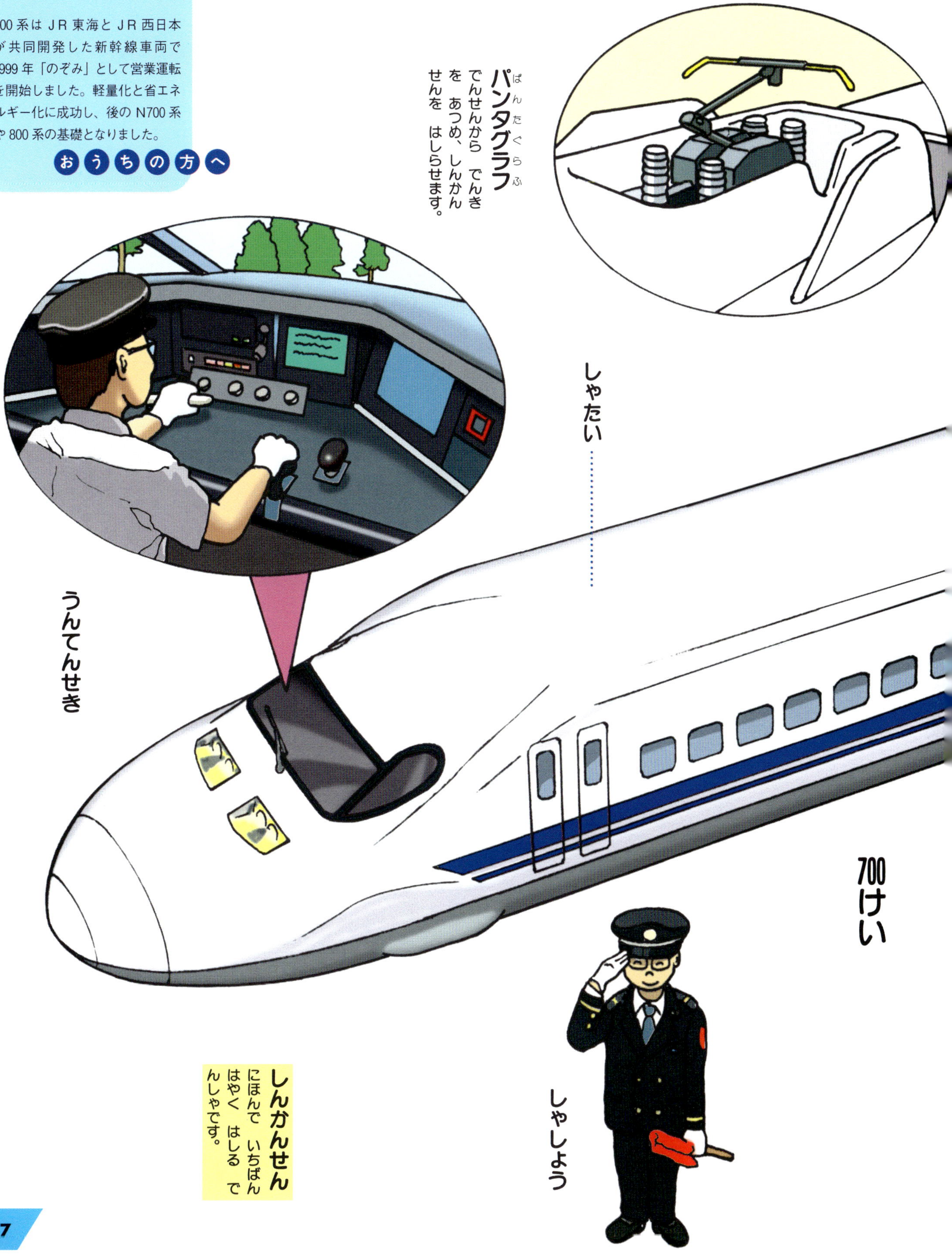

しんかんせん
にほんで　いちばん　はやく　はしる　でんしゃです。

でんしゃ

とおくまで いそいで いける
でんしゃを なんて いう?
きみは どれに のった こと
が あるかな?

ざせき（ノビノビ《のびのび》 ざせき）

ねたり すわったりと じゆうに つかう ことが できます。

しんだいとっきゅう
（サンライズ《さんらいず》エクスプレス《えくすぷれす》）

しんだいしゃが ついている とっきゅうでんしゃの ことです。これは、とうきょうと いずもし、たかまつを それぞれ むすびます。

しんだいせつび

とっきゅうでんしゃ

ふつうの でんしゃより はやく はしる でんしゃです。

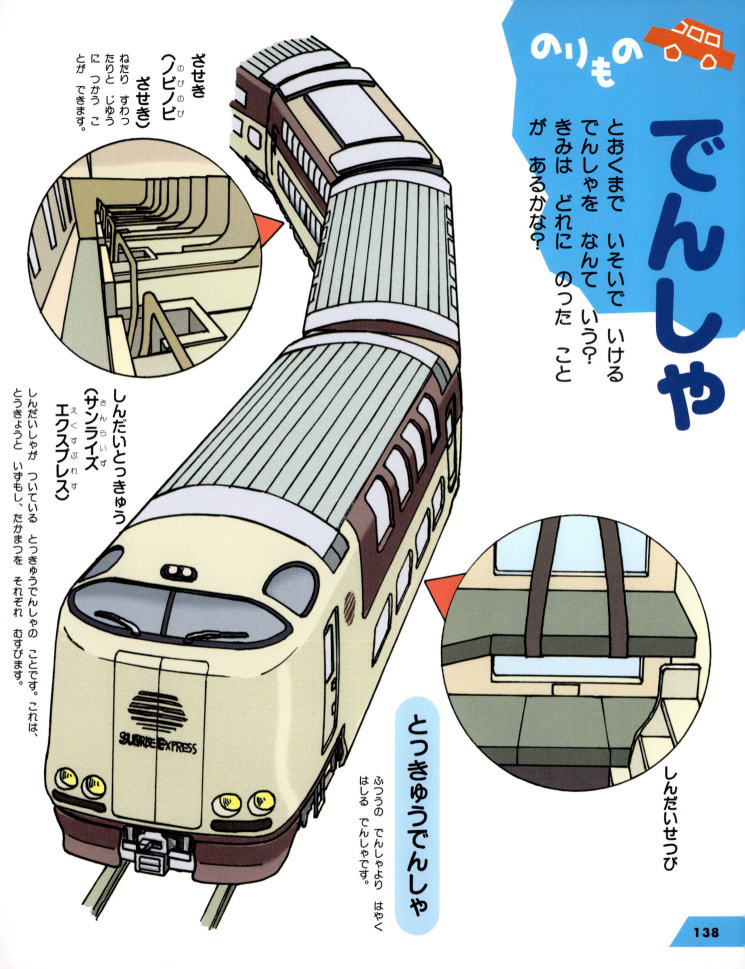

なりたエクスプレス《えくすぷれす》

とうきょうと　なりたくうこうの　あいだをやく１じかんで　はしります。

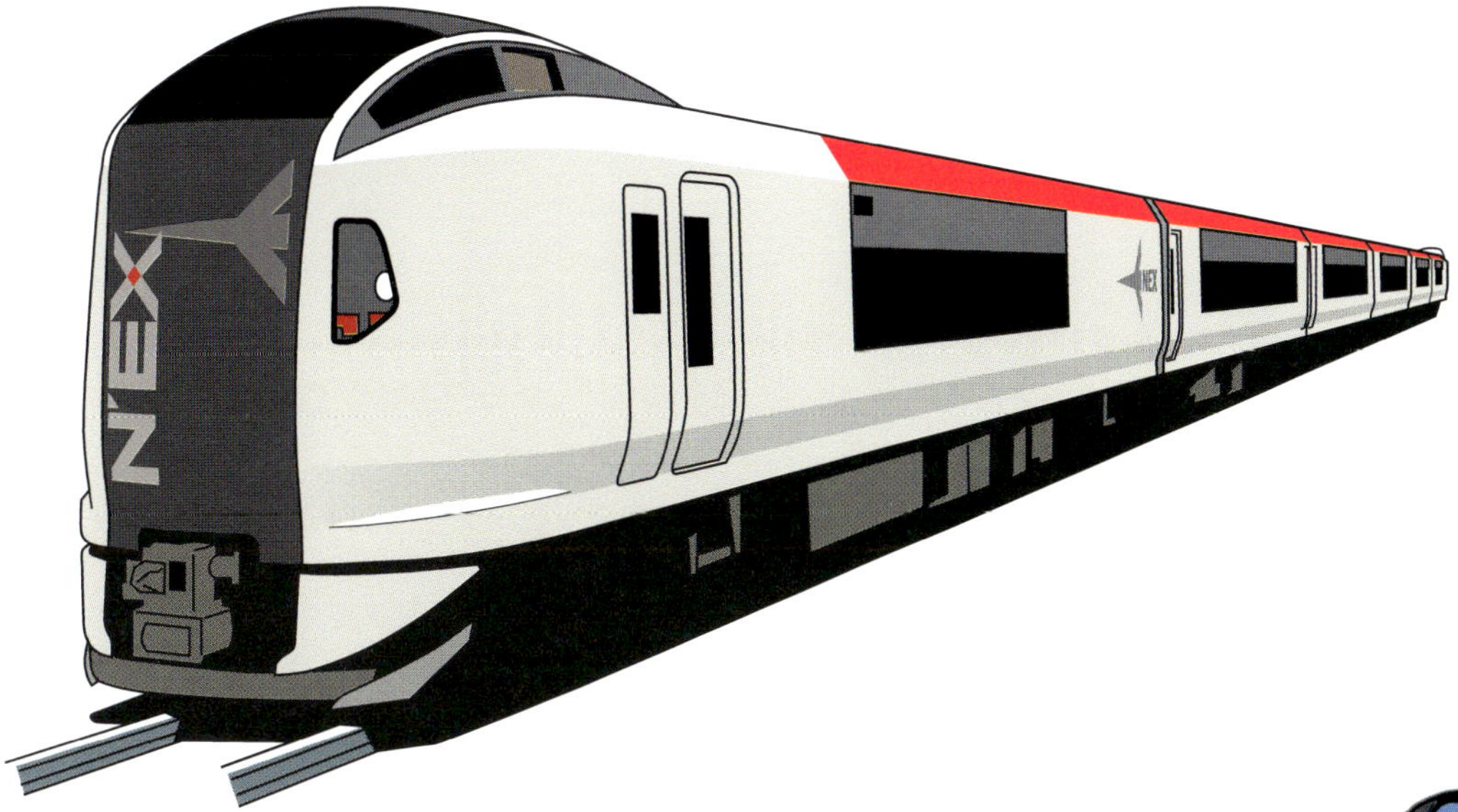

スーパー《すーぱー》おおぞら

ほっかいどうを　はしるディーゼル《でぃーぜる》しゃです。

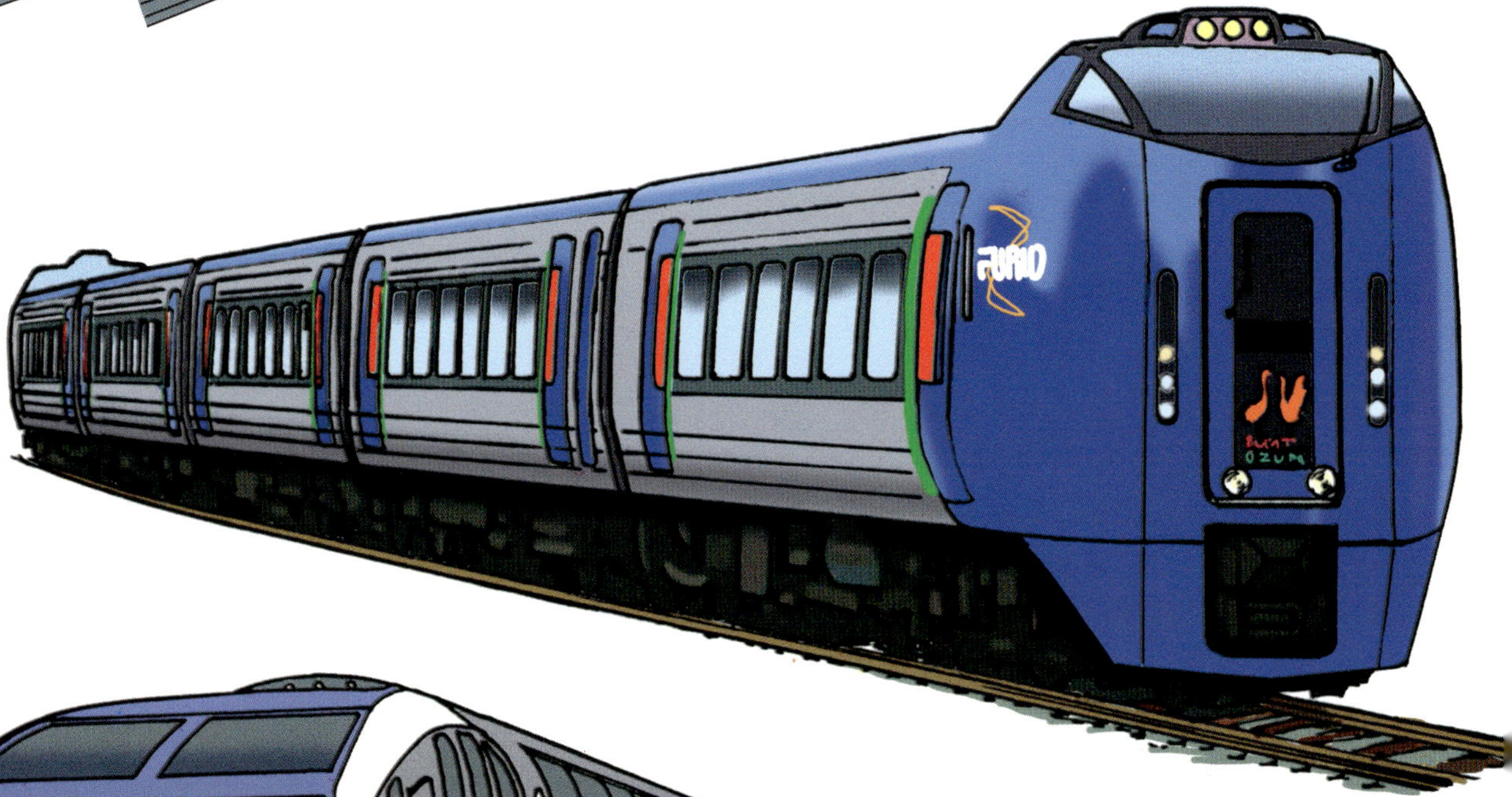

スーパービュー《すーぱーびゅー》おどりこ

こどもべやや　こしつも　ある、とうきょうと　いずの　あいだをはしる　でんしゃです。

おうちの方へ

長距離を走る特急電車をはじめとして、ＪＲや私鉄、地下鉄の他、ロープウエーやケーブルカーなど限定された地域にしか走っていない電車の中で、代表的な物を集めました。

走行路線や形・塗装が変更されている場合があります。

でんしゃ

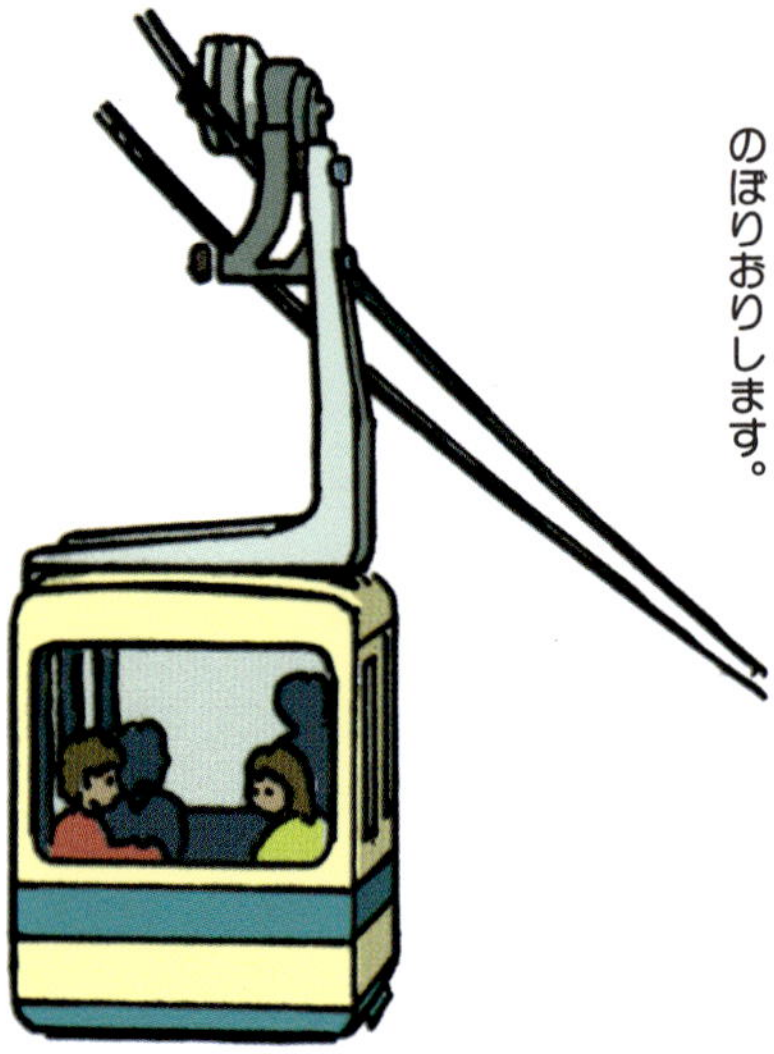

ロープウエー《ろーぷうえー》
ロープ《ろーぷ》に　ぶらさがって　やまや　たにを　のぼりおりします。

じょうききかんしゃ（SL《えすえる》）
じょうきの　ちからで　はしります。いまでも　わずかに　はしっています。

ケーブルカー《けーぶるかー》
ケーブル《けーぶる》に　ひっぱられ、きゅうな　さかみちを　はしります。

モノレール《ものれーる》

いっぽんの　レール《れーる》に　またがったり　ぶらさがったりして　はしります。

してつ

おおくは　つうきんでんしゃとして　かつやくしています。

ちかてつ

ちかに　ほられた　トンネル《とんねる》の　なかを　はしっています。

ジェイアール《じぇいあーる》（JR）

これは　とうきょうの　ちゅうしんぶを　いっしゅうする　やまのてせんです。

ろめんでんしゃ

くるまと　おなじ　どうろの　レール《れーる》の　うえを　はしっています。

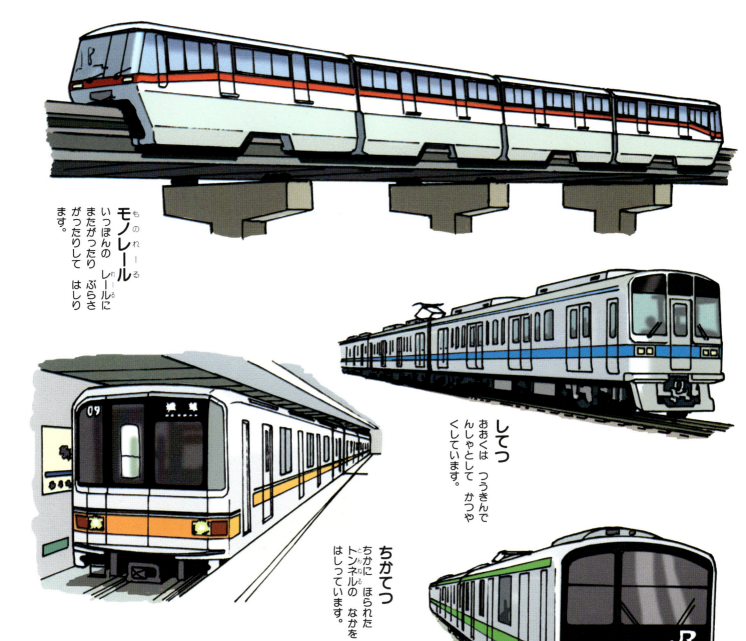

おおきな えきには どんな でんしゃが いるのかな？

おおきな えきには いろいろな でんしゃが あつまって いるよ。

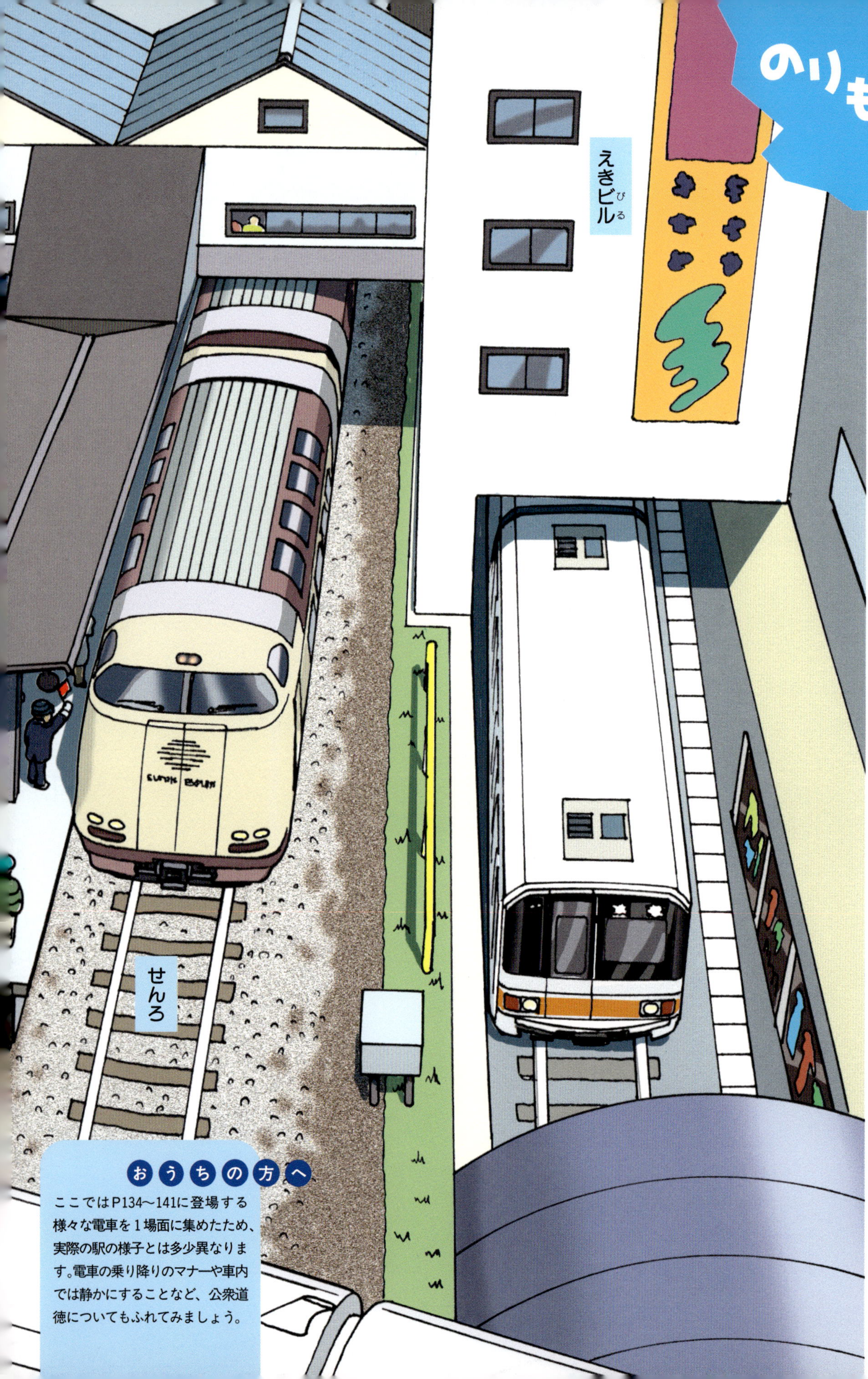

おうちの方へ

ここではP134〜141に登場する様々な電車を１場面に集めたため、実際の駅の様子とは多少異なります。電車の乗り降りのマナーや車内では静かにすることなど、公衆道徳についてもふれてみましょう。

えき
ホーム《ほーむ》（プラットホーム《ぷらっとほーむ》）
JR

ふね

たくさんの　ひとを　のせる
ふね。ものを　はこぶ　ふね。
ふねは、いろいろ
な　かたちを
しているんだね。

はんせん

かぜの　ちからを　り
ようして　はしります。

カーフェリー《かーふぇりー》

たくさんの　くるまを　はこぶ
ことが　できます。

きゃくせん

ふねの　たびを　たのし
む　ことが　できます。

船は、ふだん目にする機会があまり多くありませんが、船ごとの形や設備の違いは、お子さんの興味をひくでしょう。人以外の物を運ぶための船やレジャー用の船など、役割の違いについてふれましょう。

おうちの方へ

クレーン《くれーん》せん

おもい　ものを　もちあげて　はこぶ　ことが　できます。

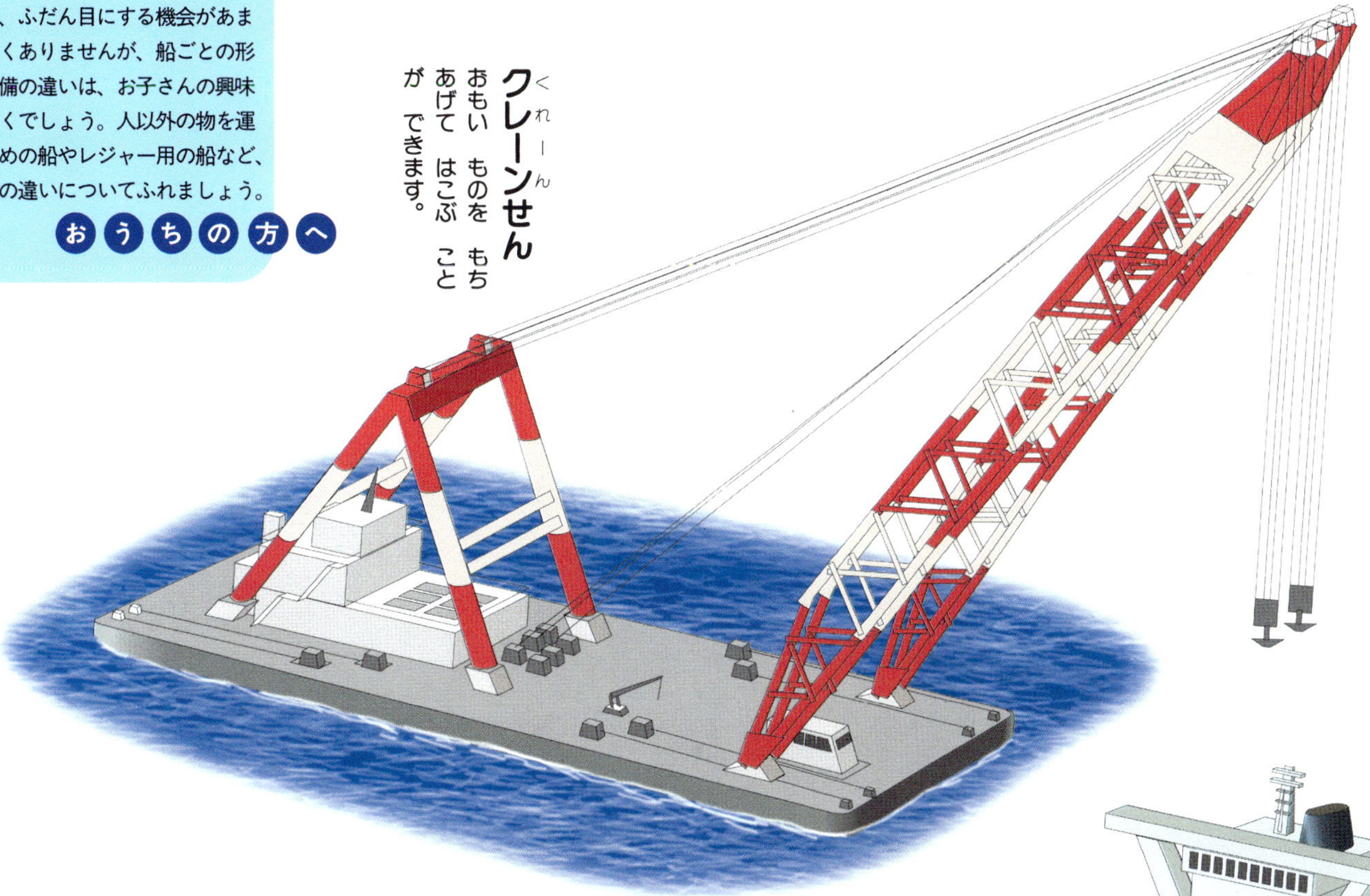

オイルタンカー《おいるたんかー》

せきゆを　はこぶ　おおきな　ふねです。

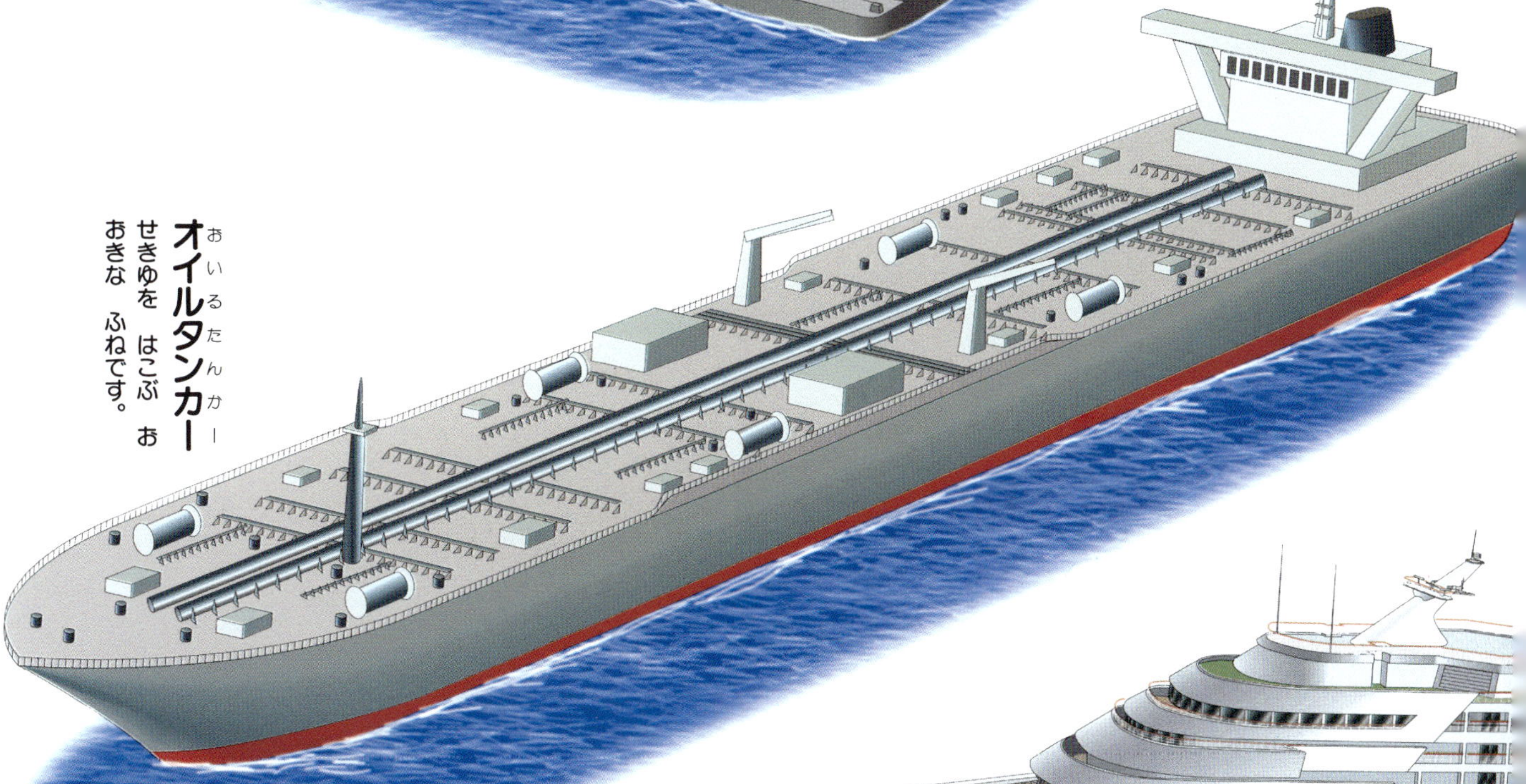

ふね

ヨット《よっと》

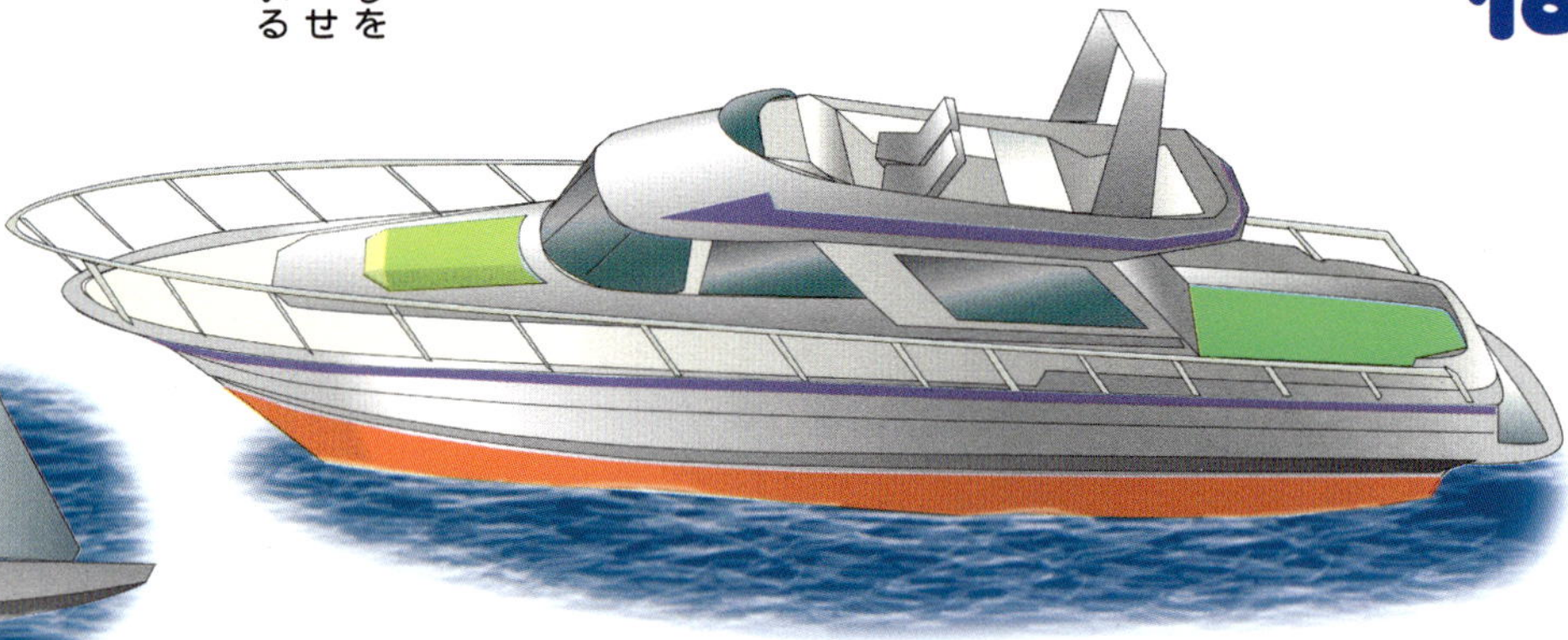

クルーザー《くるーざー》

ねたり　しょくじを　したり　できる　せつびの　ついている　ふねです。

モーター《もーたー》 ボート《ぼーと》

きょうりょくな　エンジン《えんじん》で　はやく　はしります。

カヌー《かぬー》

ジェットフォイル《じぇっとふぉいる》

うしろから　みずを　はきだして　とても　はやく　すすみます。

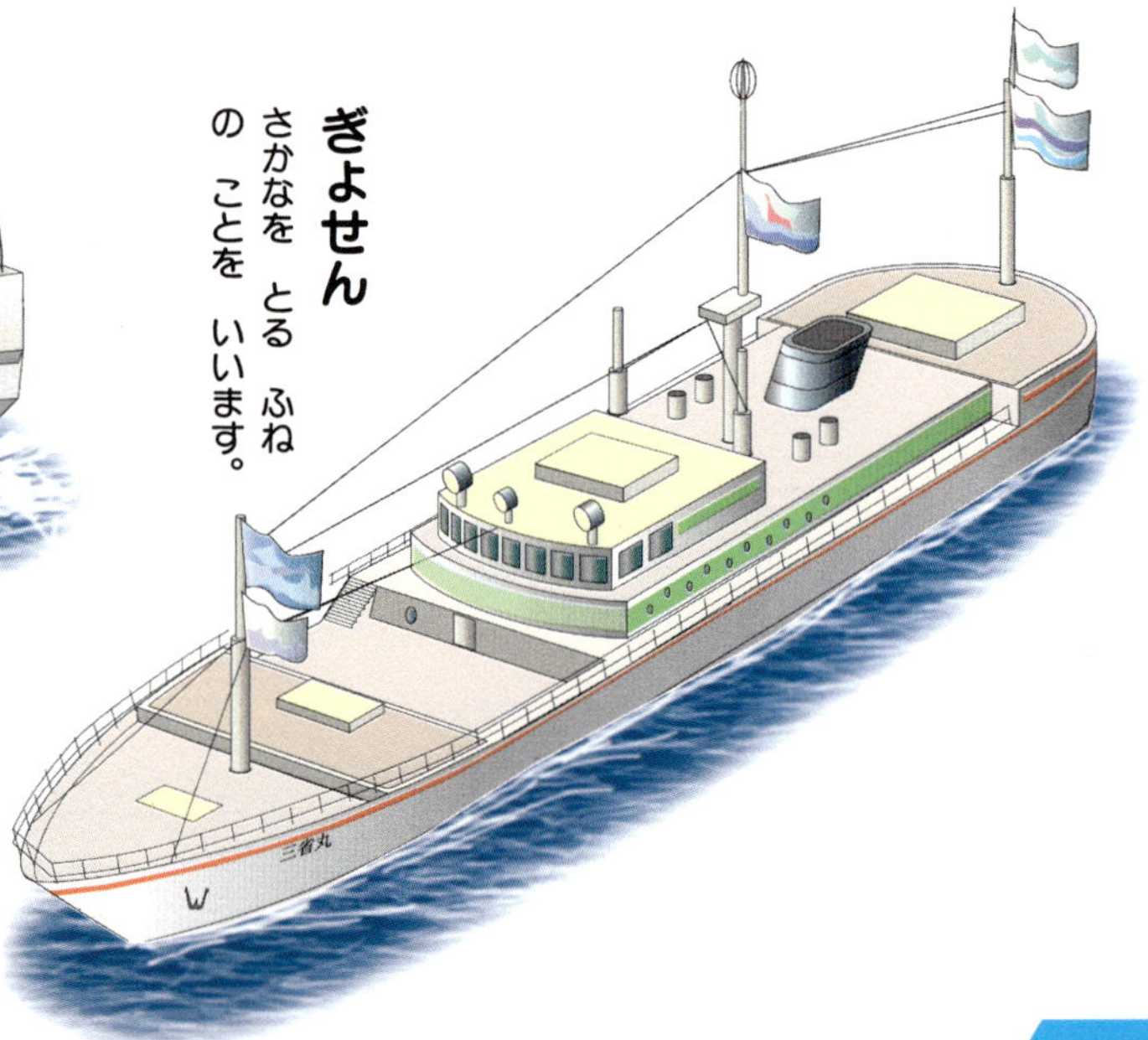

ぎょせん

さかなを　とる　ふねの　ことを　いいます。

郵便はがき

料金受取人払郵便

神田支店承認

2900

差出有効期間
平成30年4月
14日まで
<切手不要>

101-8791

505

千代田区三崎町
二丁目22—14

株式会社 三省堂
国語辞書編集室 行

ホームページURL=http://www.sanseido.co.jp/

●読者の皆さまへ

お買い求めいただき誠にありがとうございます。お手数とは存じますが、裏面記載のアンケートにご記入の上、この『読者カード』をご投函ください。今後の企画検討の参考にさせていただきます。

なお、今後、三省堂から各種ご案内や新刊情報をメール等でお送りしてもよろしいでしょうか。ご了承いただける方は、下の□の中に✓をご記入ください。

＊ご記入いただいた個人情報は、ご案内等の確認のために使用し、その目的以外には利用いたしません。

□ 三省堂からの案内を受け取ることを了承します。

ホームページURL=http://www.sanseido.co.jp/

《こどもものの なまえ絵じてん 増補新装版》 読者カード

ふりがな 名　前		性別	男／女	年齢	歳

この本をお読みになるお子さんの年齢　　歳

住　所	〒　TEL 都道府県		
メールアドレス			
職　業		購入年月 年　月	
購入書店名		購入書店所在地	都道府県　市・区

1) 本書を何によってお知りになりましたか。
　1. 書店で実物をみて
　2. 人にすすめられて
　3. 広告を見て(新聞・雑誌・ウェブサイト名:　)
　4. 書評・紹介記事を読んで(同上:　)
　5. その他(　)

2) 本書をご購入になった動機をお聞かせください(複数回答可)。
　1. お子さんが気に入ったから　　4. 三省堂の絵じてんだから
　2. 表紙が目についたから　　5. 広告や紹介記事を見て
　3. 内容が役立ちそうだったから　　6. その他(　)

3) この本についてのご意見をお聞かせください。

1. 紙面	見やすい	ふつう	見にくい
2. イラスト	よい	ふつう	よくない
3. 解説	簡単	ふつう	難しい
4. 価格	安い	ふつう	高い

　5. その他、ご意見・ご感想をお聞かせください。

4) 子ども向けの辞典で、どんなものがあったらよいと思いますか。

ゆうらんせん

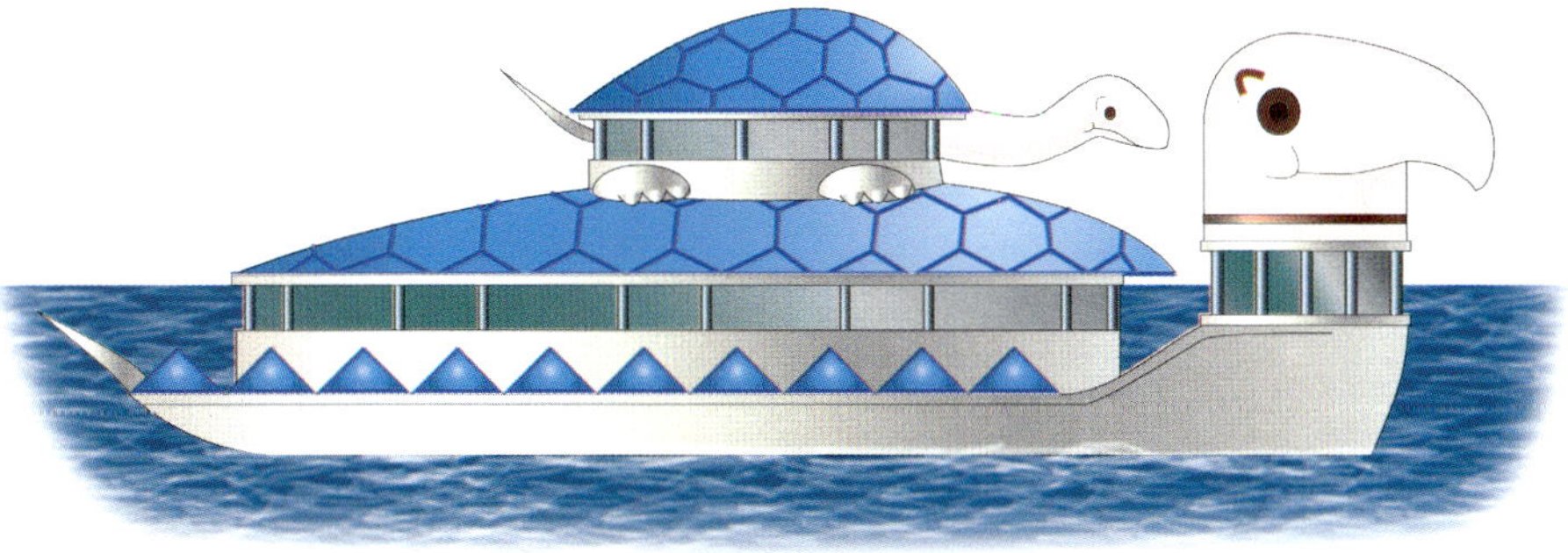

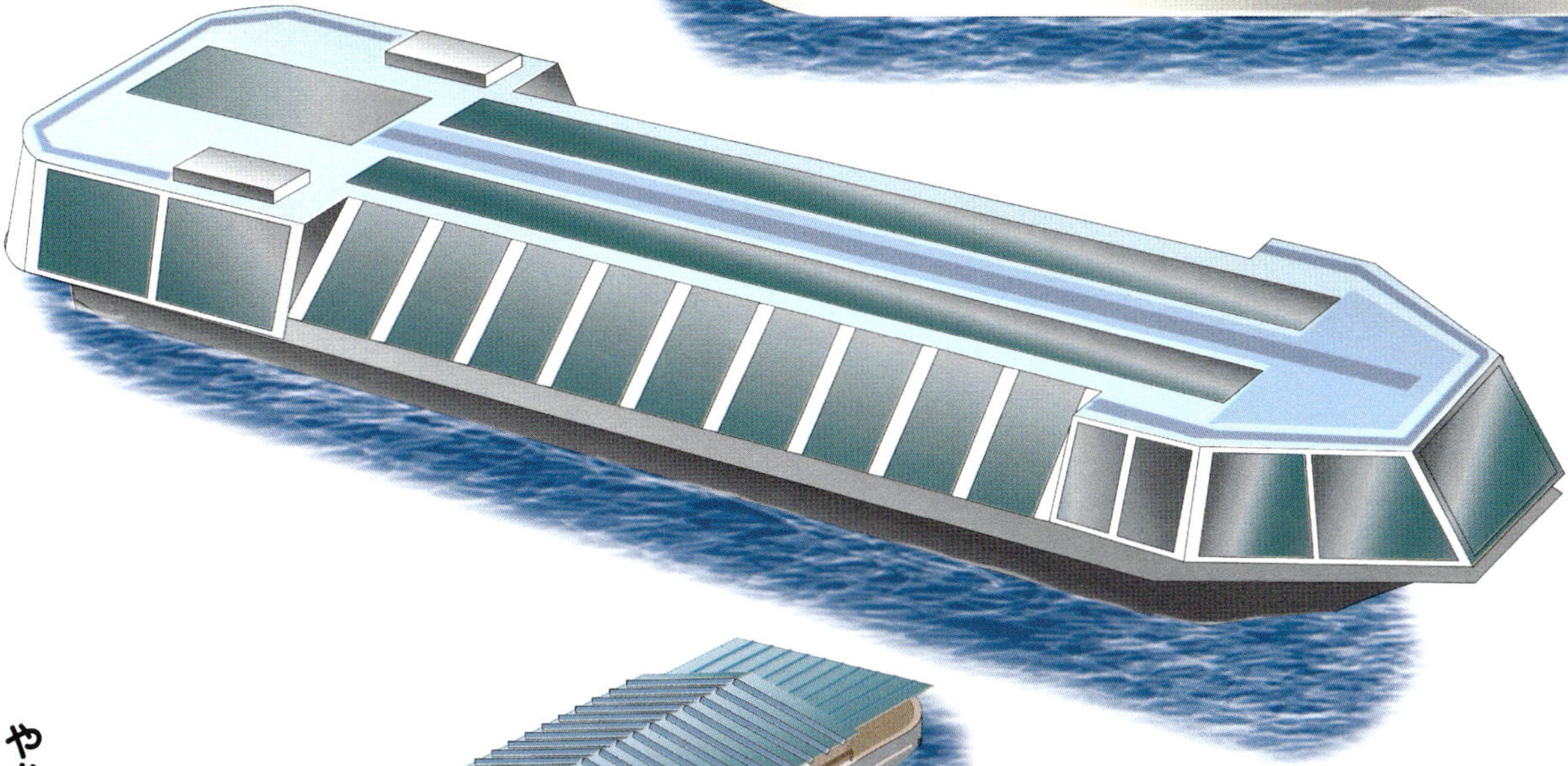

すいじょうバス《ばす》

やかたぶね

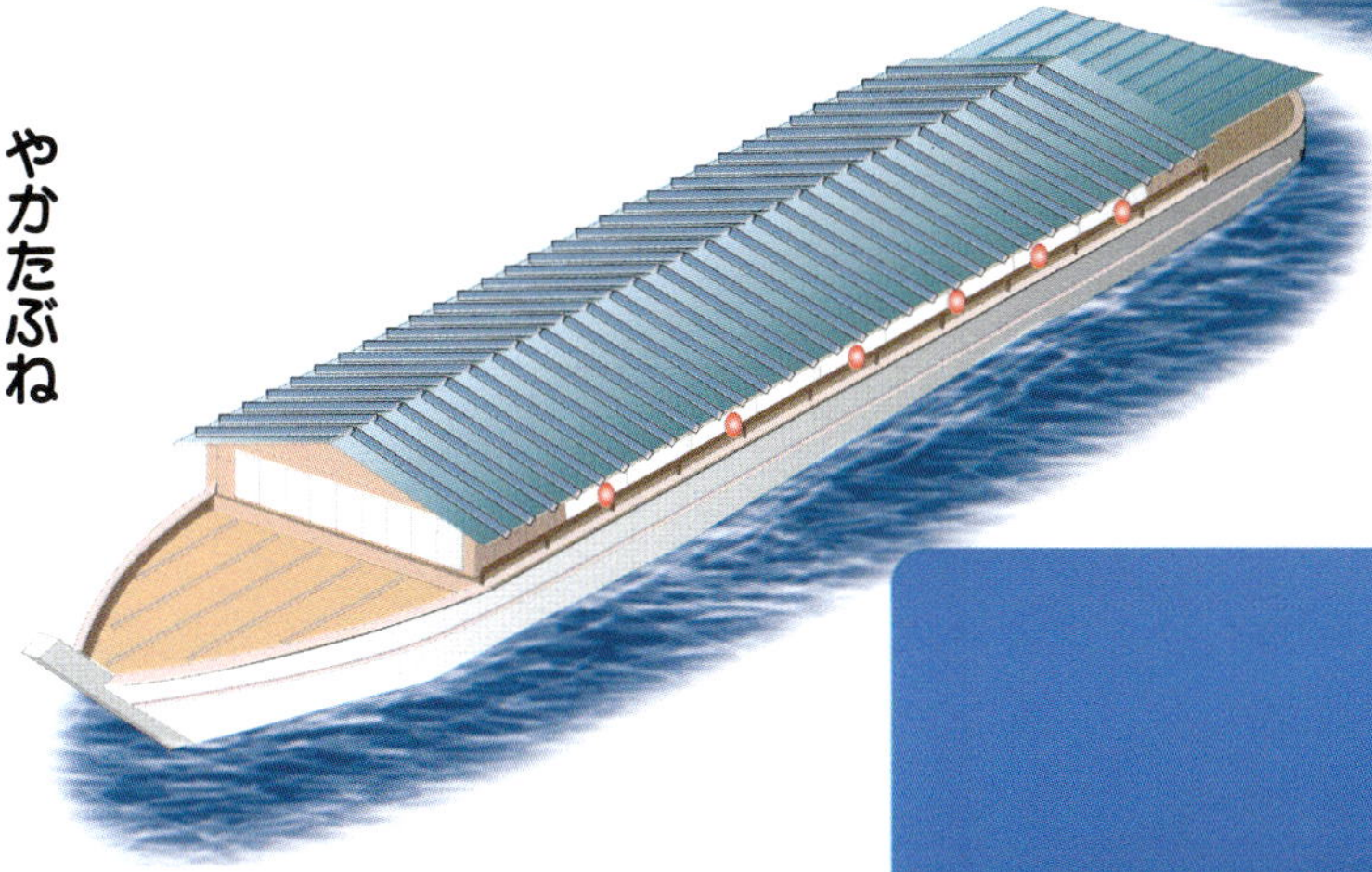

せんすいかん（しんかい6500）

ふかい　うみに　もぐって　うみの　なかを　しらべるのが　しごとです。

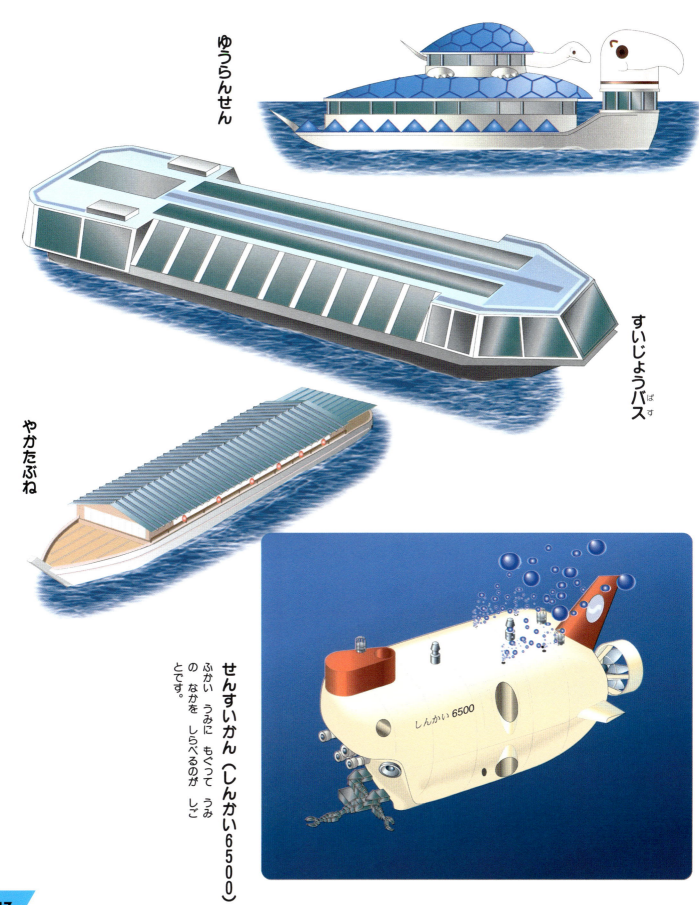

ごうかきゃくせん

ブリッジ《ぶりっじ》
ふねを うごかす しじを だす しれいしつ。

ごうかきゃくせん あすか

じょうきゃくが ふねの たびを たのしめるように せつびが ととのっています。

アンテナ《あんてな》

げきじょう

デッキ《でっき》

キャビン《きゃびん》（せんしつ）

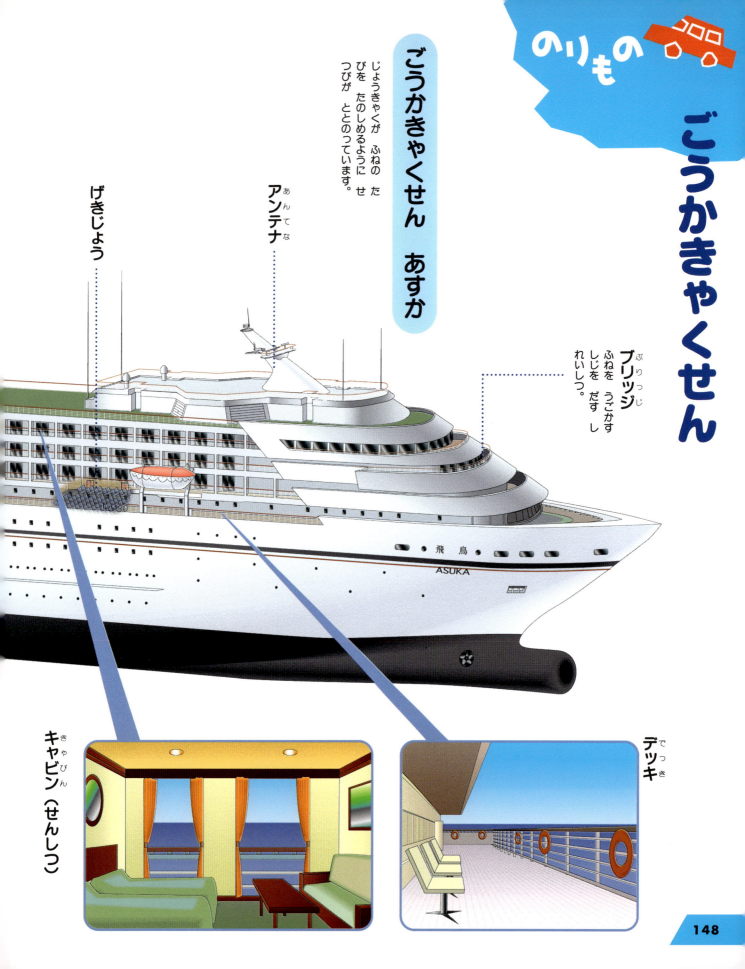

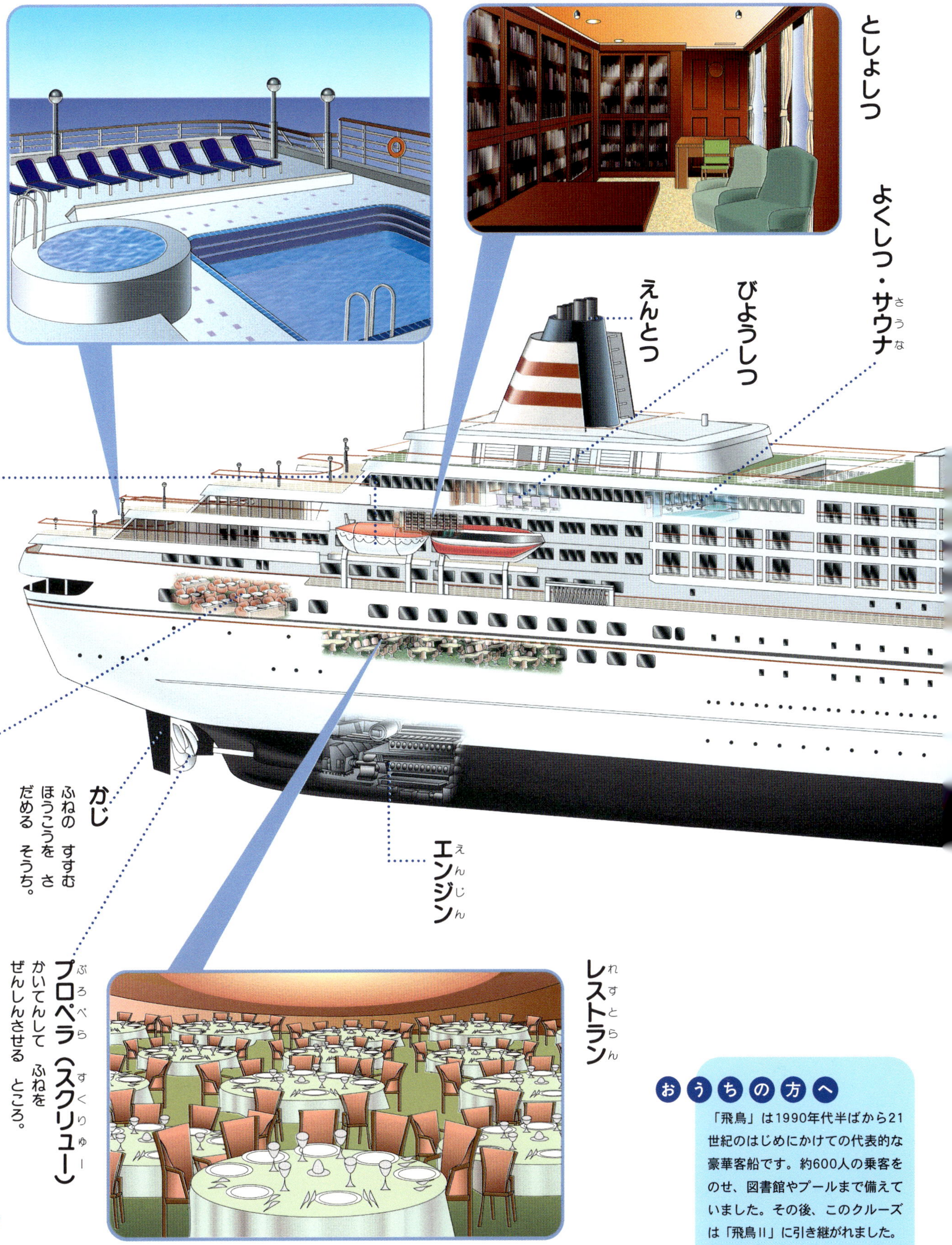

おうちの方へ

「飛鳥」は1990年代半ばから21世紀のはじめにかけての代表的な豪華客船です。約600人の乗客をのせ、図書館やプールまで備えていました。その後、このクルーズは「飛鳥II」に引き継がれました。

みなとには どんな ふねが いるのかな？

おおきな　みなとに　いろいろな　ふねが　あつまって　いるよ。

みなと

おうちの方へ

ここではP144～147に登場する船をひとつの場所に集めたため、実際の港とは多少様子が異なっています。船に対しての港の大きさにも注目し、お子さんと話し合ってみるといいでしょう。

ひこうき・そらを とぶ のりもの

つばさを ひろげて そらを とぶ すがた
は とりに にているね。ひこうきは、しん
かんせんより はやく とおくへ いけるよ。

りょかくき
（プロペラ《ぷろぺら》き）
エンジン《えんじん》で プロペラ《ぷろぺら》を
まわして とびます。

ヘリコプター《へりこぷたー》
プロペラ《ぷろぺら》を かいてん
させて そらを とん
だり くうちゅうに
ういたりします。

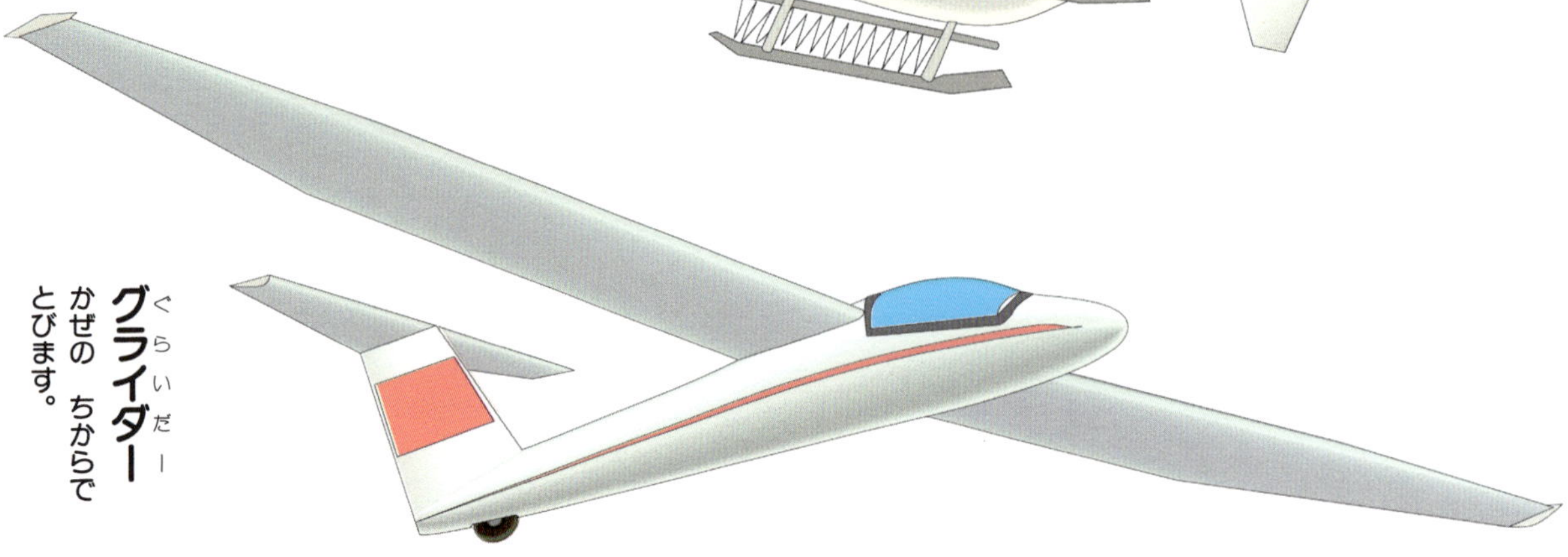

グライダー《ぐらいだー》
かぜの ちからで
とびます。

ここでは、ターボプロップエンジンでプロペラを回して飛ぶ小型旅客機の他、回転翼や、風の力、熱した空気など、様々な方法で空を飛ぶ乗り物を取り上げました。

おうちの方へ

ねつききゅう

あたためられて　かるくなった　くうきを　つかって　とびます。

ひこうせん

くうきよりも　かるい　ガス《がす》を　つかって　そらを　とびます。

セスナ《せすな》き（けいひこうき）

4～5にんのりの　こがたひこうきの　ことを　いいます。

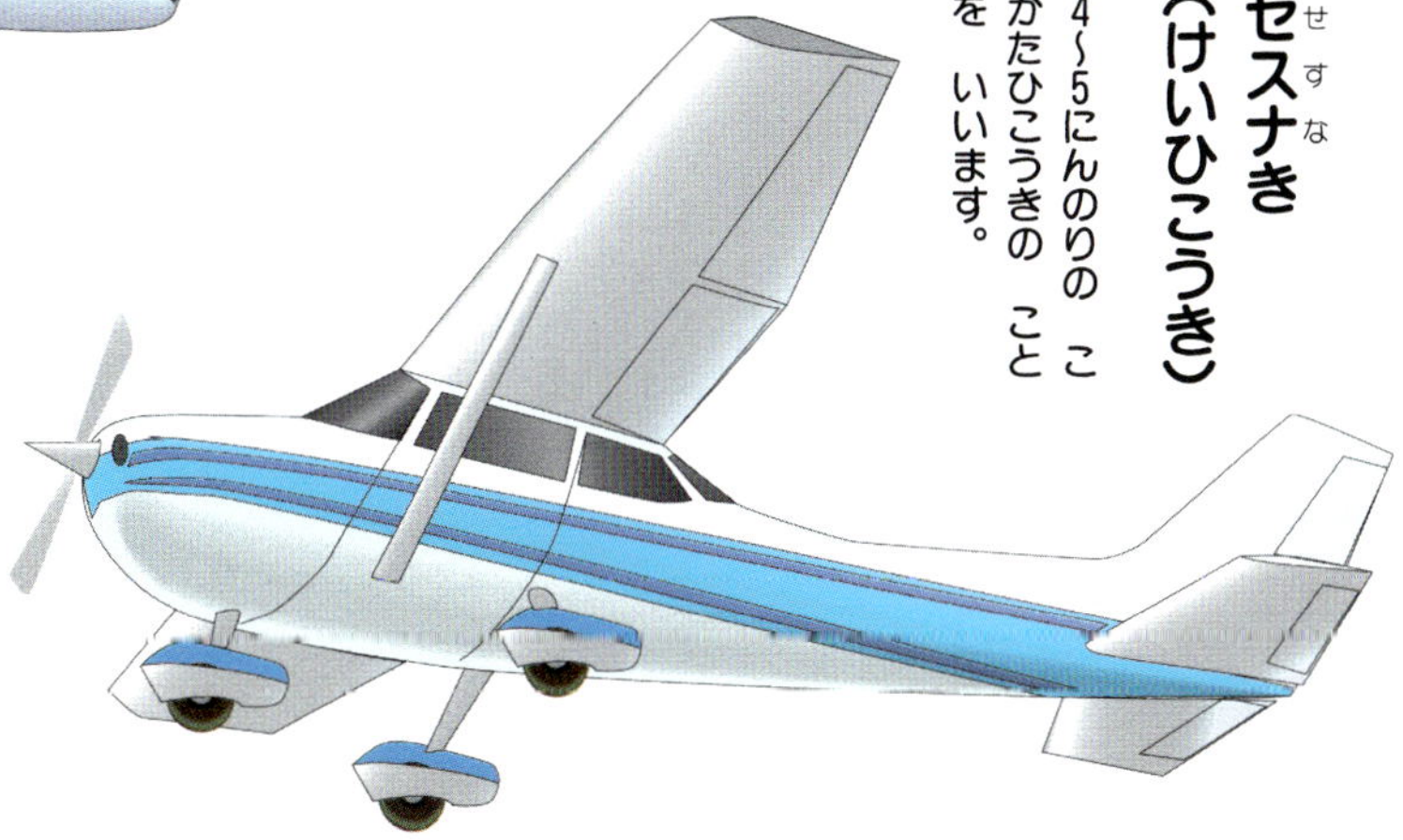

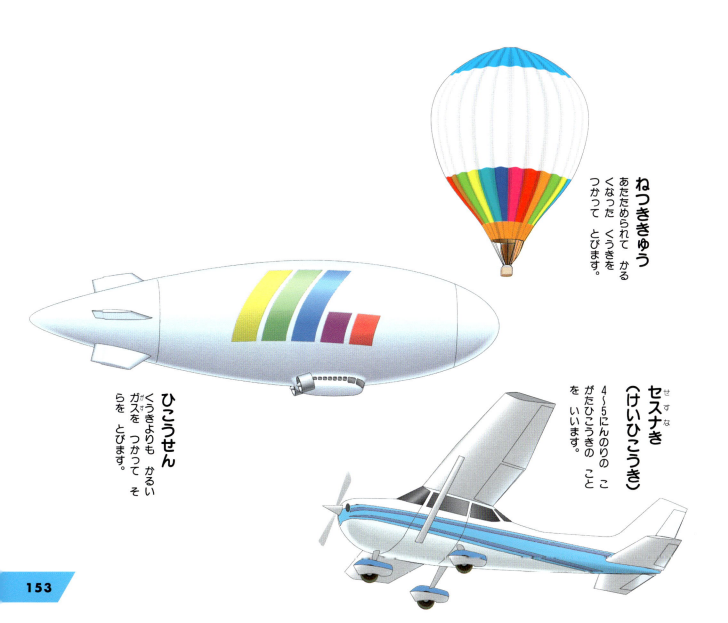

りょかくき

ボーイング《ぼーいんぐ》777-300（トリプルセブン《とりぷるせぶん》）

ふたつの　ジェットエンジン《じぇっとえんじん》で　とぶ、ひこうきです。

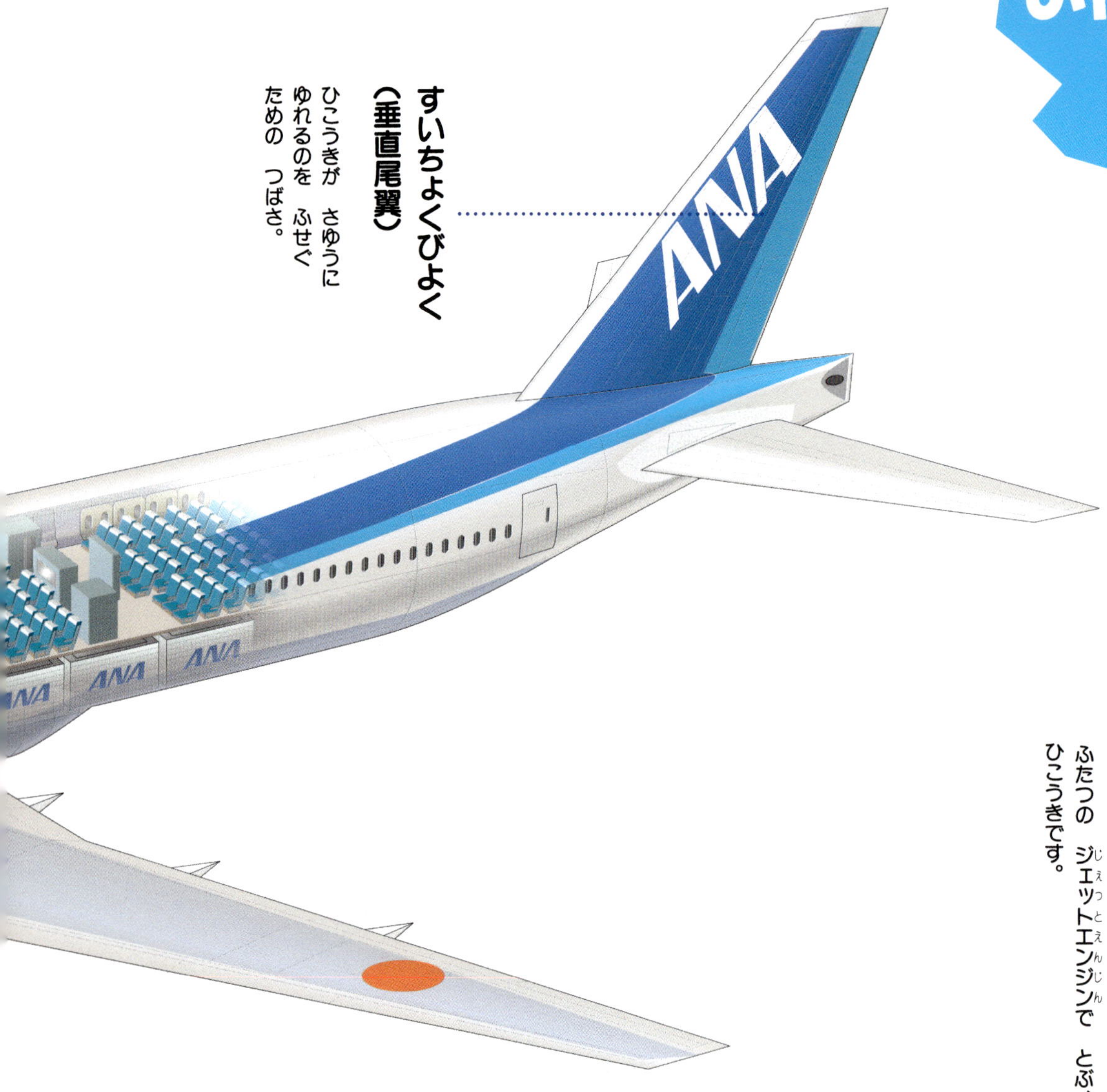

すいちょくびよく（垂直尾翼）

ひこうきが　さゆうに　ゆれるのを　ふせぐ　ための　つばさ。

ボーイング777は、２基のジェットエンジンで飛ぶ、双発旅客機です。双発機は、４発機に比べ、省エネルギー化と排気ガスの低減化を実現し、現在の旅客機の主流となりました。

おうちの方へ

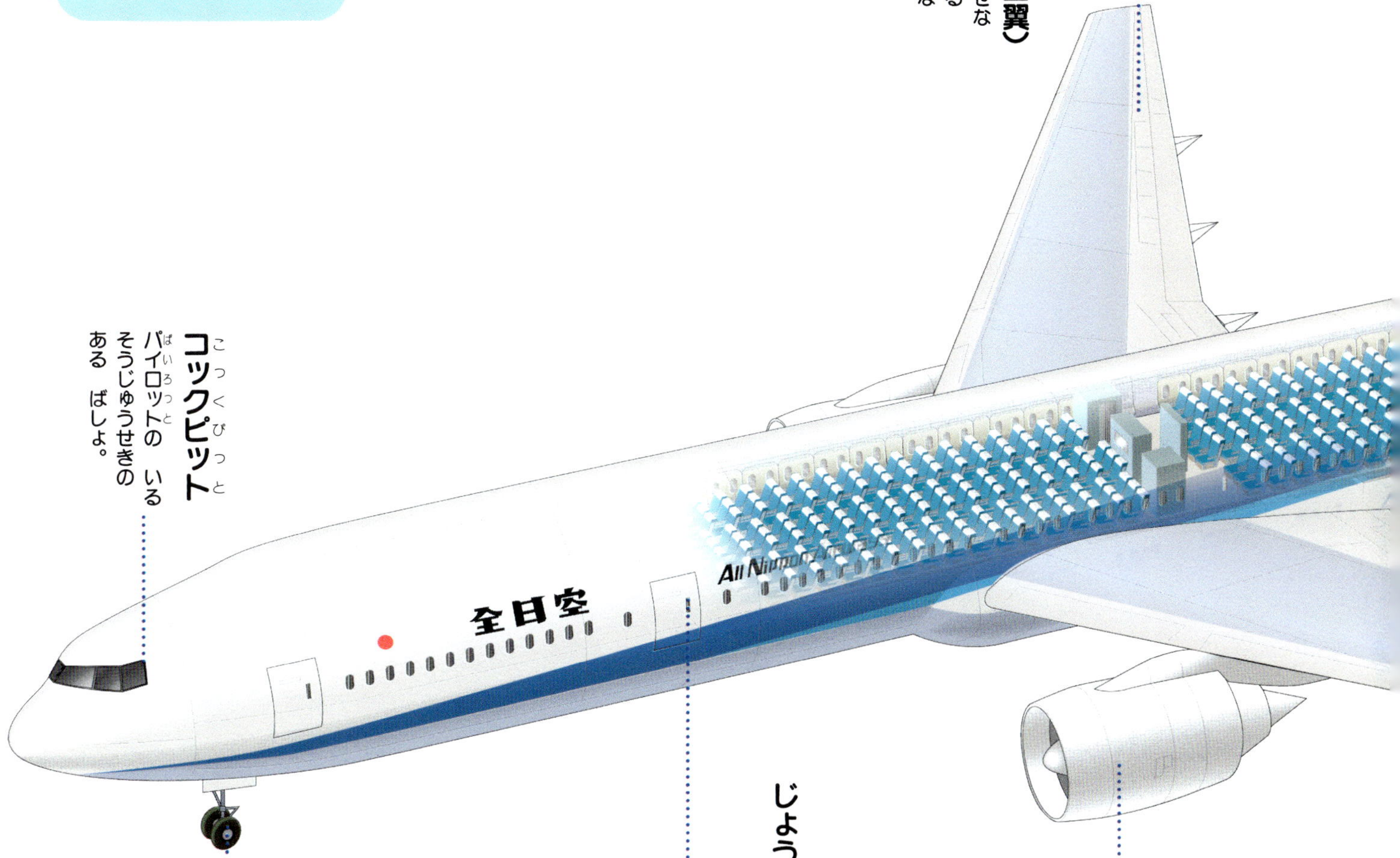

しゅよく（主翼）
とぶために　かかせない、さゆうに　ある　いちばん　おおきな　つばさ。
コックピット《こっくぴっと》
パイロット《ぱいろっと》の　いる　そうじゅうせきの　ある　ばしょ。
全日空
All Nippon Airways
しゃりん
じょうきゃくでいりぐち
エンジン《えんじん》

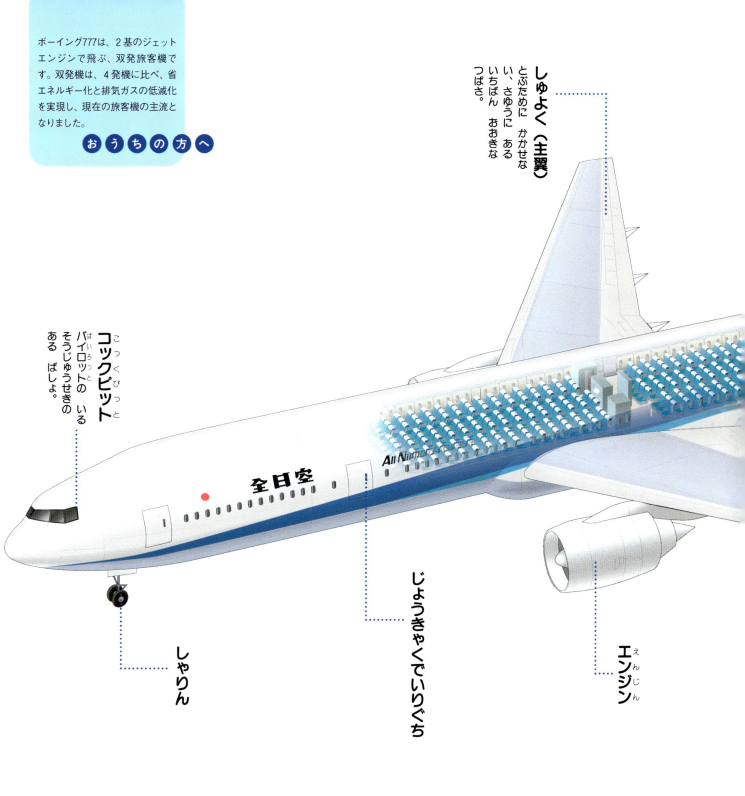

はたらく こうくうき

おおがたかもつき（エアバス《えあばす》 A《えー》300-600ST《えすてぃー》 ベルーガ《べるーが》）

ひこうきの ぶひんや ロケット《ろけっと》など おおきな ものを はこぶ ための ひこうきです。

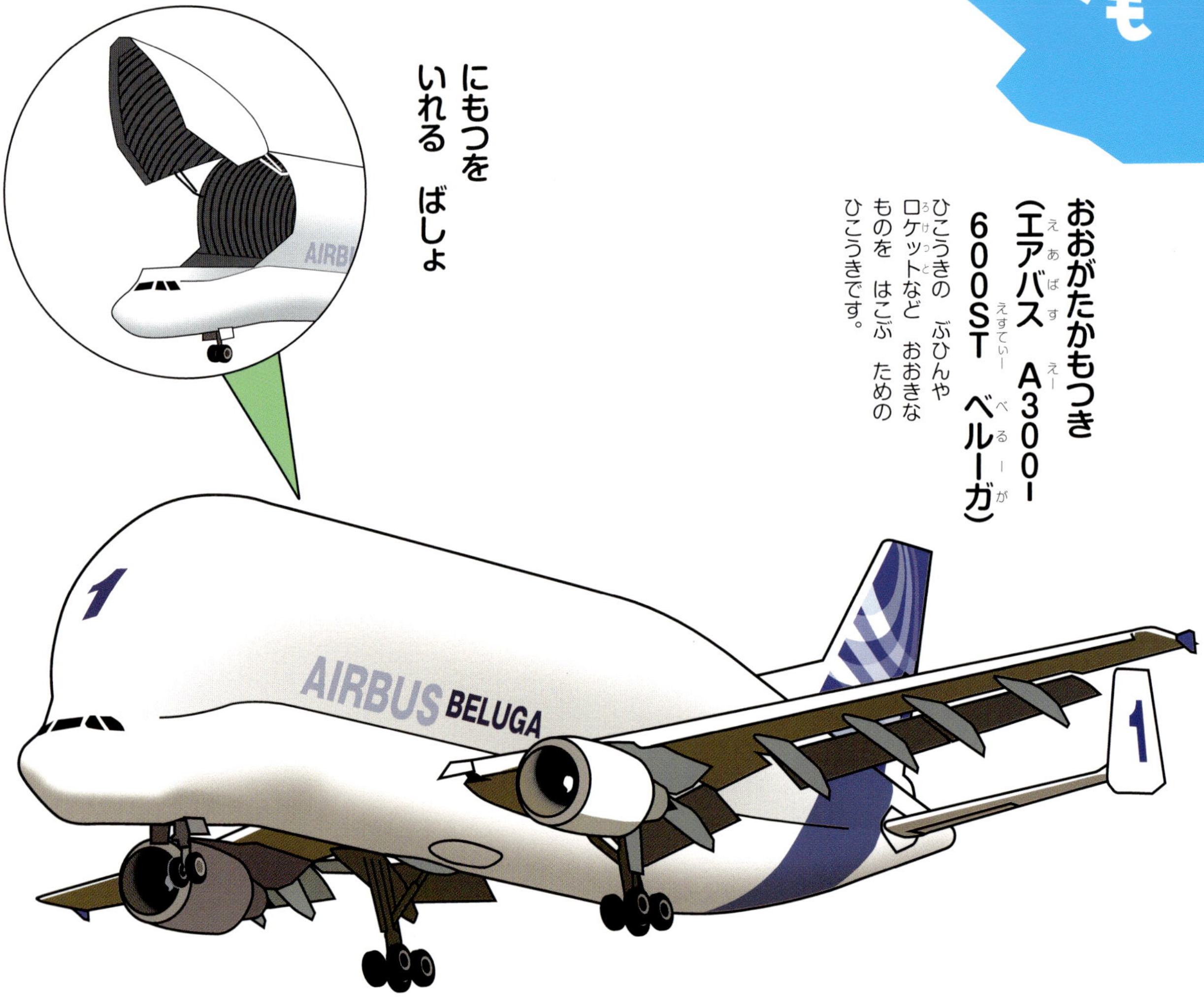

いるかに にている かたち

ベルーガ《べるーが》とは シロイルカ《しろいるか》の ことです。ひこうきの かたちが いるかに にている ことから ベルーガ《べるーが》と よばれています。

ベルーガは、特別貨物輸送機です。消防防災ヘリは、全国の消防機関の航空隊などに配備されています。ドクターヘリは、全国の拠点病院に配備され、フライトドクター、フライトナースが搭乗します。

おうちの方へ

しょうぼう ぼうさい ヘリ《へり》

かじや さいがいなどが おきた ときに しゅつどうして ひを けしたり ひとを たすけたり します。

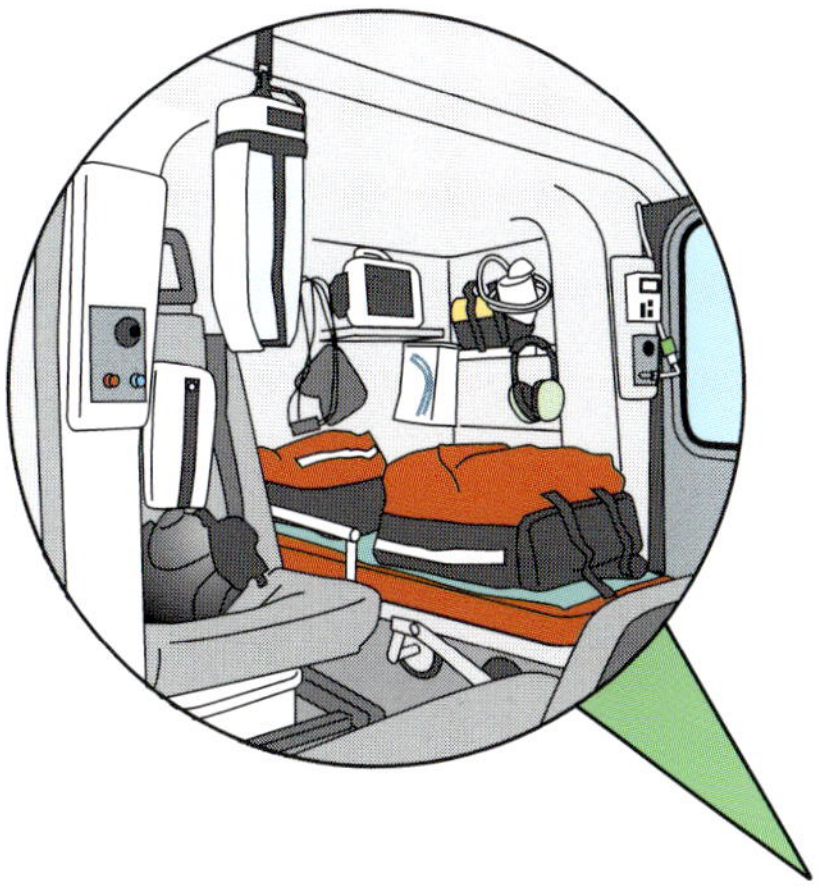

ドクターヘリ《どくたーへり》

おいしゃさんや かんごしさんが のって けがを した ひとや びょうきの ひとの ところへ とんでいき ちりょうして びょういんへ はこびます。

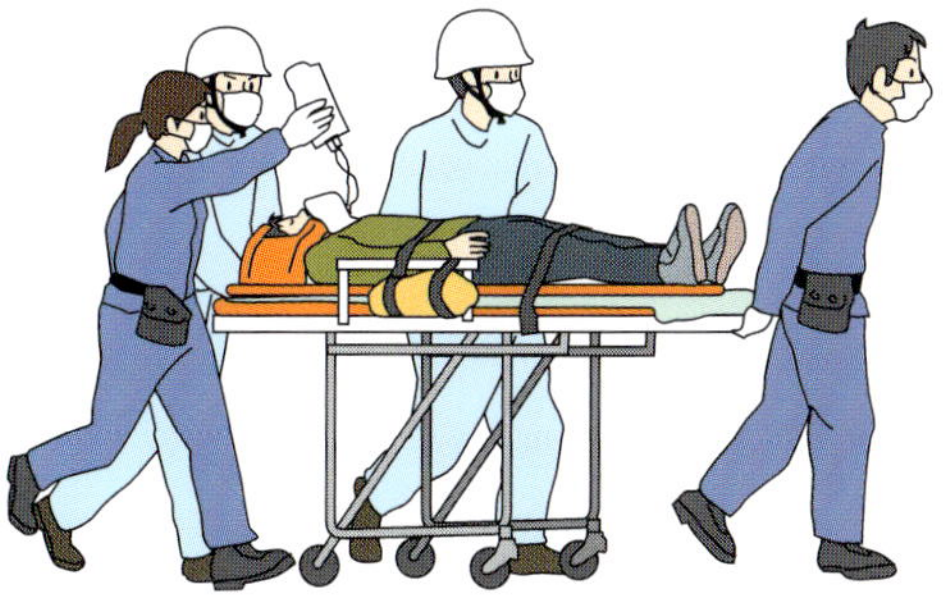

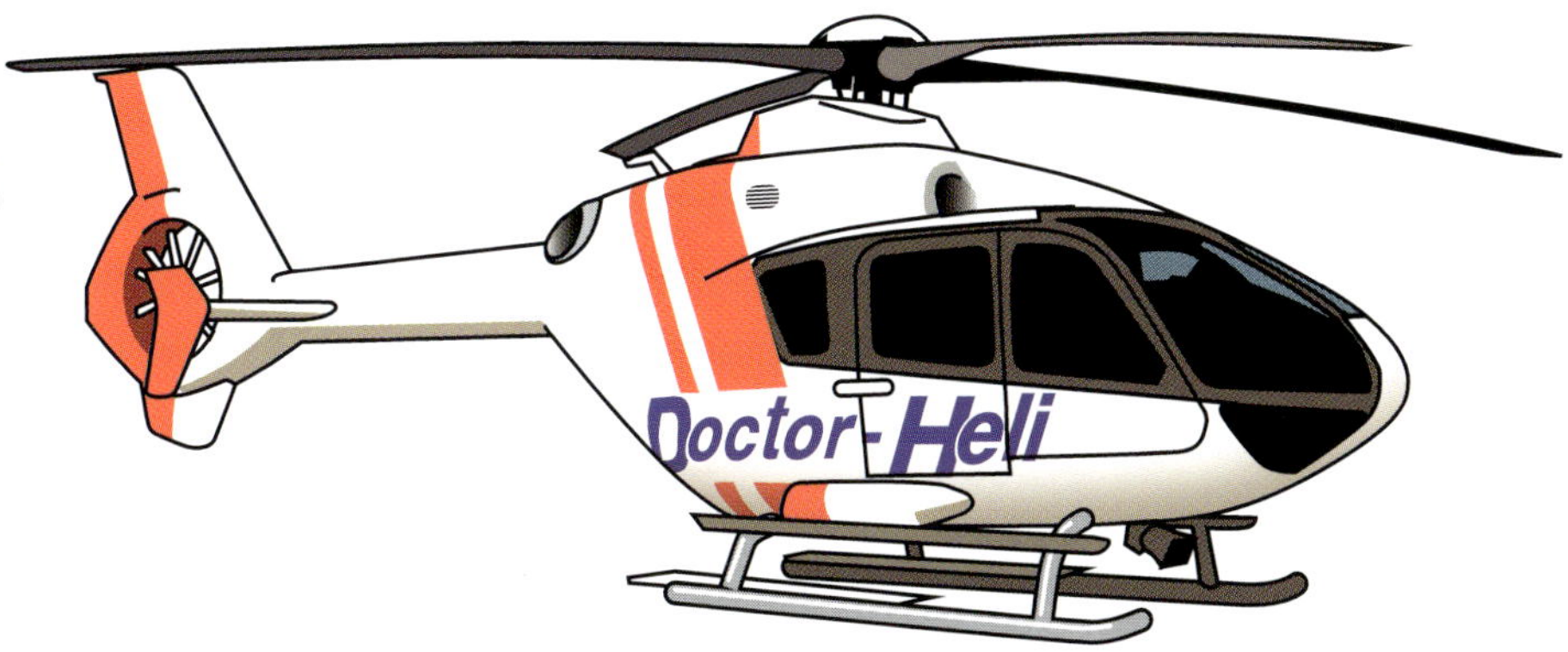

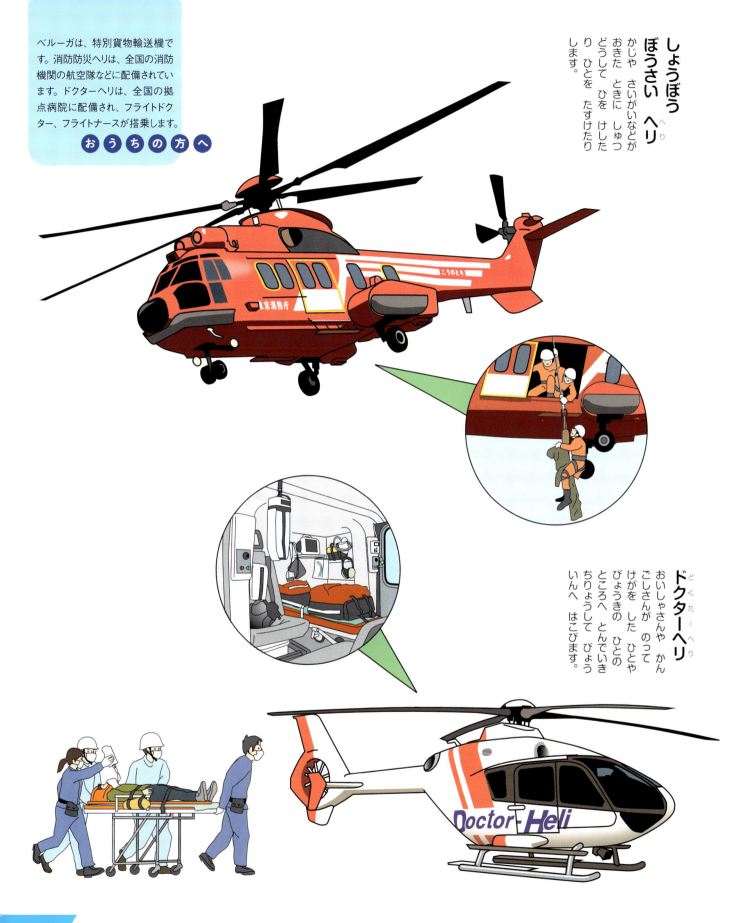

くうこうは どんな ようすかな?

くうこうには せかいじゅうから たくさんの ひこうきが あつまるよ。

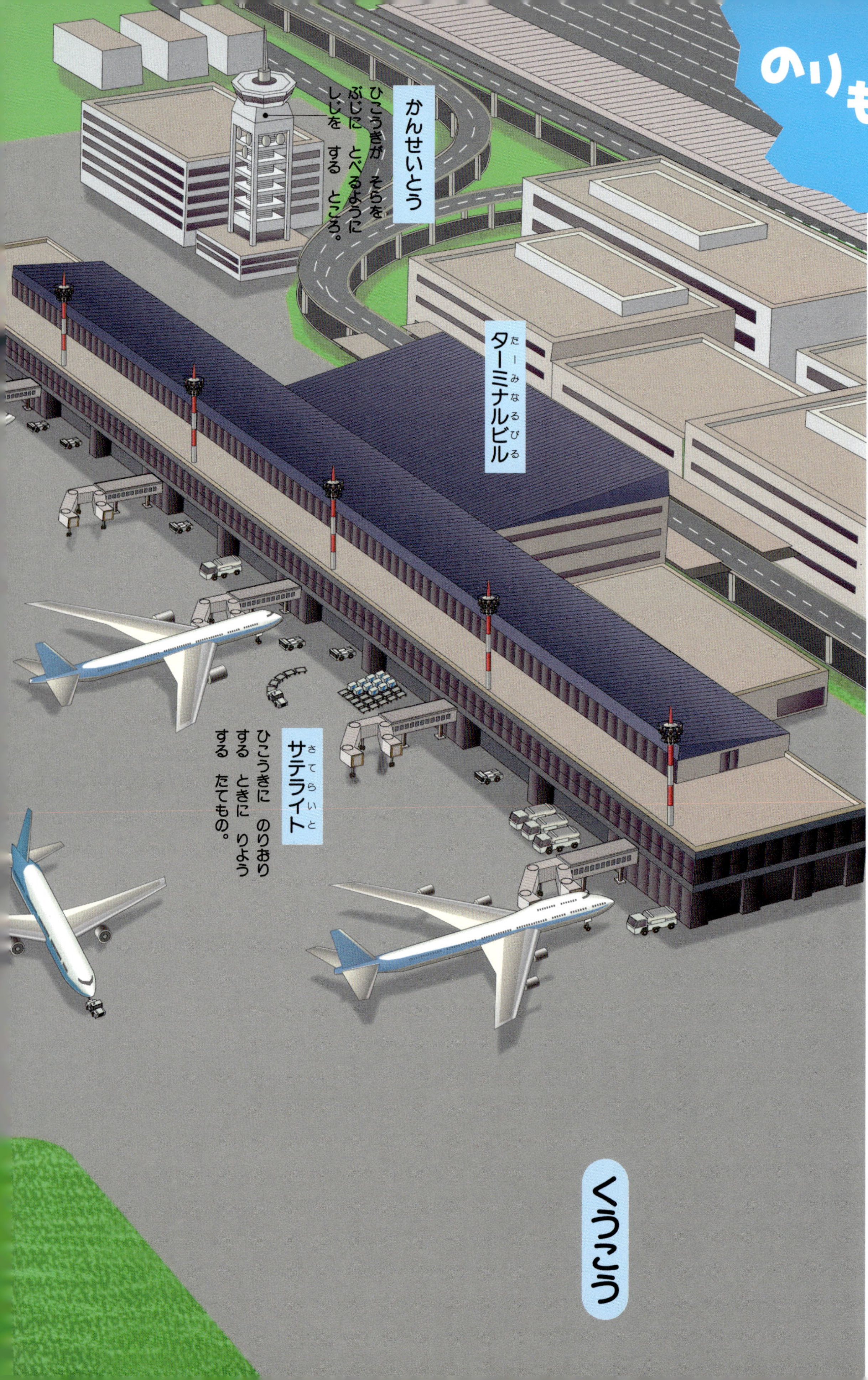
かんせいとう
ひこうきが そらを ぶじに とべるように しじを する ところ。
ターミナルビル《たーみなるびる》
サテライト《さてらいと》
ひこうきに のりおり する ときに りよう する たてもの。
くうこう

飛行機の発着のために、空港には様々な設備が整っています。滑走路をはじめ、管制塔やターミナルビルなど、それぞれの場所がどんな役割をもっているのか、お子さんと話し合ってみて下さい。

おうちの方へ

おうちの方へ

P 118～159で紹介している乗り物の中から、いくつかをなぞなぞにしました。それぞれの乗り物の特徴について、おうちの方もいっしょに考えてあげて下さい。

のりものの　なぞなぞだよ。わかるかな？

1 せきたんと　みずを　たべて　たくさんの　けむりを　だしながら　はしる　のりものは？

2 じめんの　したの　トンネル《とんねる》の　なかを　いったり　きたりする　のりものは？

3 つよい　うでで　ひもに　ぶらさがって　やまを　のぼったり　おりたりする　のりものは？

4 おおきな　こえを　だしながら　わるい　ひとを　つかまえに　いったりする　くるまは？

5 せなかに　おおきな　はこや　にもつを　のせて　はしる　くるまは？

6 たくさんの　ひとを　のせて　とおい　くにまで　とんでいく　のりものは？

こたえ　①じょうききかんしゃ　②ちかてつ　③ロープウエー《ろーぷうえー》　④パトカー《ぱとかー》　⑤トラック《とらっく》　⑥ひこうき（りょかくき）

6 いきもの

いきもの

いぬ

おおきい　いぬや　ちいさい　いぬ。けの　ながいのも　みじかいのも　いるね。きみは　どんな　いぬが　すき？

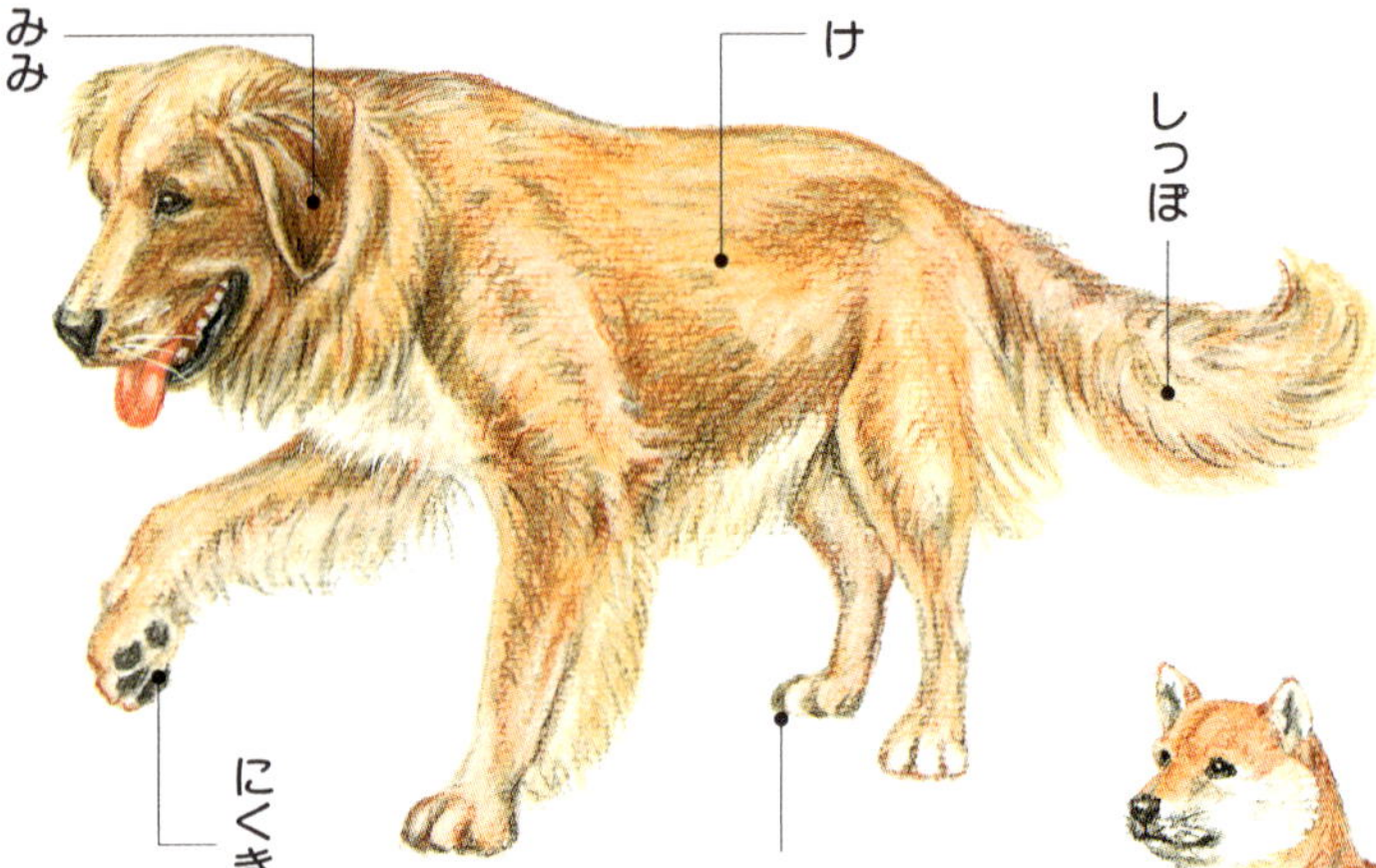

ゴールデンレトリバー《ごーるでんれとりばー》

しばいぬ

セントバーナード《せんとばーなーど》

コリー《こりー》

シェパード《しぇぱーど》

ラブラドールレトリバー《らぶらどーるれとりばー》

ドーベルマン《どーべるまん》

シベリアンハスキー《しべりあんはすきー》

ダルメシアン《だるめしあん》

とさいぬ

チワワ《ちわわ》

ポメラニアン《ぽめらにあん》

マルチーズ《まるちーず》

プードル《ぷーどる》

ブルドッグ《ぶるどっぐ》

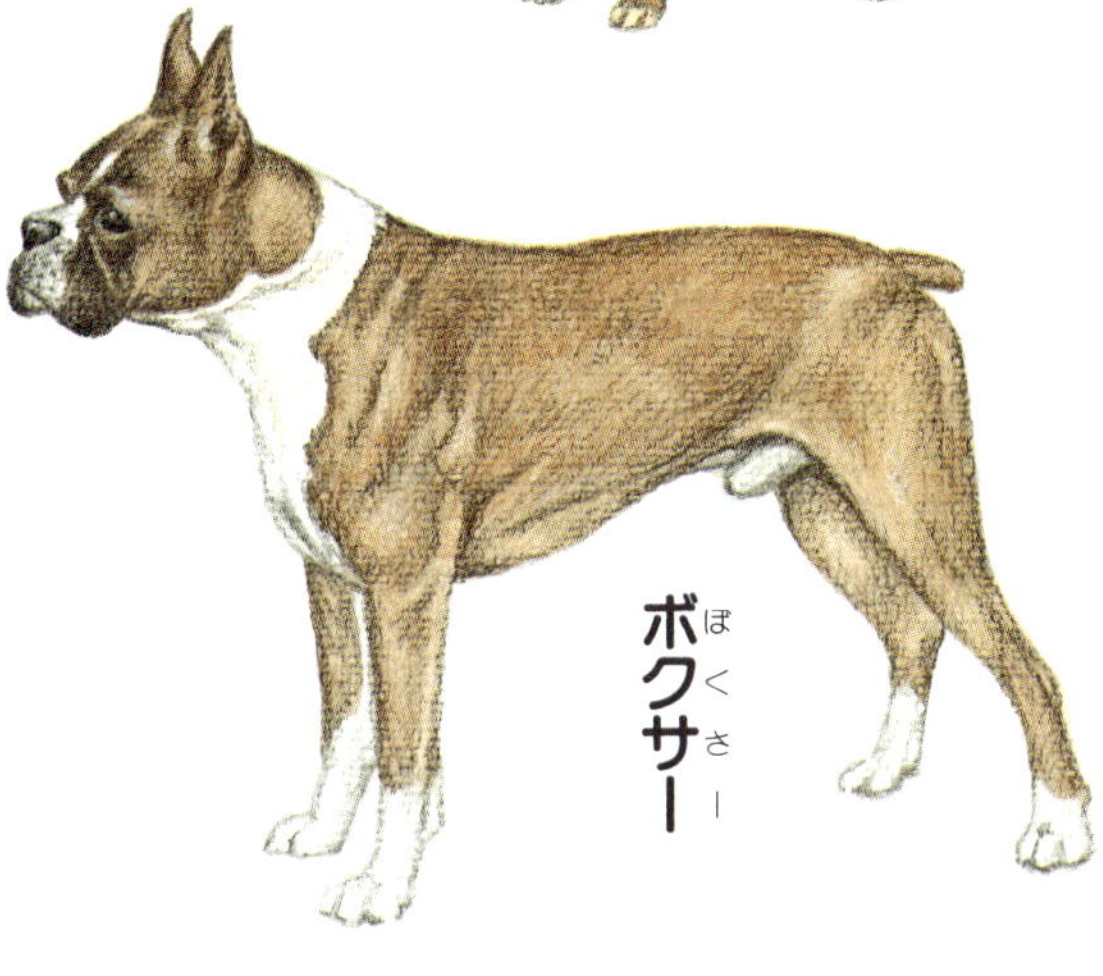

ボクサー《ぼくさー》

パグ《ぱぐ》

ヨークシャーテリア《よーくしゃーてりあ》

あきたいぬ

ダックスフント《だっくすふんと》

おうちの方へ

イヌはペットとしてもよく飼われ、幼児が外で目にする機会の多い動物です。見たことのあるイヌの種類名をお子さんといっしょに確かめてみて下さい。

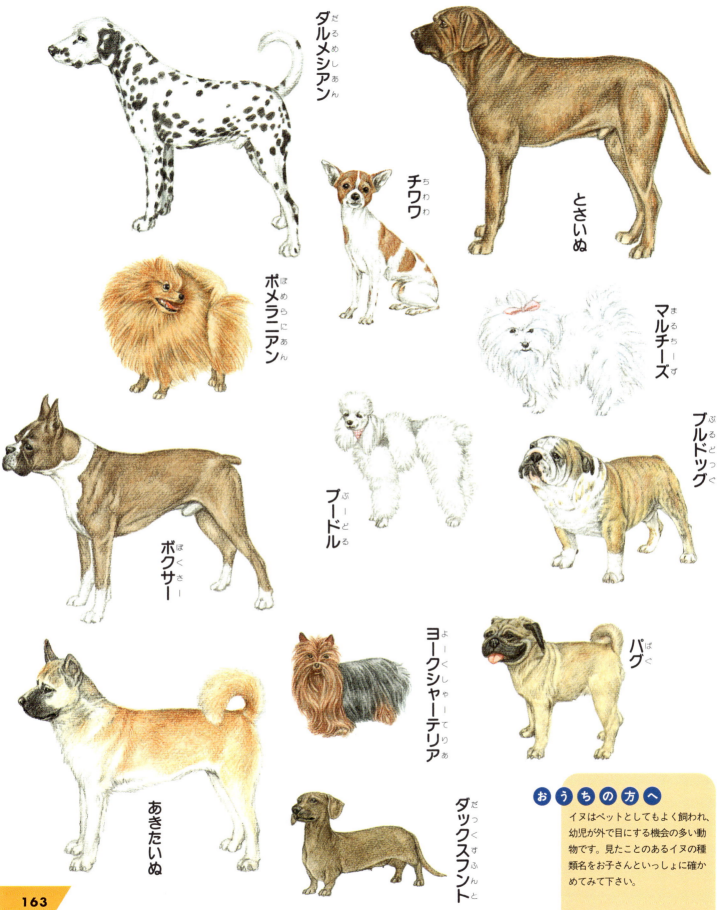

いきもの

ねこ

おなじ　ねこでも　けの　いろも
もようも　ずいぶん　ちがうね。
けが　しろと　くろと　ちゃいろ
の　ねこを　なんて　いう？

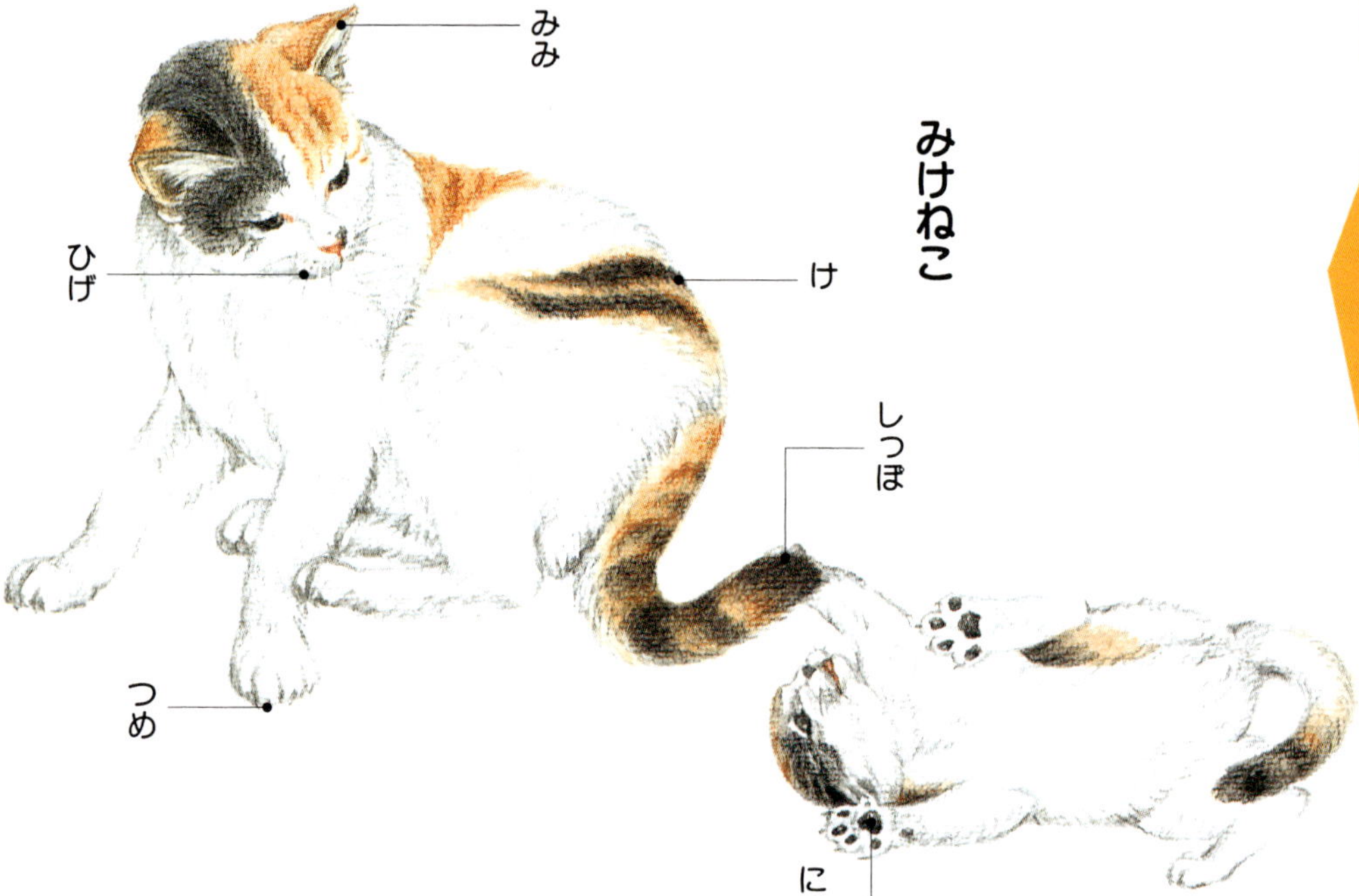

みけねこ

しろねこ

くろねこ

くろぶち

とらねこ

アメリカンショートヘアー《あめりかんしょーとへあー》

ペルシャ《ぺるしゃ》（チンチラ《ちんちら》）

スコティッシュフォールド《すこてぃっしゅふぉーるど》

アビシニアン《あびしにあん》

ヒマラヤン《ひまらやん》

ロシアンブルー《ろしあんぶるー》

コーニッシュレックス《こーにっしゅれっくす》

シャム《しゃむ》

おうちの方へ

ネコにもたくさんの種類があります。日常見かける日本ネコも、白・黒・茶の３色が混ざった三毛、トラのようにしま模様のあるとら、様々な毛の色がまだらに入っているぶちというふうに分けられています。

かちく・ちいさい　どうぶつ

にんげんに　かわれて、やくに　たっている
どうぶつを　かちくと　いうんだ。もりや
のやまには　ちいさな　どうぶつも　いるよ。

うし

うま

やぎ

ひつじ

ぶた

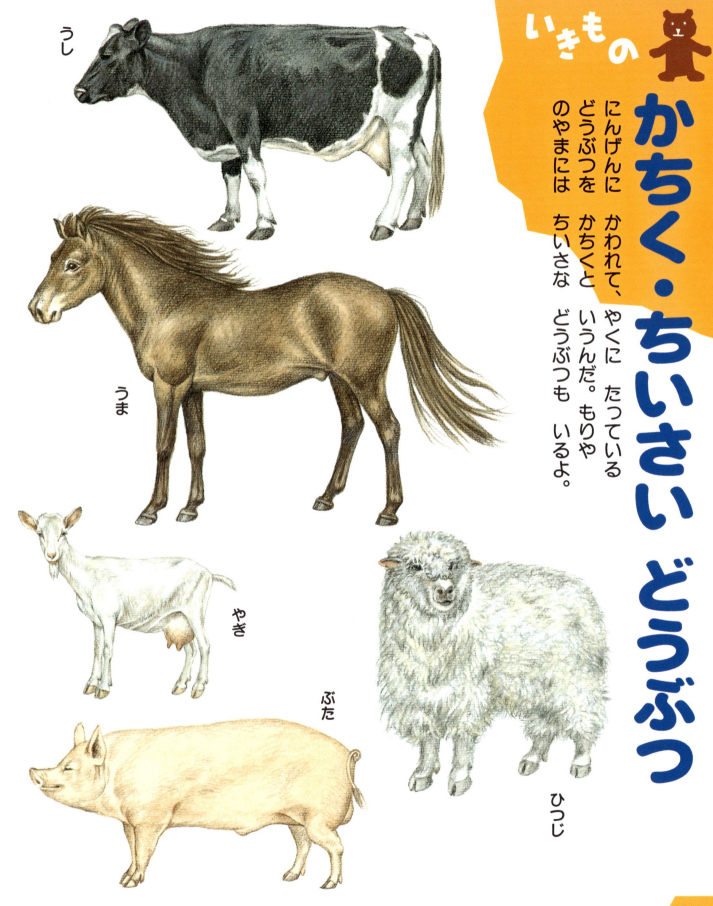

家畜は、食料や衣服になったり、運搬に役立つなど、人間の生活を支えています。ここで取り上げた小動物は、ペットとして飼われている動物や、野山や森にすんでいる動物などです。

おうちの方へ

もぐら

ねずみ

りす（しまりす）

ビーバー《びーばー》

ハムスター《はむすたー》

あらいぐま

こうもり

レッサーパンダ《れっさーぱんだ》

うさぎ

どこに いるのかな？

どうぶつが いっぱい いるよ。どこに なにが いるか わかるかな？

牧場や畑など自然にかこまれた風景の中に、P162～167で紹介した動物が登場しています。実際の場所を思い浮かべながら、どこにどんな動物がいるのかお子さんと話し合ってみて下さい。

おうちの方へ

どうぶつえんの　どうぶつ

どうぶつの　からだは　いろんな
かたちを　しているよ。　くびが
ながいのは　なあに？
はなが　ながいのは？

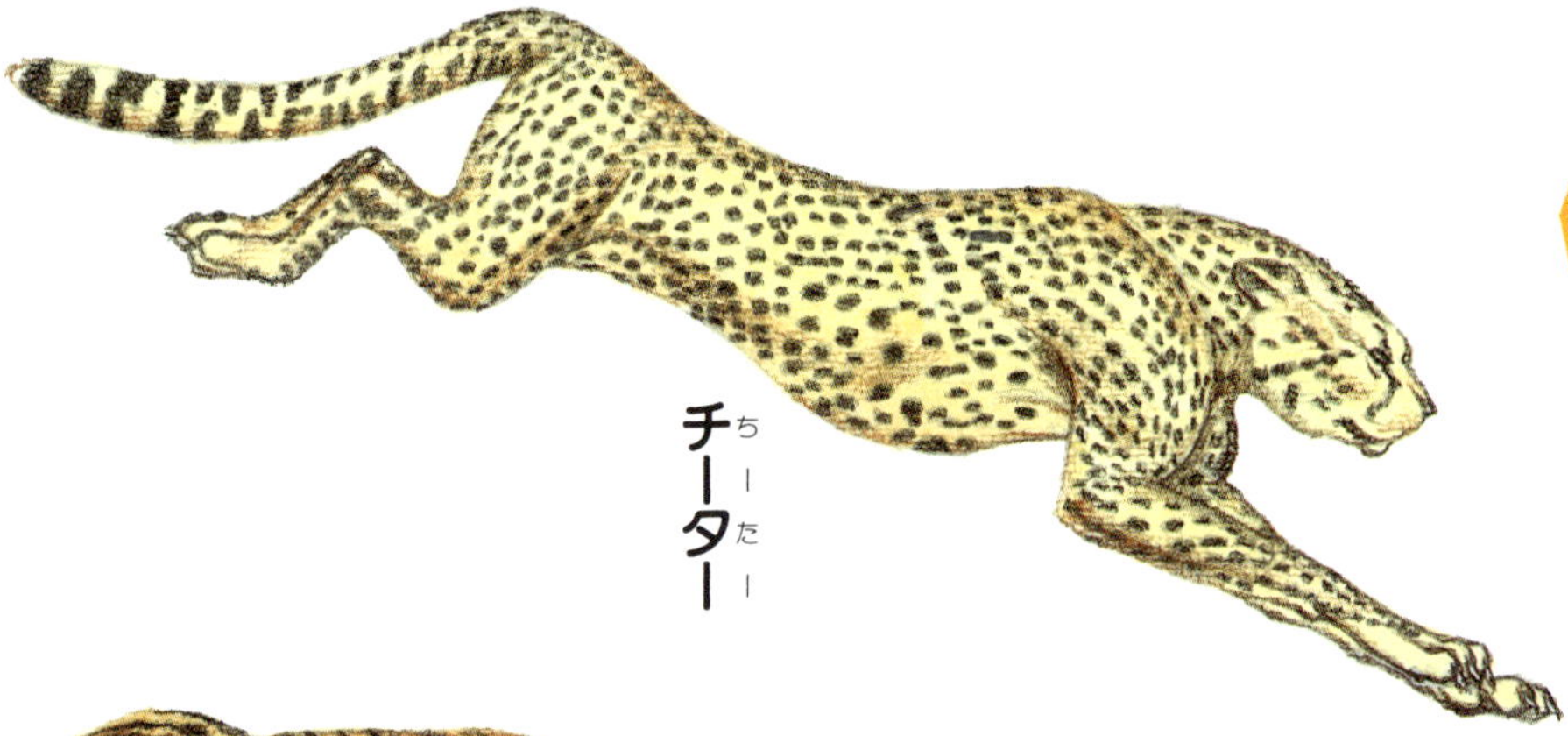

チーター《ちーたー》

しか

とら

ひょう

ライオン《らいおん》

おうちの方へ

ここでは、比較的どこの動物園でも見られる動物を集めました。動物園に行った時など、お子さんと実物を見ながら名前を覚えていくと、よりわかりやすいでしょう。

おおかみ

きつね

たぬき

きりん

ぞう

どうぶつえんの どうぶつ

しまうま

いのしし

くま（ひぐま）

くま（しろくま）

スカンク《すかんく》

さい

チンパンジー《ちんぱんじー》

さる（にほんざる）

オランウータン《おらんうーたん》

ゴリラ《ごりら》

パンダ《ぱんだ》

かば

いろいろな どうぶつ

せかいには めずらしい どうぶつが たくさん いるよ。みた ことが あるかな？

なまけもの

いりおもてやまねこ

アルマジロ《あるまじろ》

おおありくい

かものはし

カンガルー《かんがるー》

おうちの方へ

実際の姿を見ることの少ない動物を集めました。イリオモテヤマネコは沖縄県西表島だけに見られます。カモノハシはオーストラリア大陸とタスマニア島に生息し、水中を泳ぐのがたいへん得意です。

いたち

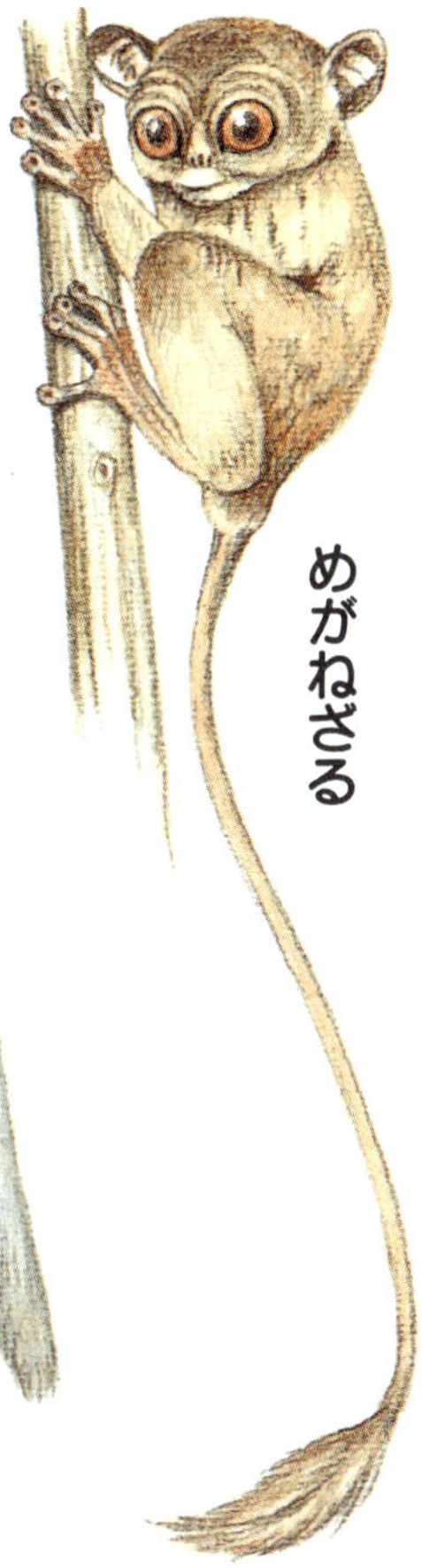

めがねざる

コアラ《こあら》

マント《まんと》ひひ

らくだ

ハイエナ《はいえな》

どこに いるのかな?

どうぶつえんの　どうぶつは　どんな　おうちに　すんでいるのかな?

おうちの方へ

動物園はいろいろな場所に生息する動物が集められているところです。ここでは、P 170〜173の動物が登場しています。お子さんといっしょに各ページと見比べて、同じ動物をさがしてみて下さい。

とり

とりは　どうやって　そらを　とぶのかな？　とべない　とりも　いるんだよ。

ことり

いんこ（せきせいいんこ）

ぶんちょう

うぐいす

すずめ

じゅうしまつ

きゅうかんちょう

かっこう

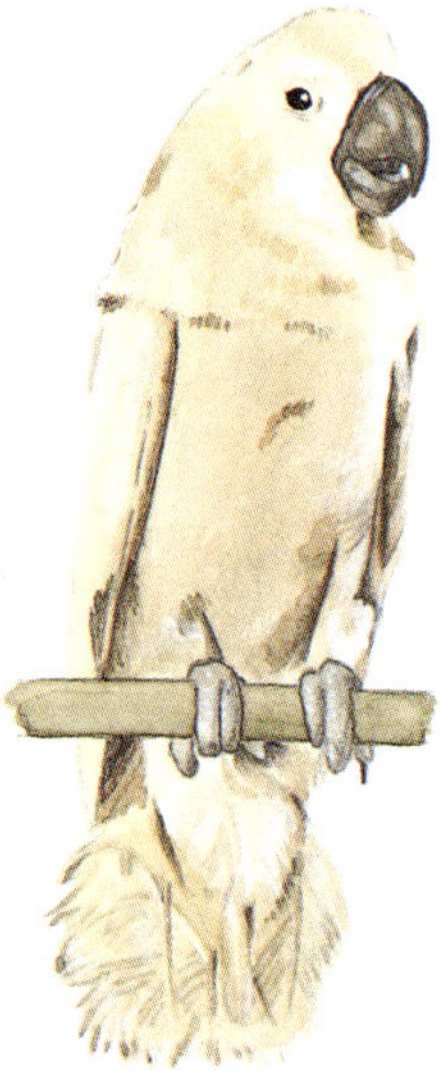

おうむ

にわとり（おんどり）

ひよこ

ほととぎす

はと

ペットとして飼われる鳥、野山や水辺、町の中にすむ鳥など、代表的な鳥を集めました。鳥の中でも、ペンギンやダチョウなどのように、飛ぶことのできない鳥もいることを教えてあげて下さい。

おうちの方へ

ひばり

からす

つばめ

あひる

かもめ

かも（かるがも）

わし

たか

きつつき（あかげら）

ふくろう

とび

だちょう

きじ

ペリカン《ぺりかん》

つる

ペンギン《ぺんぎん》

はくちょう

くじゃく

フラミンゴ《ふらみんご》

いきもの

むし

むしたちは、くさの　なかや、きの　みきに　すんでいるんだよ。みた　ことが　あるのは　どの　むしかな？

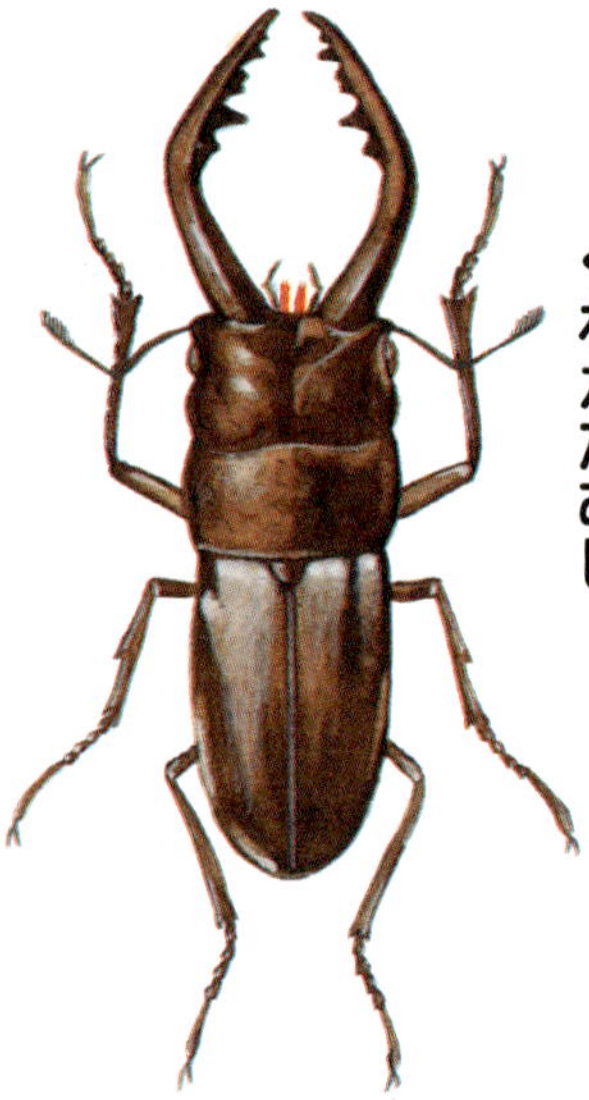
くわがたむし

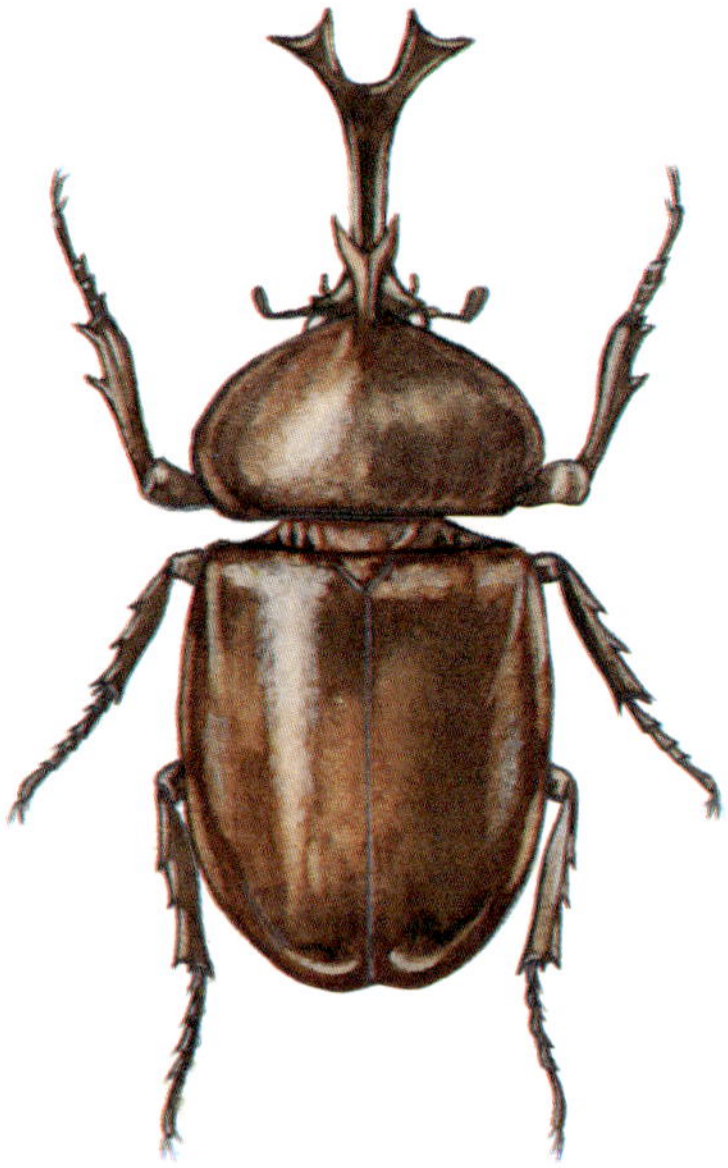
かぶとむし

ほたる

てんとうむし

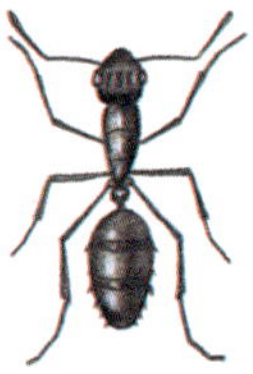
あり

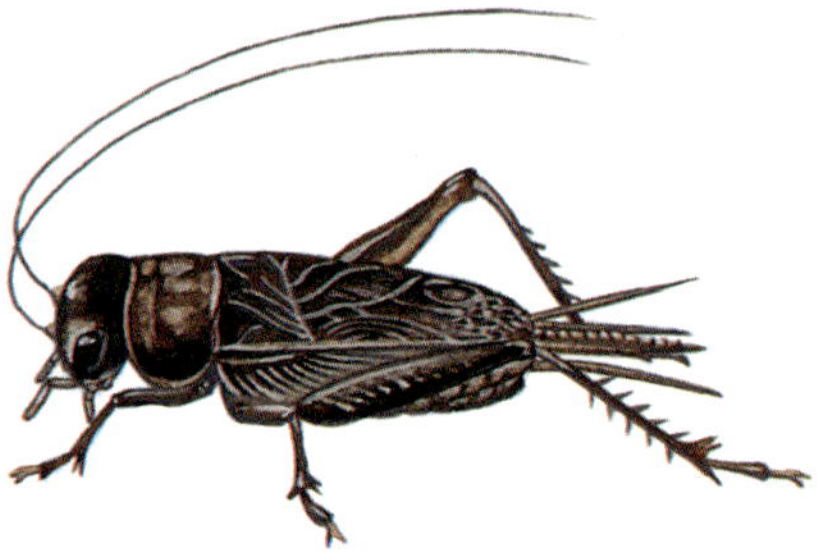
こおろぎ

ばった

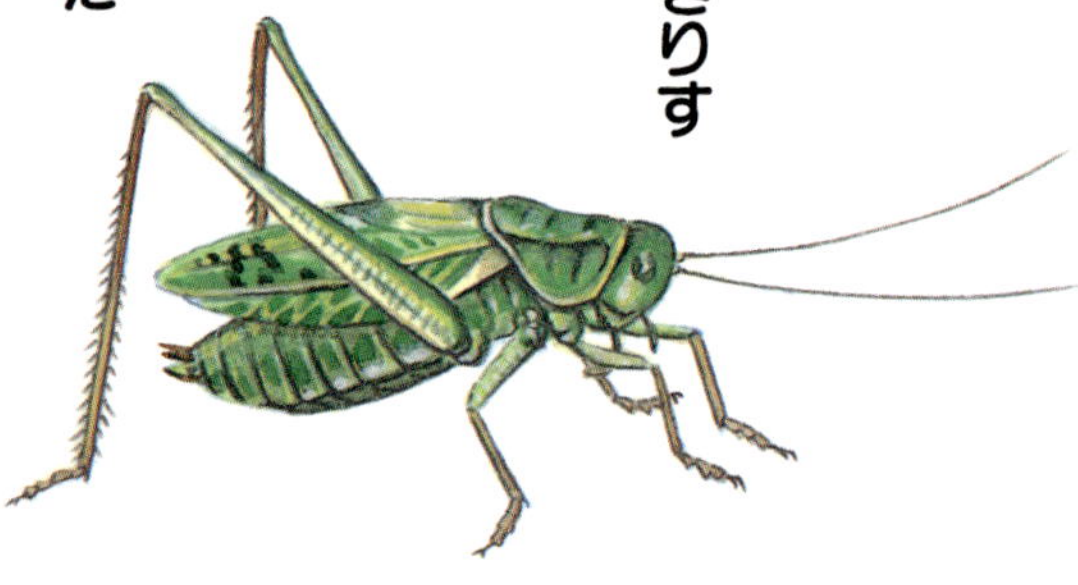
きりぎりす

こがねむし

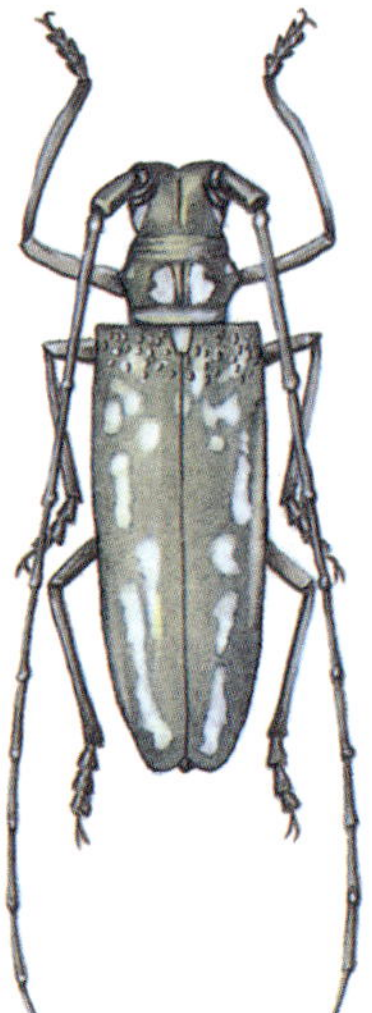
かみきりむし

あぶらむし

かまきり

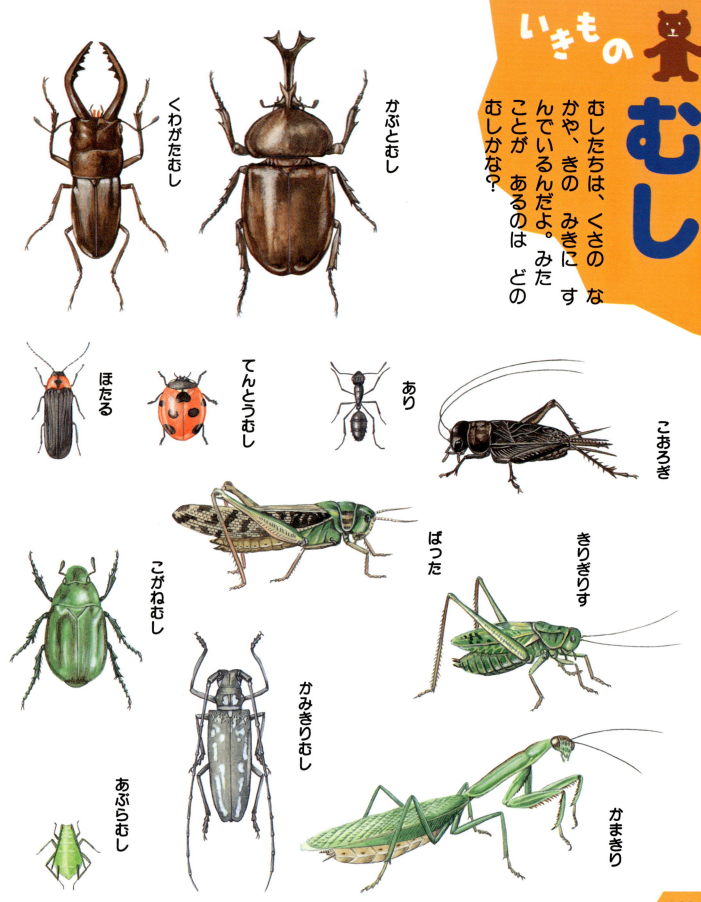

野山では、昆虫を目にする機会がたくさんあります。チョウやアブラムシは春、セミやカブトムシは夏などというように、見られる季節が異なるということも教えてあげて下さい。

おうちの方へ

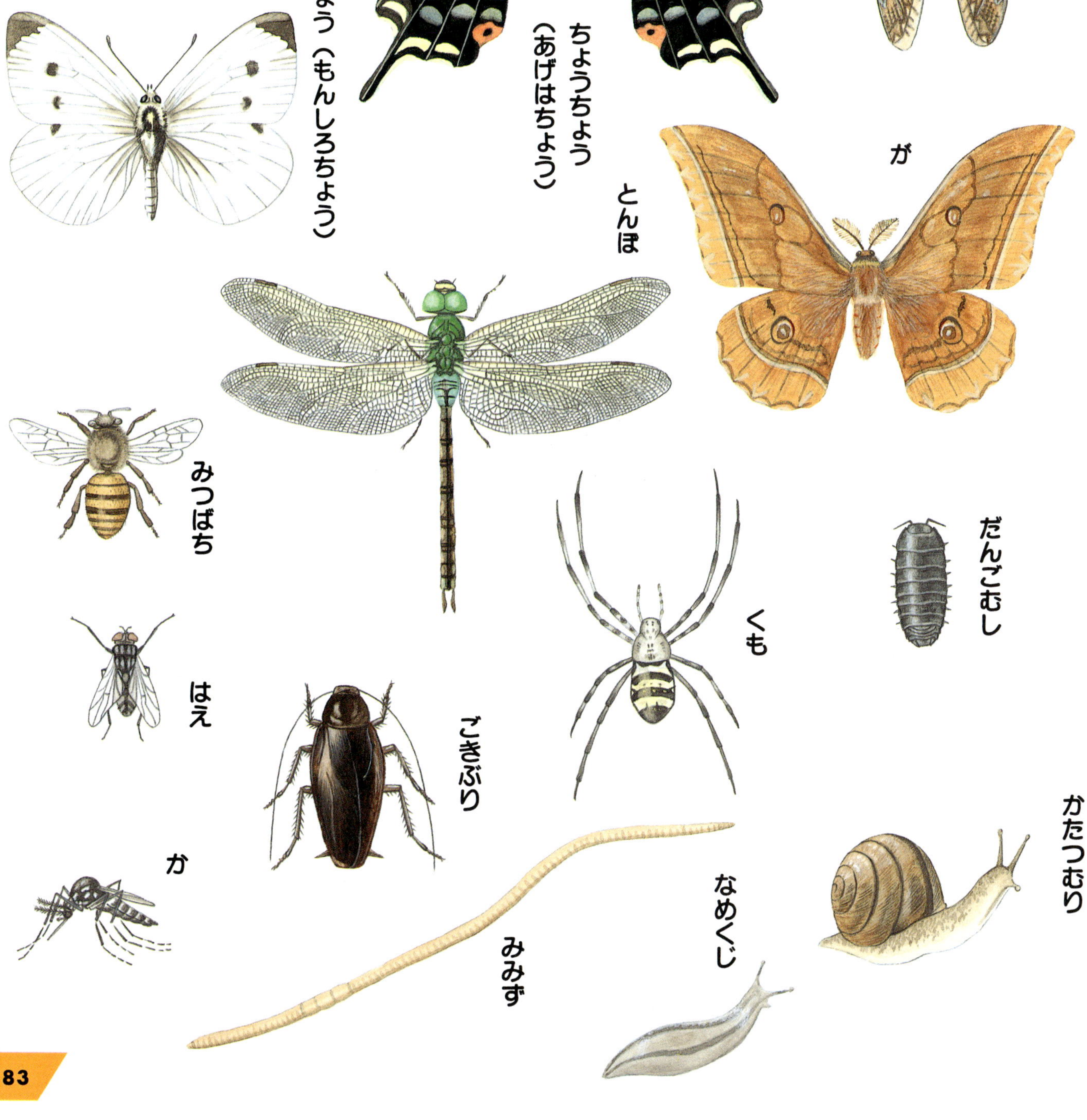

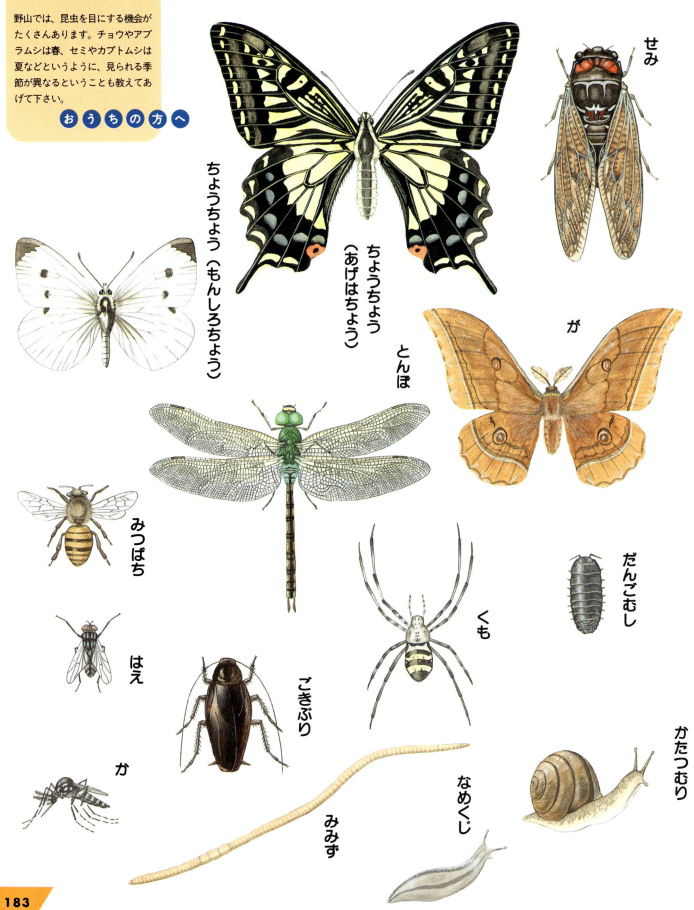

いきもの

むしの からだ

ちょうちょうの からだ

さなぎ

おとなの ちょうちょうに なるために、ようちゅうは さなぎに なって じっと まちます。

かぶとむしの　からだ

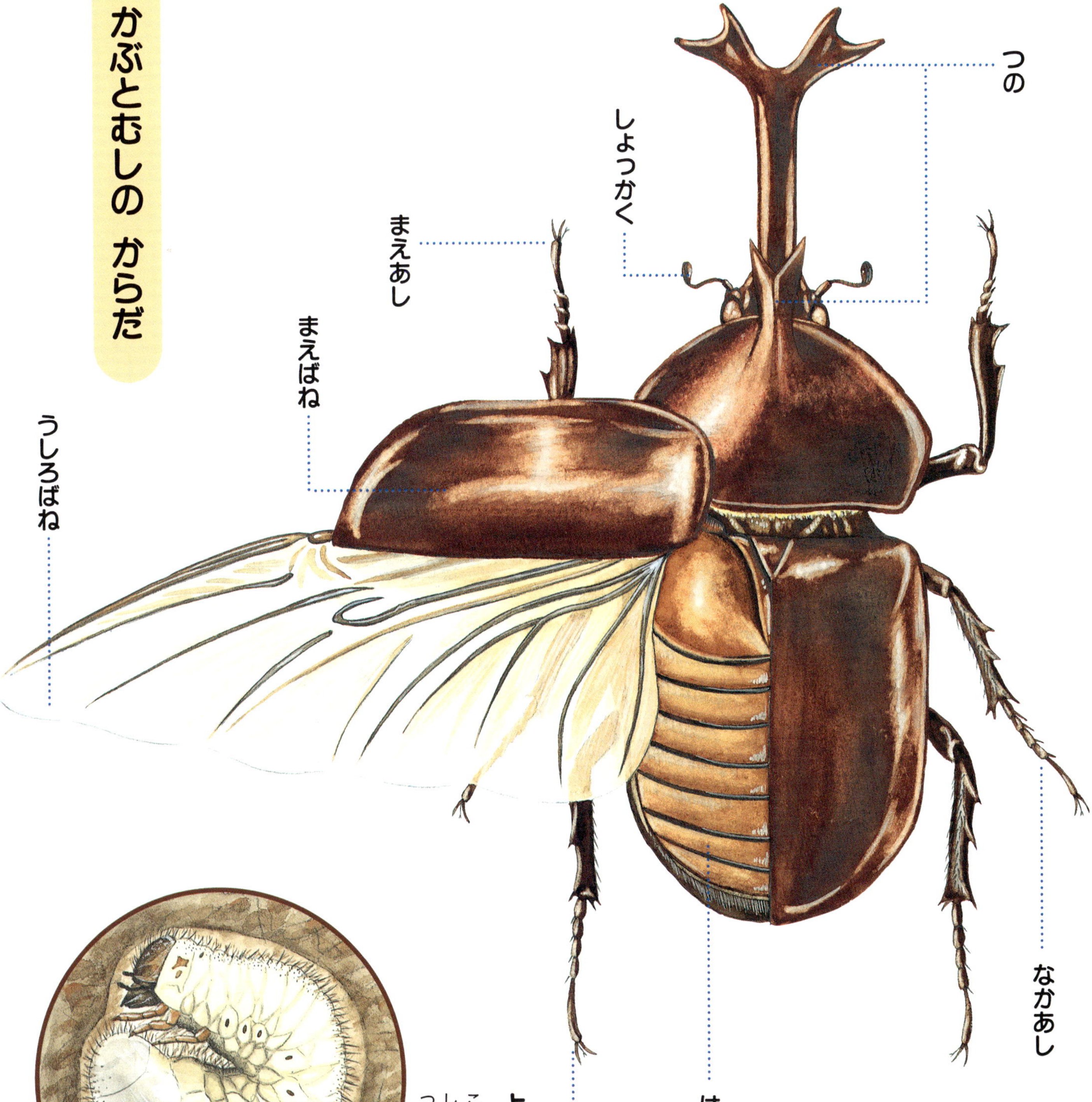

つの
しょっかく
まえあし
まえばね
うしろばね
なかあし
はら
うしろあし

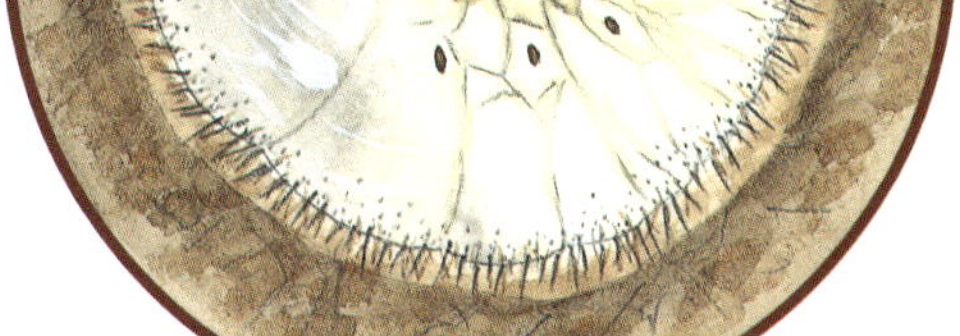

ようちゅう

こどもの　かぶとむしは、しろい　からだを　して　つちの　なかに　います。

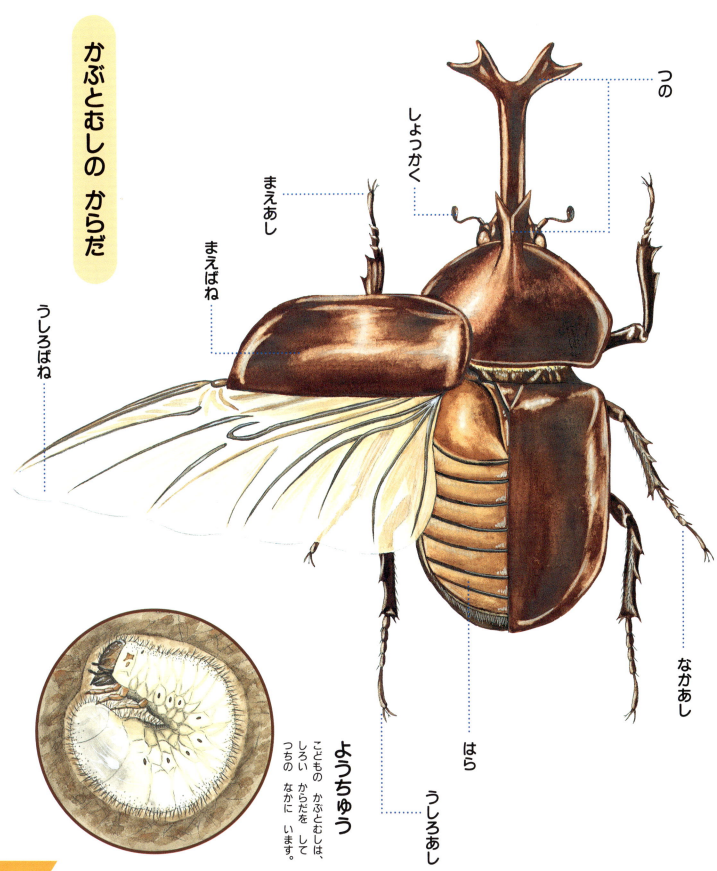

くさばな

あか、しろ、きいろ、ピンク《ぴんく》いろ。いろんな　いろが　あるね。おかあさんの　すきな　はなは　どれかな？

うめ

なのはな

さくら（そめいよしの）

なずな

つくし

すみれ

庭や花壇、野山でよく見られる代表的な草花と樹木を取り上げています。花びらの形や葉のつき方、いつ頃花が咲くのかなど、お子さんといっしょに話し合ってみて下さい。

おうちの方へ

たんぽぽ

パンジー《ぱんじー》

すずらん

スイートピー《すいーとぴー》

チューリップ《ちゅーりっぷ》

あやめ

ばら

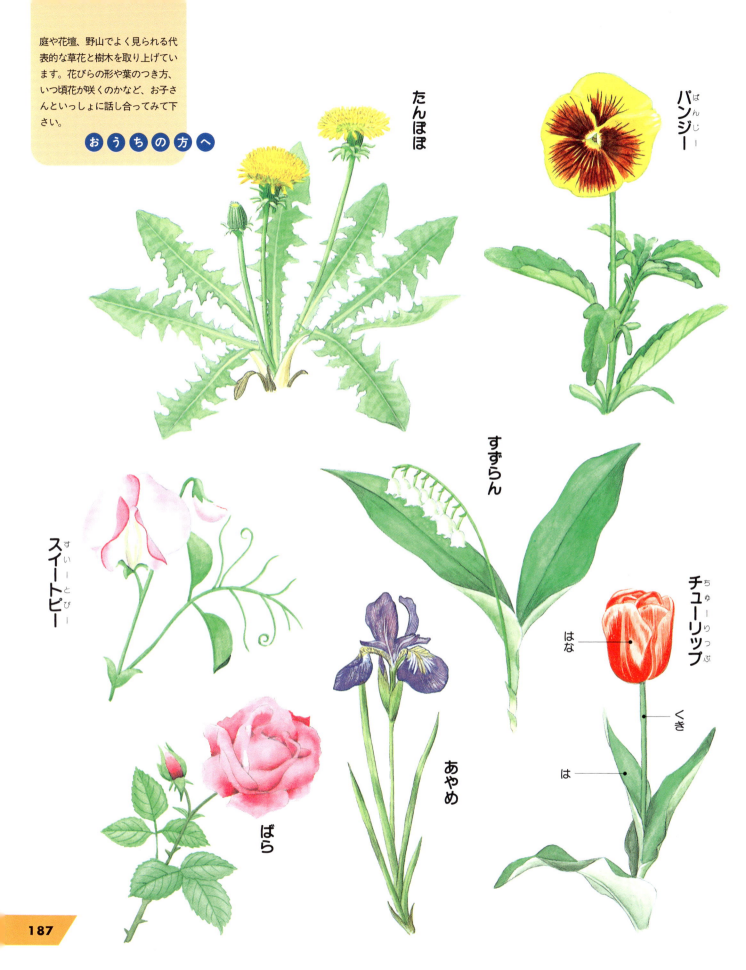

くさばな

カーネーション《かーねーしょん》

あじさい

ほおずき

ひまわり

へちま

あさがお

きく

ひがんばな

コスモス《こすもす》

いちょう

かえで（もみじ）

ゆきわりそう

ふくじゅそう

すすき

どこに なにが いるのかな？

ぽかぽか あたたかくなる はるには どんな はなが さくのかな？

草木が芽吹き、花がいっせいに咲きはじめる春の様子です。ここでは、P 178～189で取り上げた、鳥、虫、草花、樹木が登場しています。お子さんといっしょに何がいるのかさがしてみましょう。

おうちの方へ

どこに なにが いるのかな?

なつの あつい ひに、きに とまって みんみん ないている むしは なに?

梅雨時と真夏に見られる動植物を集めました。ここでも、P 178〜189で取り上げた鳥、虫、草花、樹木が登場しています。場面の中に何がいるか、お子さんといっしょにさがしてみて下さい。

おうちの方へ

どこに なにが いるのかな？

あきには　すずしい　かぜが　ふくよ。ふゆには　ゆきが　ふるんだね。

おうちの方へ

秋の、葉っぱが色づく頃と、生き物が冬ごもりをする頃の風景です。この場面でも、P 178〜189で取り上げた鳥、虫、草花、樹木が登場します。お子さんとさがしてみて下さい。

うみの いきもの

うみには ふしぎな かたちの いきものが すんでいるよ。ちょきちょき はさみを もって よこに あるくのは なあに？

あしか

あざらし

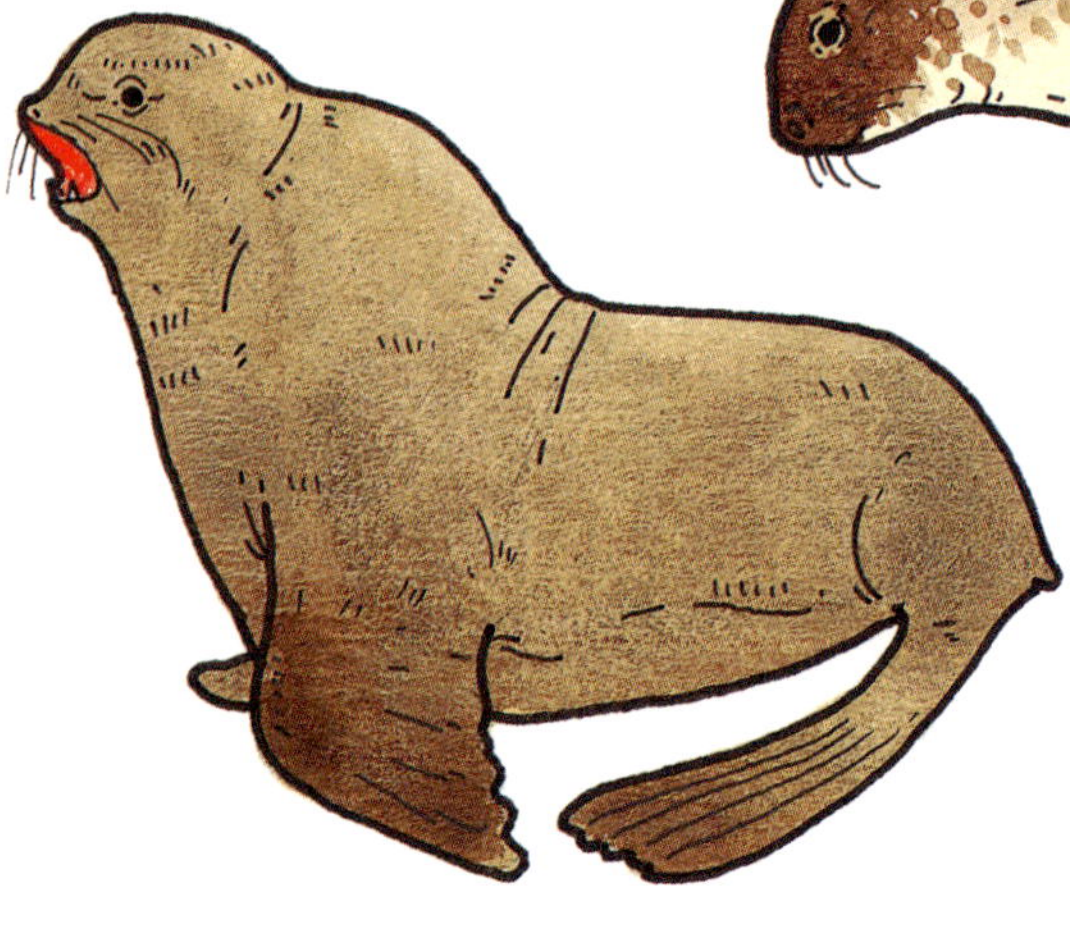

オットセイ《おっとせい》

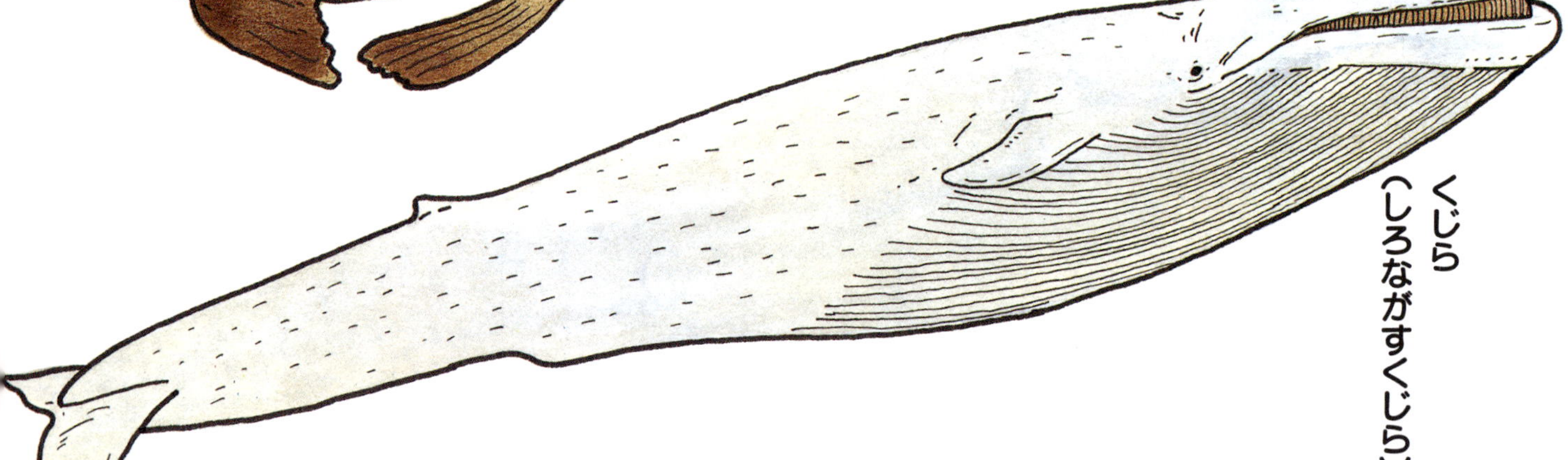

くじら
（しろながすくじら）

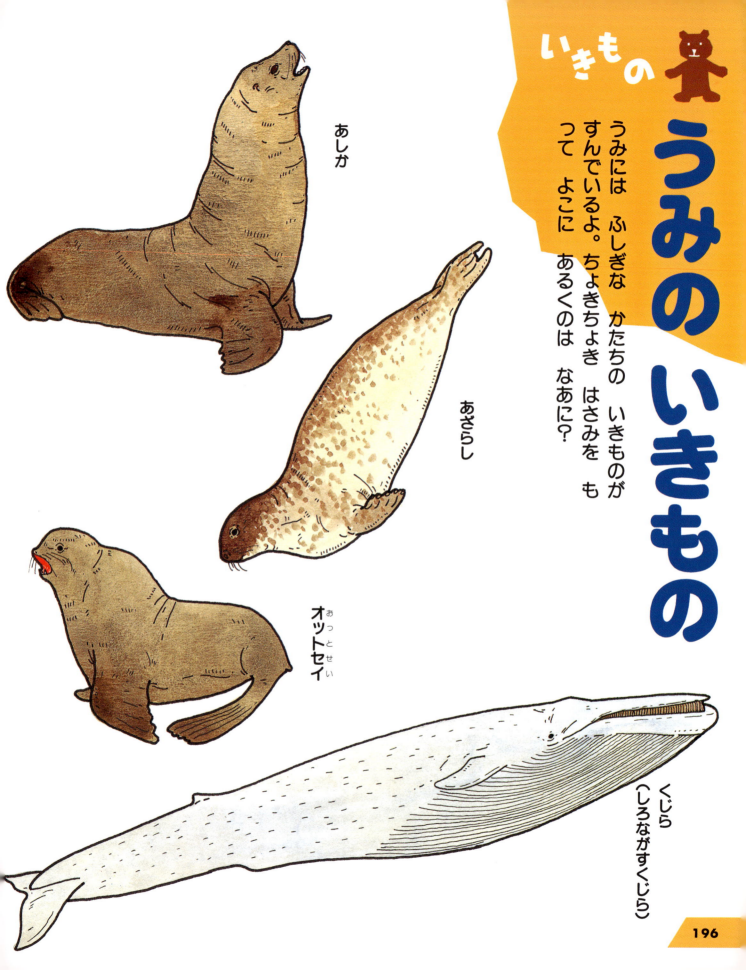

海にすむ、魚類以外の生き物を取り上げました。シロナガスクジラからヤドカリまで、様々な大きさの生き物が揃っています。エビやカニは、川で見かけることのできる種類もあります。

おうちの方へ

ラッコ《らっこ》

いるか

しゃち

くじら（まっこうくじら）

うみの いきもの

セイウチ《せいうち》

とど

じゅごん

マナティー《まなてぃー》

いっかく

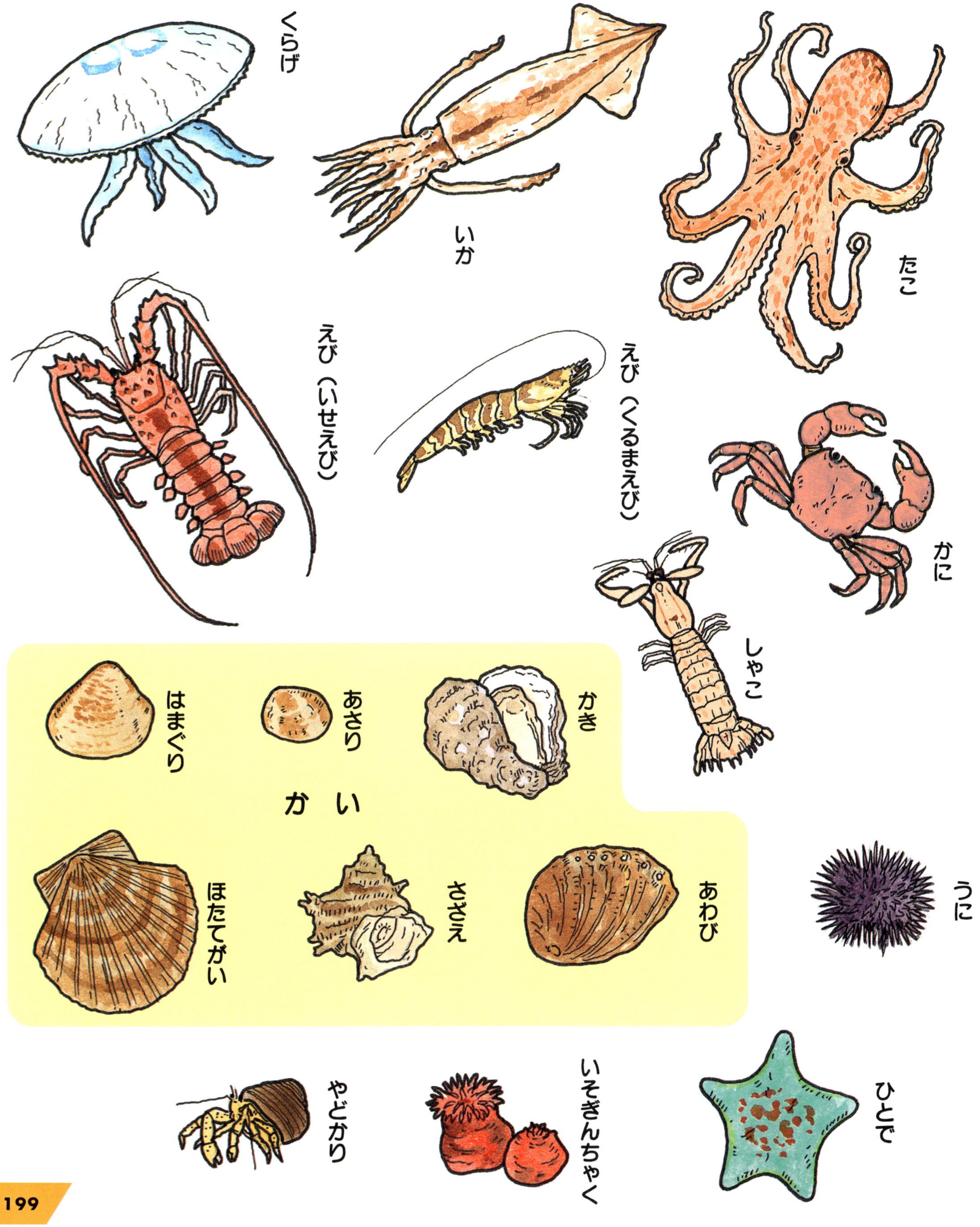
くらげ
いか
たこ
えび（いせえび）
えび（くるまえび）
かに
しゃこ
かい
はまぐり
あさり
かき
ほたてがい
さざえ
あわび
うに
やどかり
いそぎんちゃく
ひとで

さかな

さかなは　みずの　なかを　すいすいと　およぐよ。うみに　すむ　さかなと　いけや　かわに　すむ　さかなが　いるね。

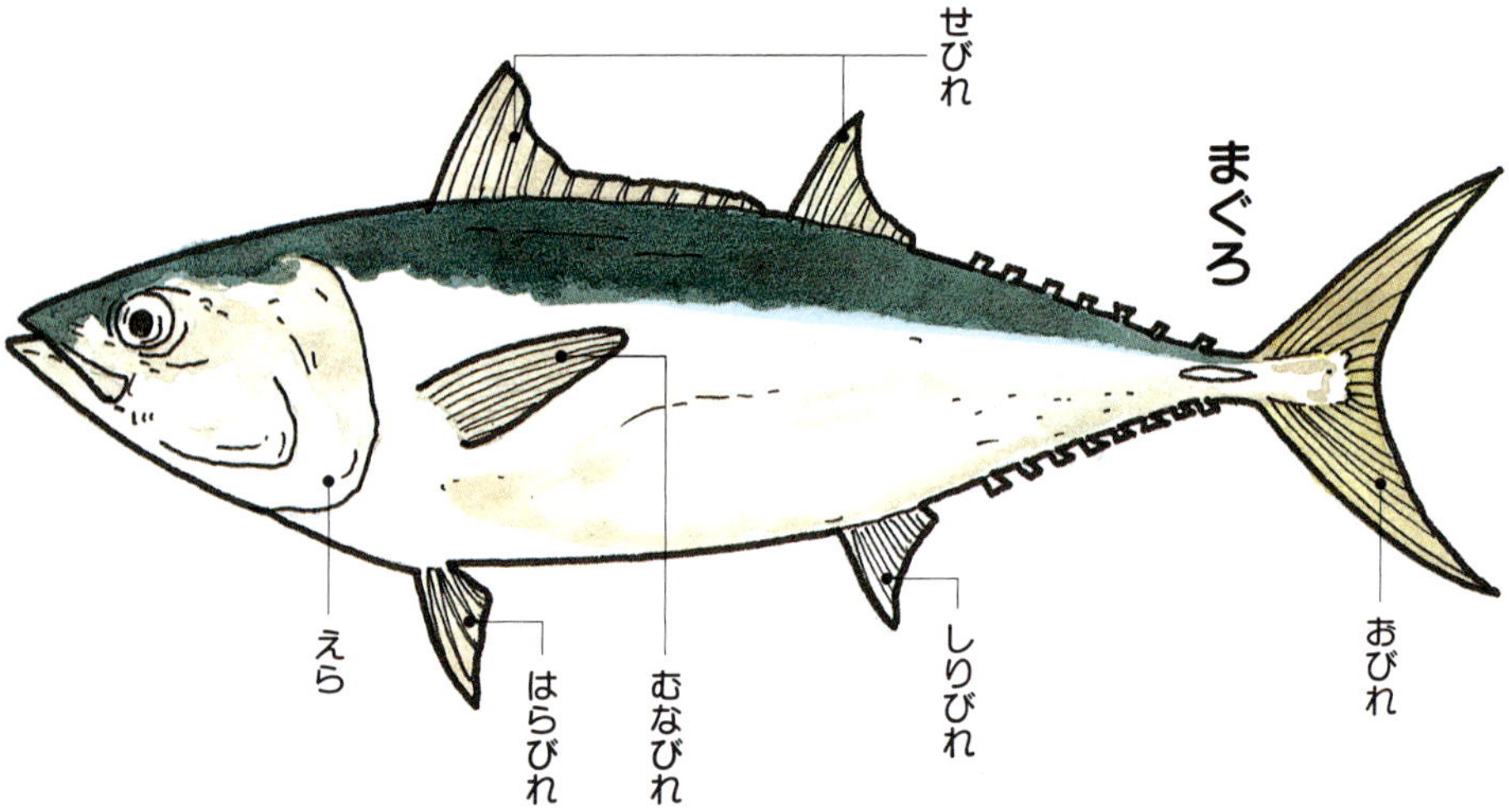

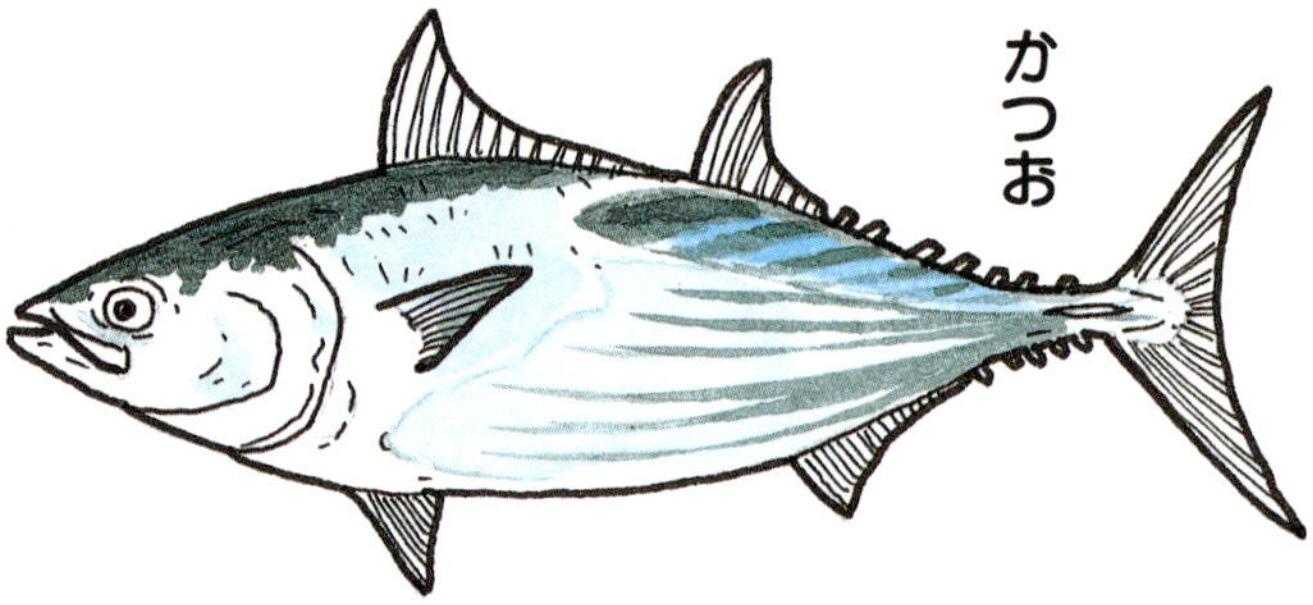

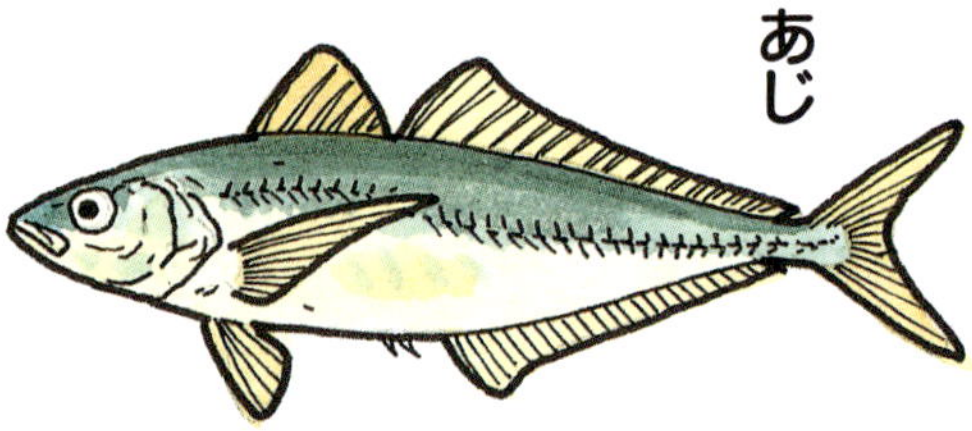

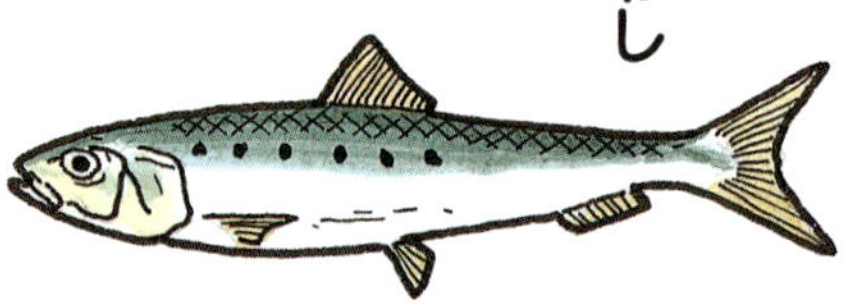

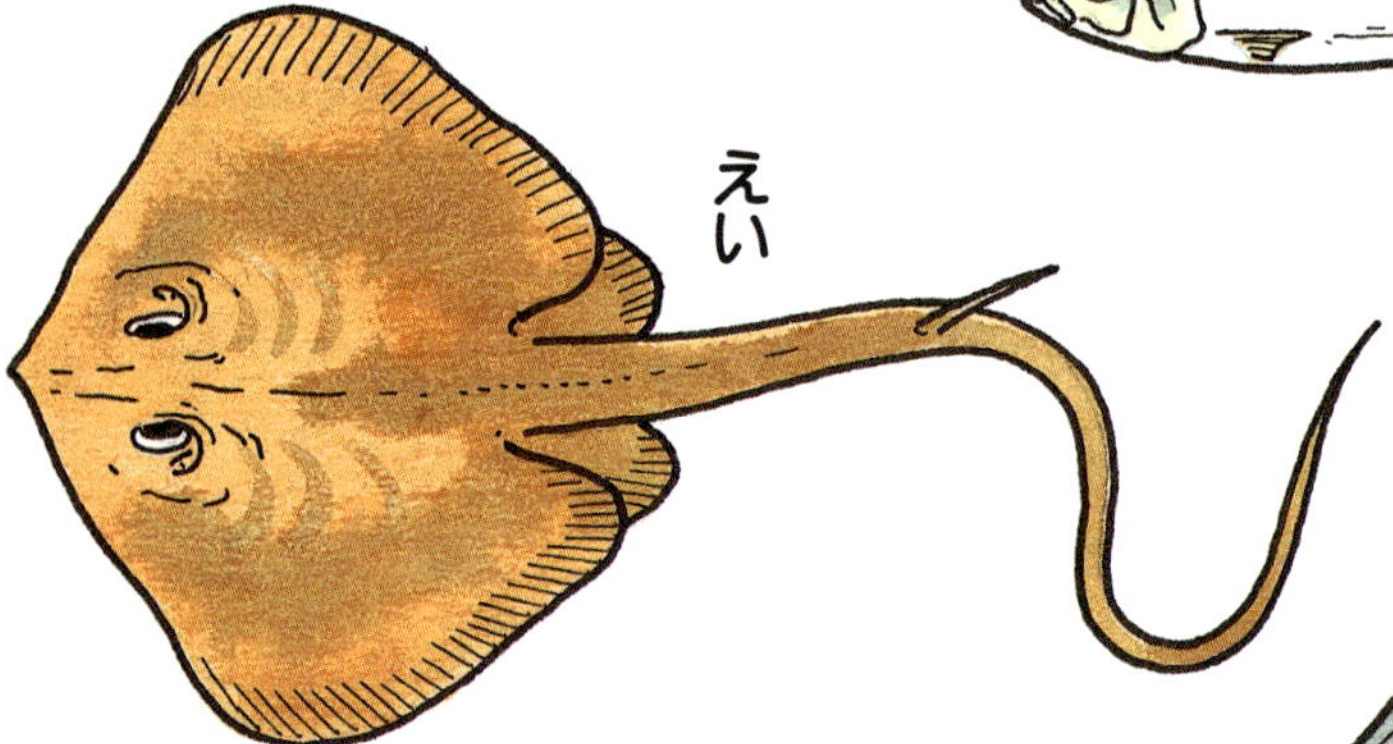

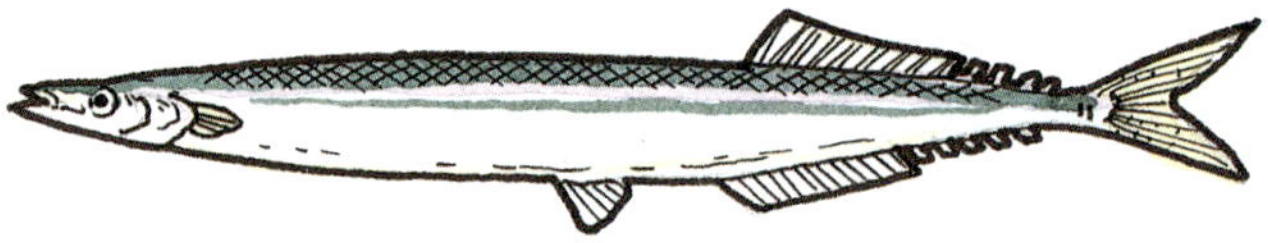

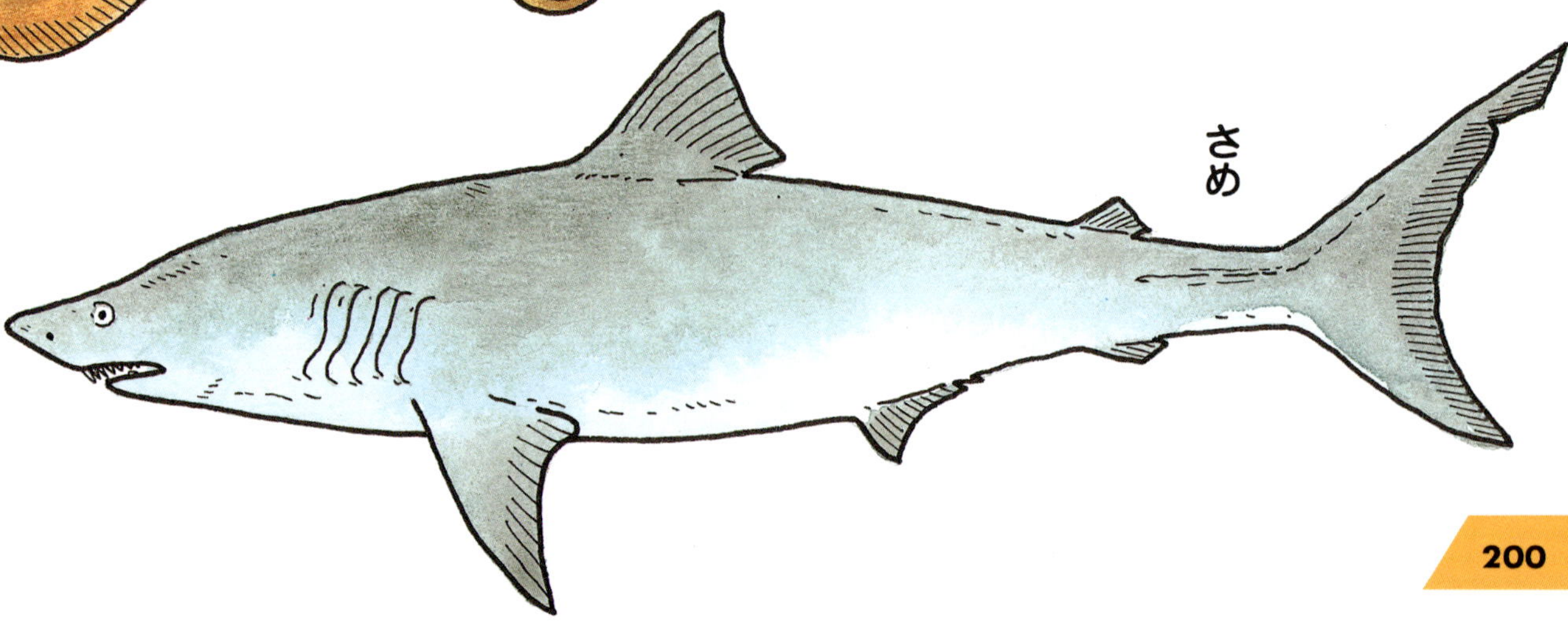

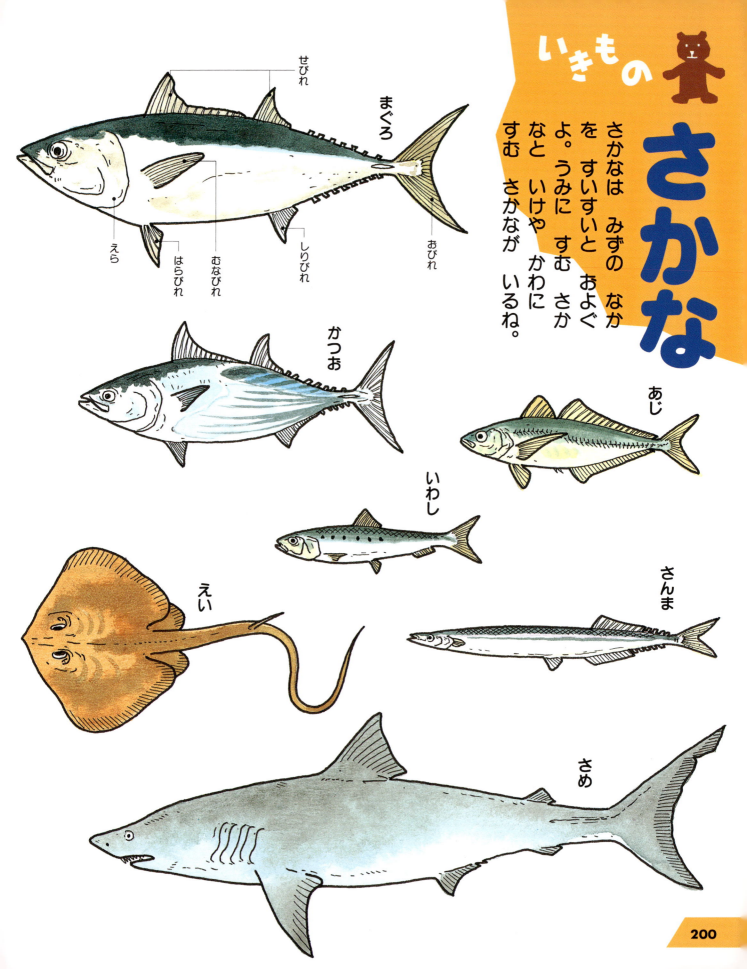

海にすむ魚を中心として、川にすむ生き物やペットとして飼われる魚の代表的な種類を取り上げています。ふだん食べている魚がどんな形をしているのか、お子さんといっしょに確認してみて下さい。

おうちの方へ

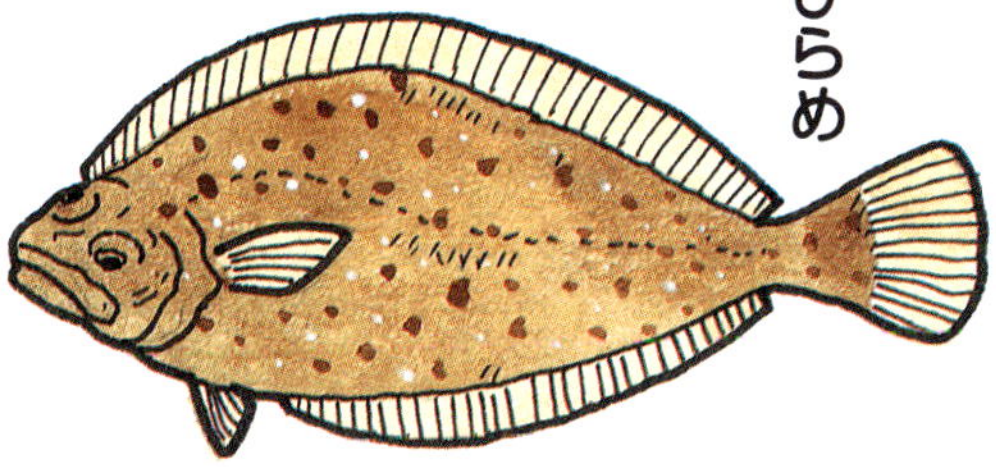
ひらめ

たい

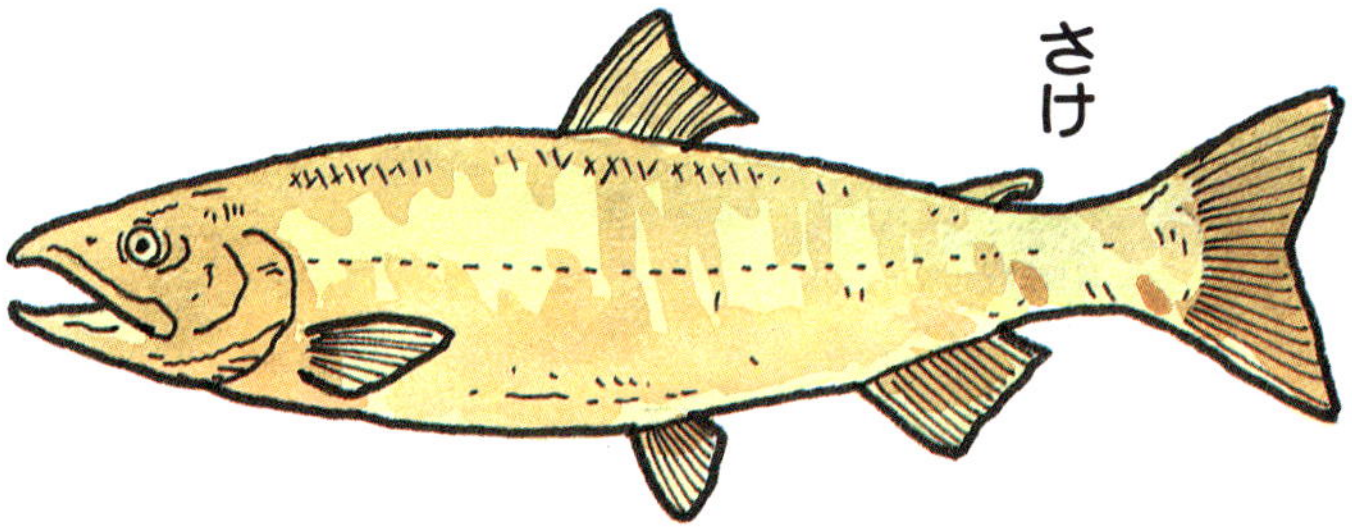
さけ

うつぼ

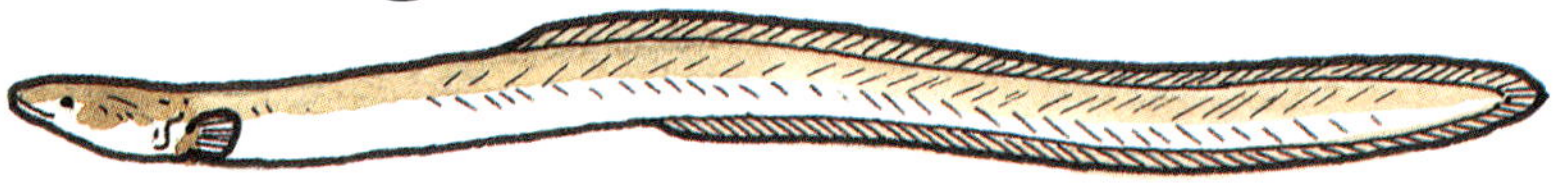
うなぎ

まんぼう

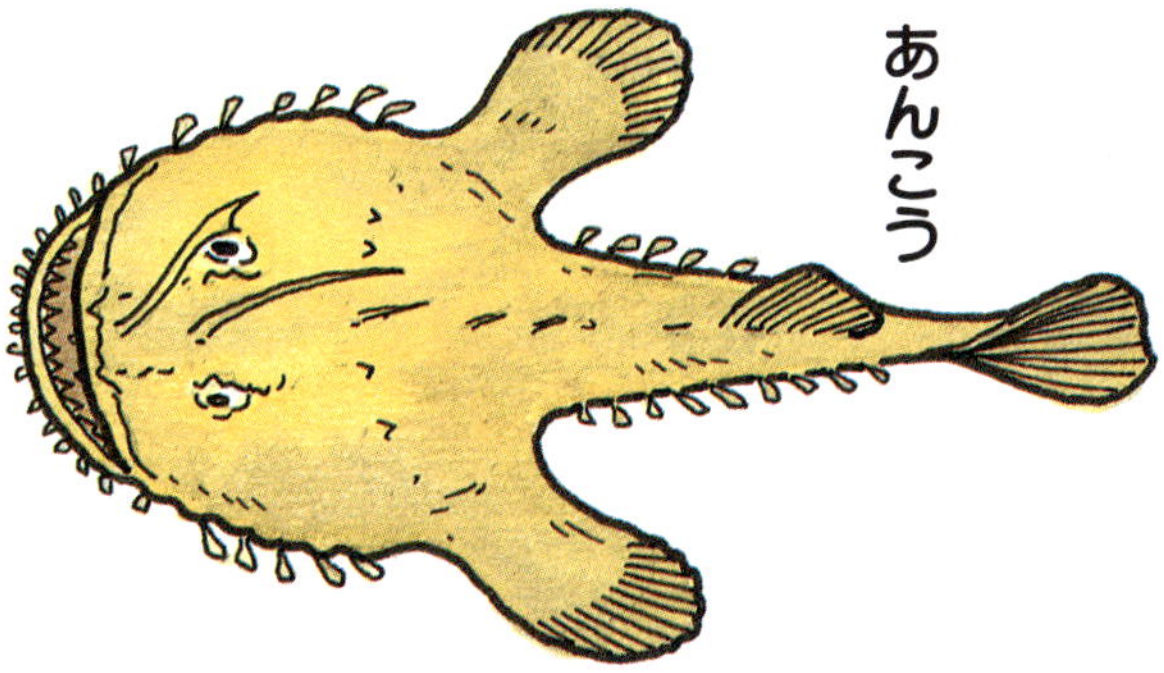
あんこう

たつのおとしご

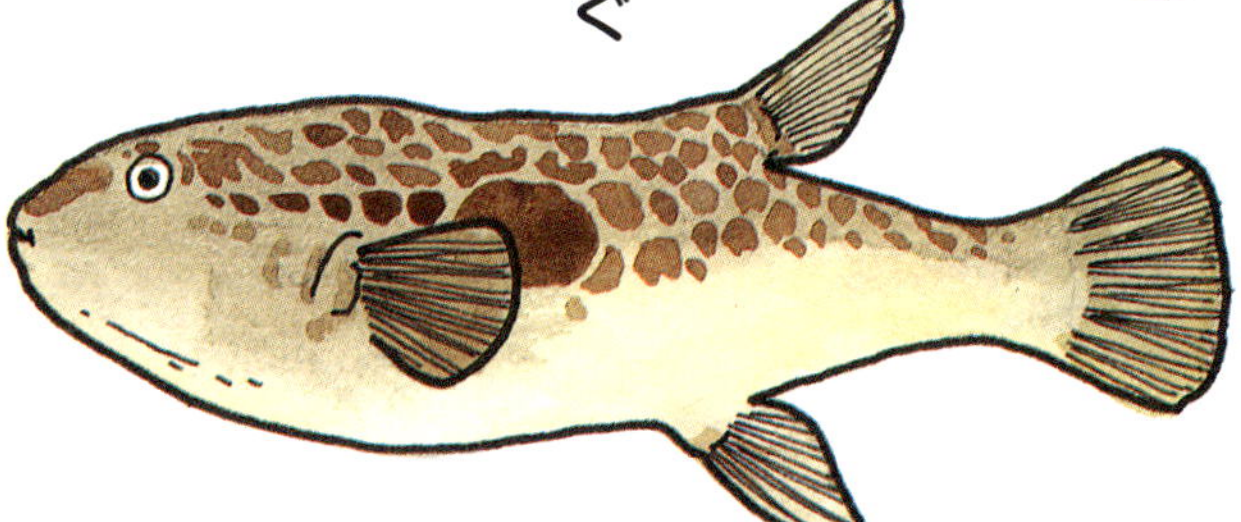
ふぐ

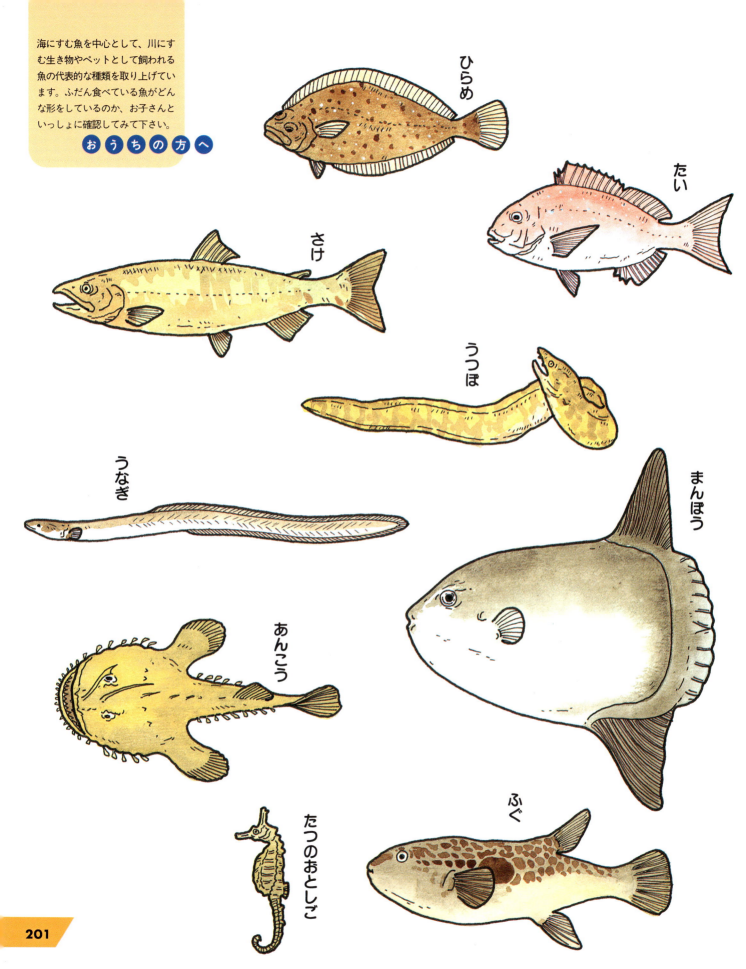

さかな

めだか

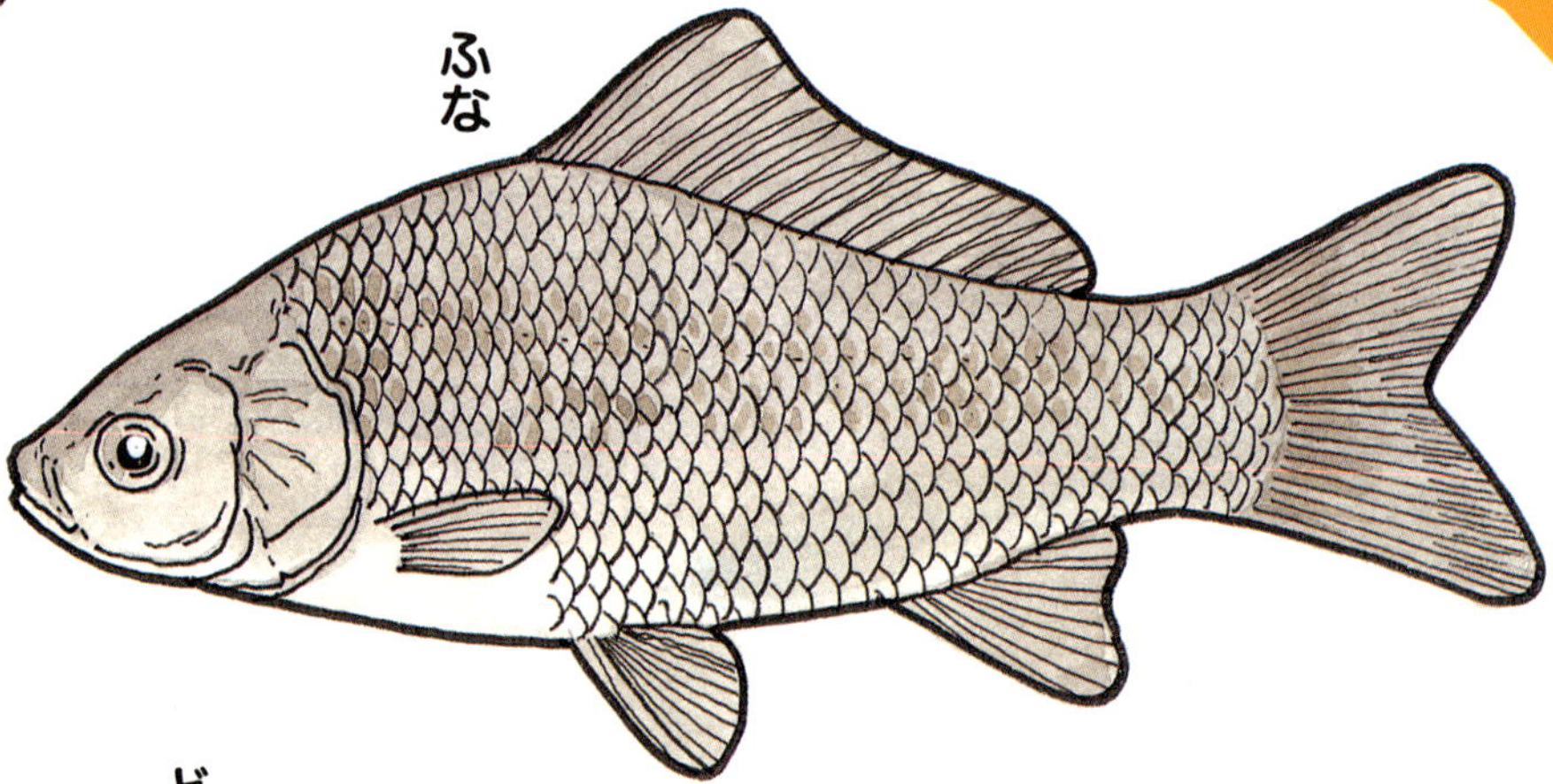
ふな

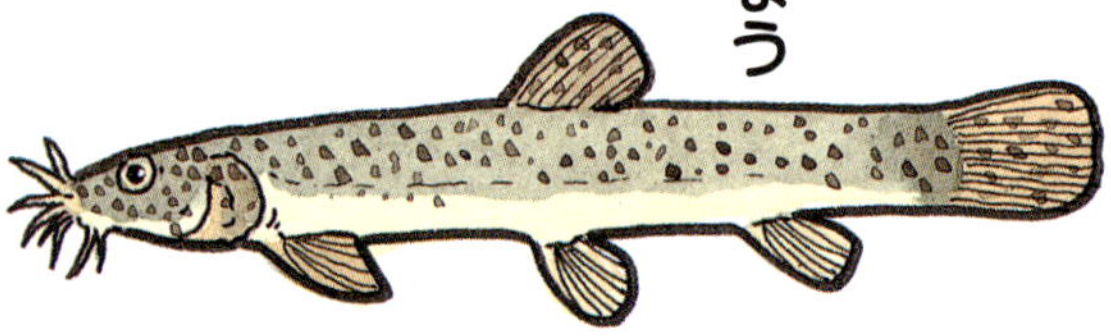
どじょう

あゆ

いわな

にじます

なまず

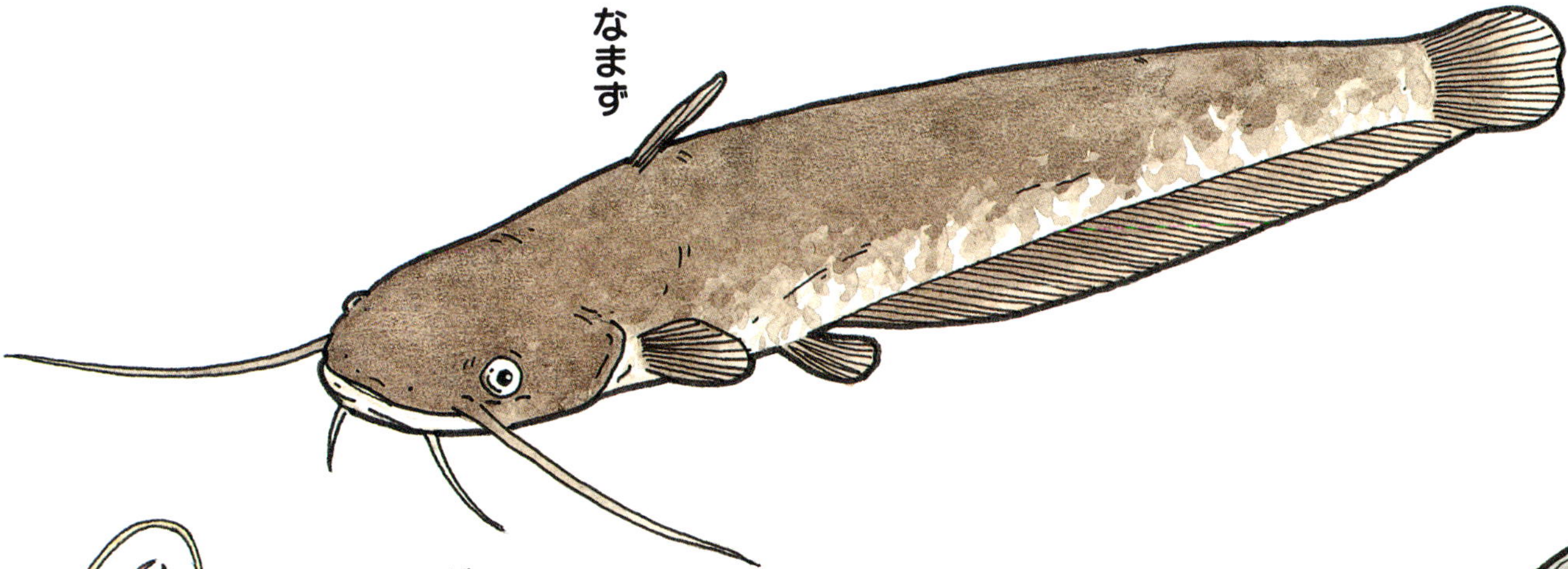

ざりがに

こい

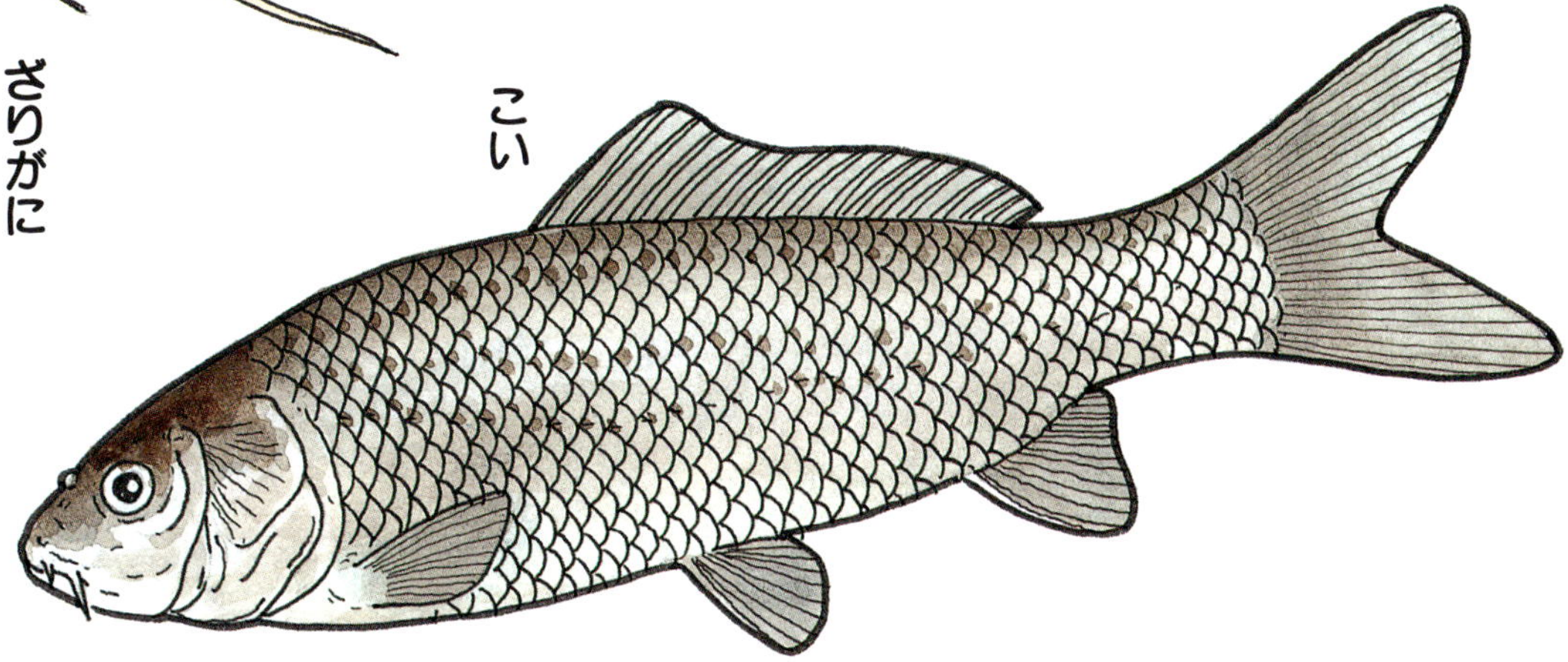

ねったいぎょ

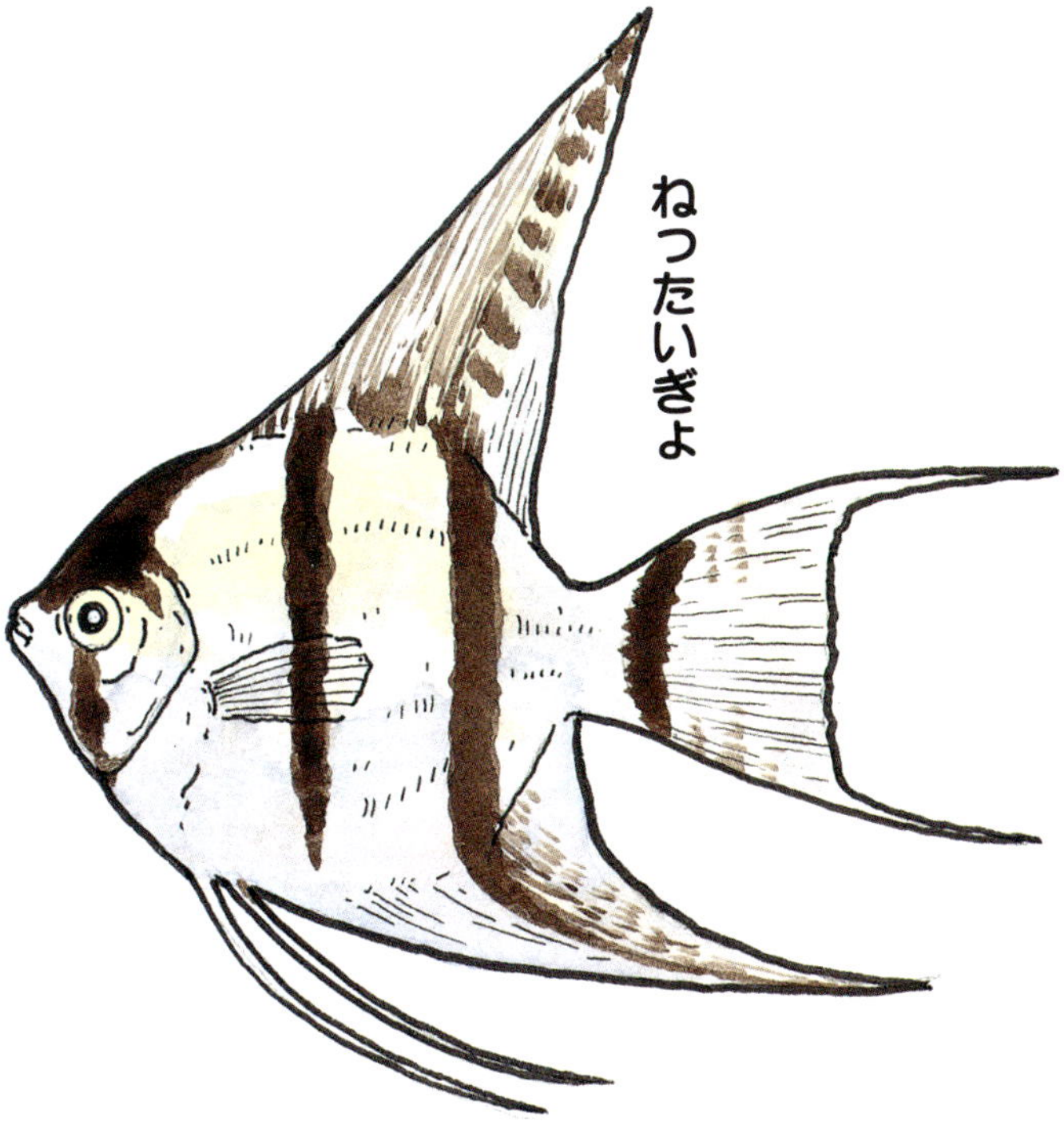

きんぎょ
（りゅうきん）

きんぎょ
（でめきん）

かえる・へび・わに・かめ

あしが　なくても　うごけたり、
かたい　からだを　もっていたり、
いろんな　いきものが　いるよ。
さわるのは、ちょっと　こわいな。

かえる（あまがえる）

かえる（ひきがえる）

カメレオン《かめれおん》

かめ（ぞうがめ）

かめ（うみがめ）

やもり

とかげ

わに

コブラ《こぶら》

へび

おうちの方へ

両生類のカエルと、ヘビやワニなどのは虫類を取り上げています。は虫類は乾燥にも耐えられるうろこ状の皮膚をもちますが、両生類は水分を必要とするため、乾燥した土地での生活には適しません。

どこに いるのかな？

すいぞくかんには　みずの　なかに　すむ　いきものが　あつまっているよ。

海の生き物の生活環境を、できるだけ忠実に再現しようとしたのが水族館ですが、ここでは、実際の様子とは多少異なります。P 196〜203の生き物が登場していますので、お子さんとさがしてみましょう。

おうちの方へ

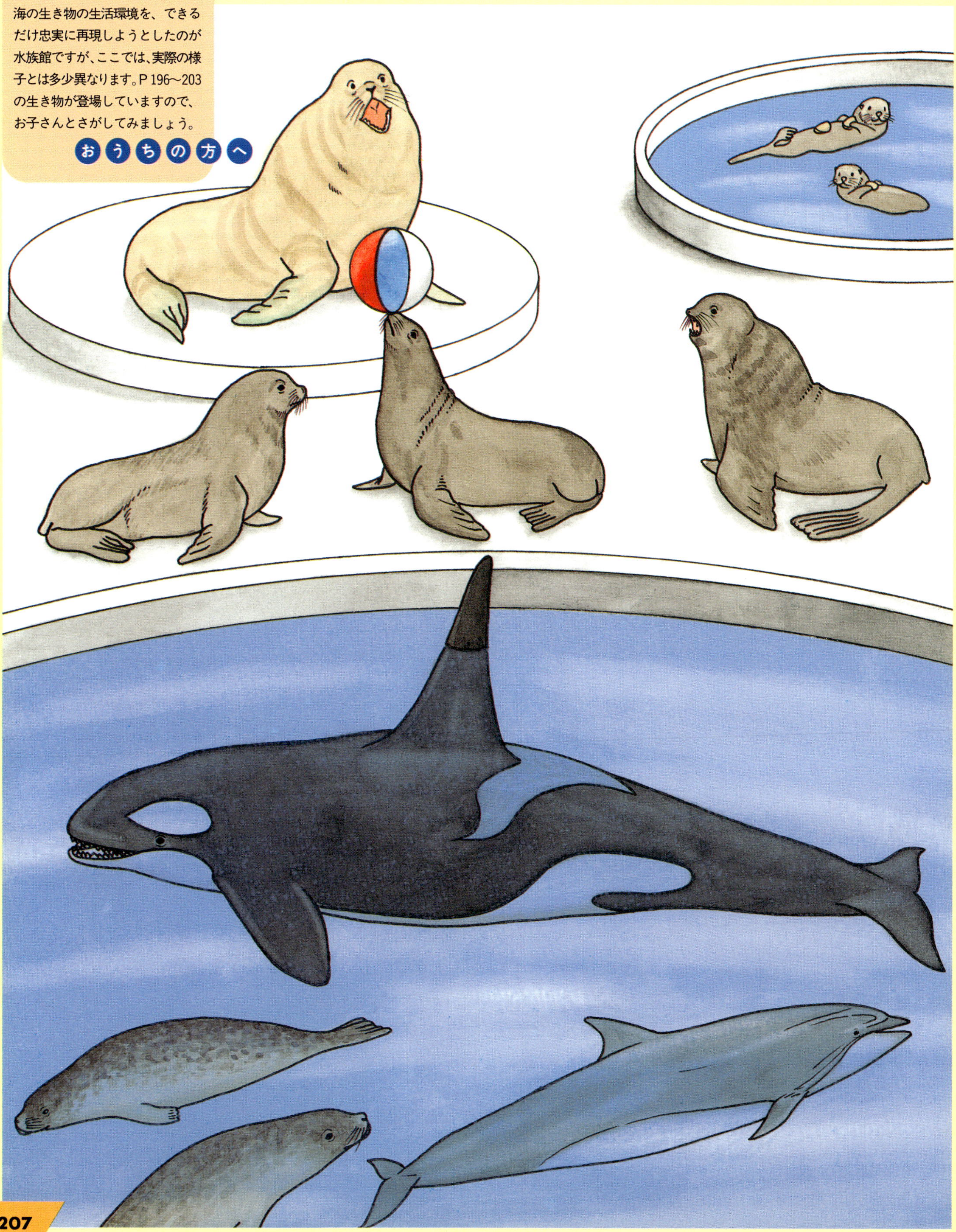

きょうりゅう

もう　いまは　いなくなってしまったけれど、
にんげんの　うまれる　ずっと　まえには、
ちきゅうに　たくさん　いたんだよ。

ここでは、は虫類の仲間である、恐竜、首長竜、翼竜を取り上げています。翼竜は、地球上に最初に現れた、空を飛ぶ脊椎動物です。

おうちの方へ

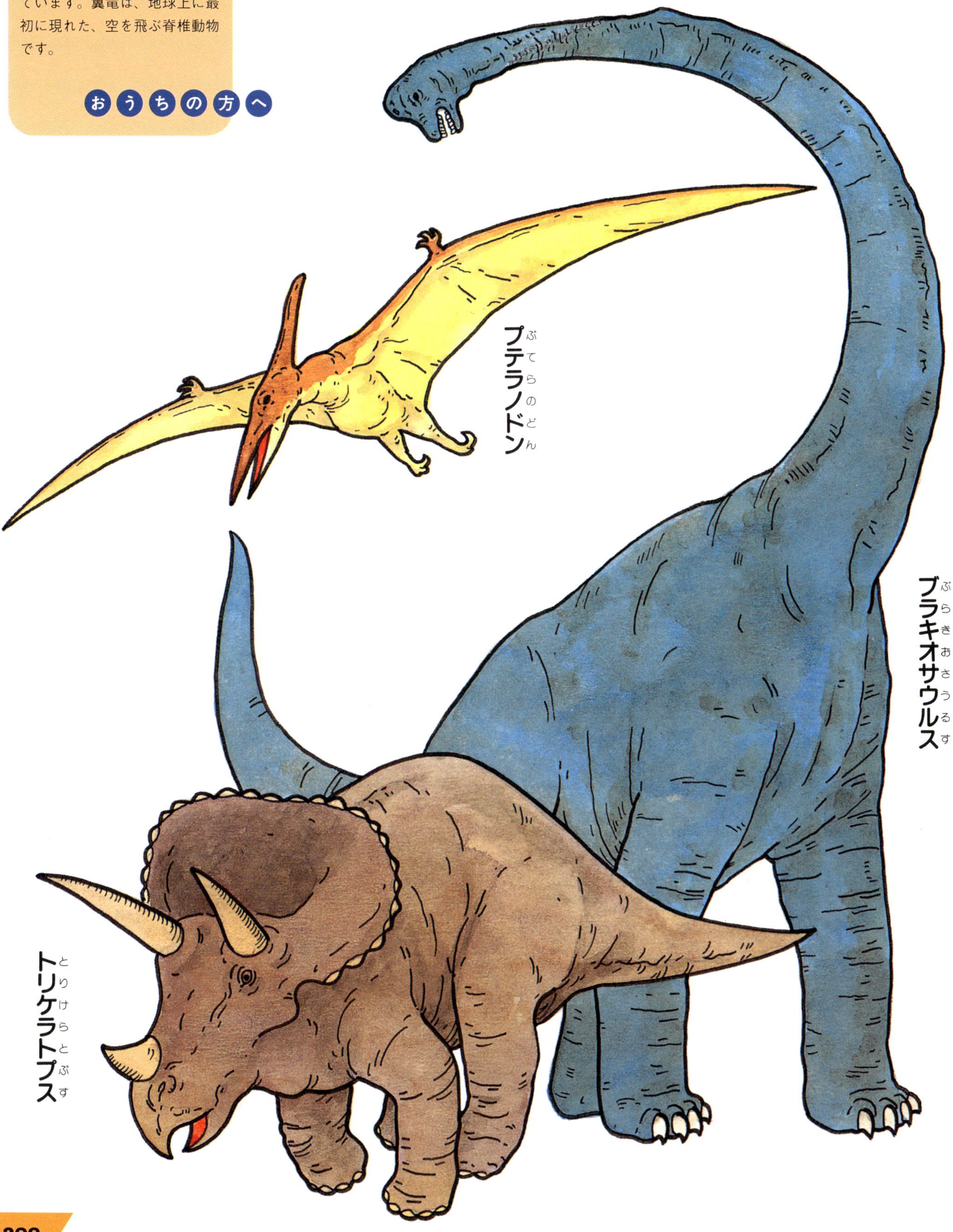

プテラノドン《ぷてらのどん》
ブラキオサウルス《ぶらきおさうるす》
トリケラトプス《とりけらとぷす》

おうちの方へ

物の名前の中に、動物の名前が隠れている言葉を集めました。P 38と同じように、言葉を声に出して読み、「どこに隠れているかな？」などと声をかけてあげると、理解が深まります。

どうぶつの なまえが かくれているよ

ことばの かくれんぼ ❷

トラック《とらっく》

ちりとり

ぞうきん

たわし

せんすいかん

ぼうし

カメラ《かめら》

7

マーク《まーく》とこっき

どうろひょうしき

どうろを　はしる　くるまや　ひとは、どうろひょうしきを　まもらなくては　いけないよ。きみが　みた　ことが　あるのは　どれ？

じてんしゃおうだんたい

（自転車横断帯）

じてんしゃで　わたる
ことが　できる

おうだんほどう・
じてんしゃおうだんたい

（横断歩道・自転車横断帯）

あるいたり、じてんしゃに　のったままで
わたる　ことが　できる

おうだんほどう

（横断歩道）

あるいて　わたる　ことが　できる

おうちの方へ

道路標識は、目で見て、すぐに内容がわかるように図案化されています。ここにまとめた青い色の道路標識は、基本的に「(～は) ～してもよい」という意味を表しています。

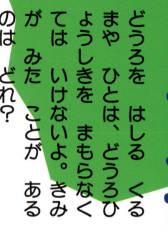

じてんしゃ　および
ほこうしゃせんよう
（自転車及び歩行者専用）

あるいている　ひとと
じてんしゃだけが　と
おる　ことが　できる

ほこうしゃせんよう
（歩行者専用）

あるいている　ひとだ
けが　とおる　ことが
できる

いっぽうつうこう
（一方通行）

くるまは　やじるしの
ほうこうにだけ　すす
む　ことが　できる

じてんしゃせんよう
（自転車専用）

じてんしゃだけが　と
おる　ことが　できる

じどうしゃせんよう
（自動車専用）

くるまだけが　とおる
ことが　できる

どうろひょうしき

ちゅうていしゃきんし
（駐停車禁止）

くるまを　おくのも
とめるのも　いけない

しゃりょうしんにゅうきんし
（車両進入禁止）

くるまは　ここから
さきは　はいっては
いけない

ちゅうしゃきんし
（駐車禁止）

くるまを　おいては
いけない

いちじていし
（一時停止）

くるまは　いちど　と
まって　まわりを　か
くにんしなければ　い
けない

おうちの方へ

赤い色の道路標識は、「危険」や「～してはいけない」ことを知らせています。外で見かけた時には、お子さんといっしょに確認し、安全のためにルールは守るよう、教えてあげて下さい。

ほこうしゃおうだんきんし

（歩行者横断禁止）

ひとは　ここを　わたっては　いけない

ほこうしゃつうこうどめ

（歩行者通行止め）

ひとは　ここから　さきは　とおっては　いけない

じてんしゃつうこうどめ

（自転車通行止め）

じてんしゃは　ここから　さきは　とおっては　いけない

しゃりょうつうこうどめ

（車両通行止め）

くるまは　ここから　さきは　とおっては　いけない

つうこうどめ

（通行止め）

ひとも　くるまも　じてんしゃも　ここから　さきは　とおっては　いけない

どうろひょうしき

ふみきりあり

（踏切あり）

ちかくに　ふみきりが　あるので
ちゅういする

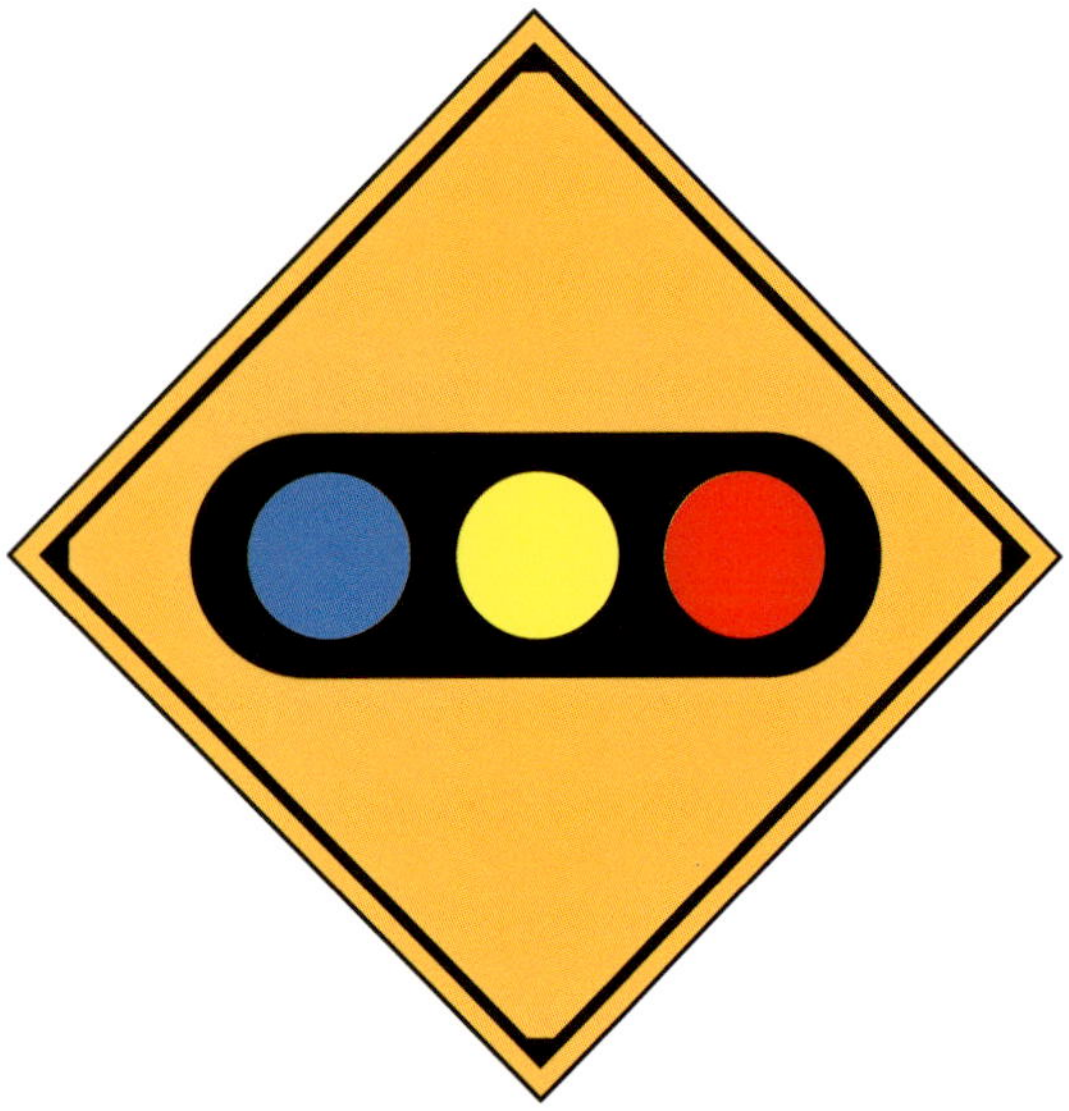

しんごうきあり

（信号機あり）

このさきに　しんごう
きが　あるので　ちゅ
ういする

**がっこう・ようちえん・
ほいくじょなど　あり**

（学校・幼稚園・保育所等あり）

ちかくに　がっこうな
どが　あるので　そこ
に　かよう　こどもに
ちゅういする

らくせきの　おそれあり

（落石のおそれあり）

このあたりは　いしや
いわが　おちてくる
しんぱいが　あるので
ちゅういする

どうろこうじちゅう

（道路工事中）

このさきで　どうろの
こうじを　しているの
で　ちゅういする

どうぶつが　とびだす　おそれあり

（動物が飛び出すおそれあり）

このあたりは　どうぶ
つが　とびだしてくる
かもしれないので　ち
ゅういする

そのたの　きけん

（その他の危険）

このあたりは　きけん
なので　ちゅういする

すべりやすい

このあたりは　すべり
やすい　ところなので
ちゅういする

おうちの方へ

ここでは黄色の道路標識を集めました。黄色は「注意」のサインで、危険を防ぐための注意事項が記載されています。文字で表されてはいないので、イラストの意味を説明してあげて下さい。

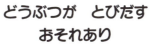

みの まわりの マーク《まーく》

ジュース《じゅーす》の カン《かん》や ペットボトル《べっとぼとる》、ようふくにも いろいろな マーク《まーく》が ついているよ。みた ことの ある マーク《まーく》は どれ？

とういつびかマーク《まーく》

（統一美化マーク）

のみおわった あと
リサイクル《りさいくる》が できる
ものに ついている

エコマーク《えこまーく》

ちきゅうかんきようを
まもる ことを かん
がえて つくられた
ものに ついている

アルミ《あるみ》かん
リサイクルマーク《りさいくるまーく》

（アルミ缶リサイクルマーク）

リサイクル《りさいくる》が できる
アルミ《あるみ》かんに ついて
いる

スチール《すちーる》かん
リサイクルマーク《りさいくるまーく》

（スチール缶リサイクルマーク）

リサイクル《りさいくる》が できる
スチール《すちーる》かんに つい
ている

ペットボトル《ぺっとぼとる》
リサイクルマーク《りさいくるまーく》

リサイクル《りさいくる》が できる
ペットボトル《ぺっとぼとる》に つい
ている

実際のマークとは、色が異なる場合があります。

ジスマーク《じすまーく》
（JISマーク）

こうぎょうせいひんに
かんする しんさに
ごうかくした ものに
ついている

ジャスマーク《じゃすまーく》
（JASマーク）

ひんしつの しんさに
ごうかくした かこう
しょくひんなどに つ
いている

ベルマークうんどう《べるまーく》
（ベルマーク運動）

このマーク《まーく》を あつめ
ると ようちえんの
びひんを かったり
めぐまれない こを
たすける ことが で
きる

ドライクリーニング《どらいくりーにんぐ》

このマーク《まーく》が ついて
いる ものは ドライ《どらい》
クリーニング《くりーにんぐ》で あら
う ことが できる

ウールマーク《うーるまーく》

ウール《うーる》(ひつじの け)
100パーセント《ぱーせんと》で で
きた ようふくなどに
ついている

おうちの方へ

身のまわりでよく見かける商品などについているマークの、代表的なものや車、荷物に関するマークを集めました。「取り扱い注意」などのマークは、この他にもいくつもの種類があります。

みのまわりのマーク《まーく》

こうれいうんてんしゃマーク《まーく》
（高齢運転者マーク）

おとしよりが　うんてんしている　くるまに　つける

しょしんうんてんしゃマーク《まーく》
（初心運転者マーク）

うんてんめんきょを　とった　ばかりの　ひとが　うんてんしている　くるまに　つける

シートベルト《しーとべると》

あんぜんの　ために　シートベルト《しーとべると》を　しめる　ことを　すすめている

エスティーマーク《えすてぃーまーく》
（STマーク）

あんぜんの　けんさに　ごうかくした　おもちゃに　ついている

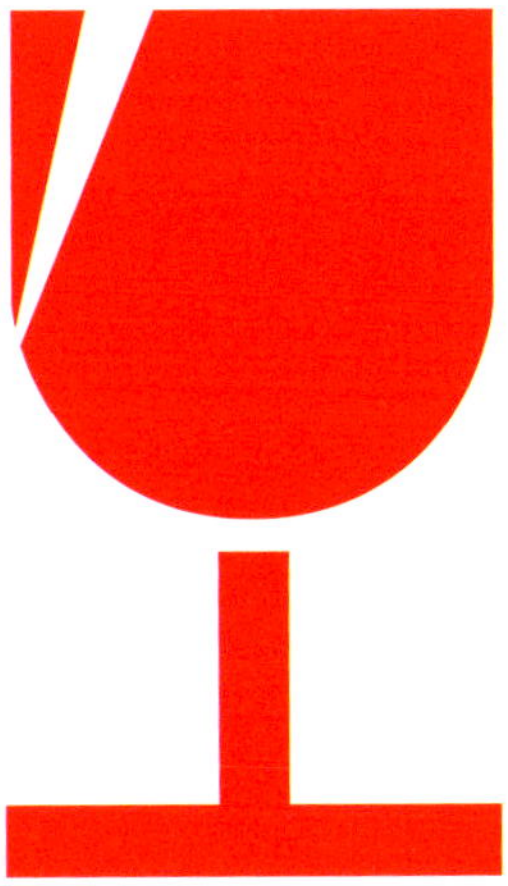

こわれものちゅうい

（壊れ物注意）

このしなものは　われたり　しやすいので　ちゅういする　ことを　しめしている

とりあつかいちゅうい

（取り扱い注意）

このしなものを　はこぶ　ときに　きを　つける　ことを　しめしている

ふみつけげんきん

（踏みつけ厳禁）

うえに　のらないように　ちゅういする　ことを しめしている

かきげんきん

（火気厳禁）

このしなものの　そばでは　ひを　つかっては　いけない　ことを　しめしている

みずぬれちゅうい

（水濡れ注意）

みずに　ぬれないように　ちゅういする　ことを　しめしている

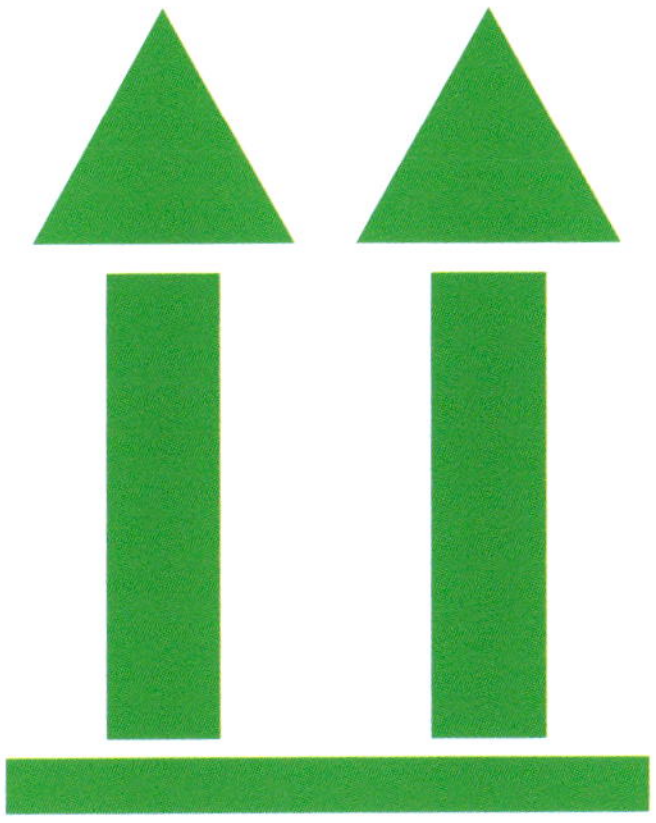

やじるしを　うえに

（矢印を上に）

このしなものは　やじるしを　うえに　むけて　あつかう　ことを　しめしている

あんないひょうじ

かじの　ときに　つかう　とくべつな　でぐちを　なんて　いう？

でんしゃの　なかで　いろの　ちがう　ざせきを　なんて　いう？

トイレ《といれ》

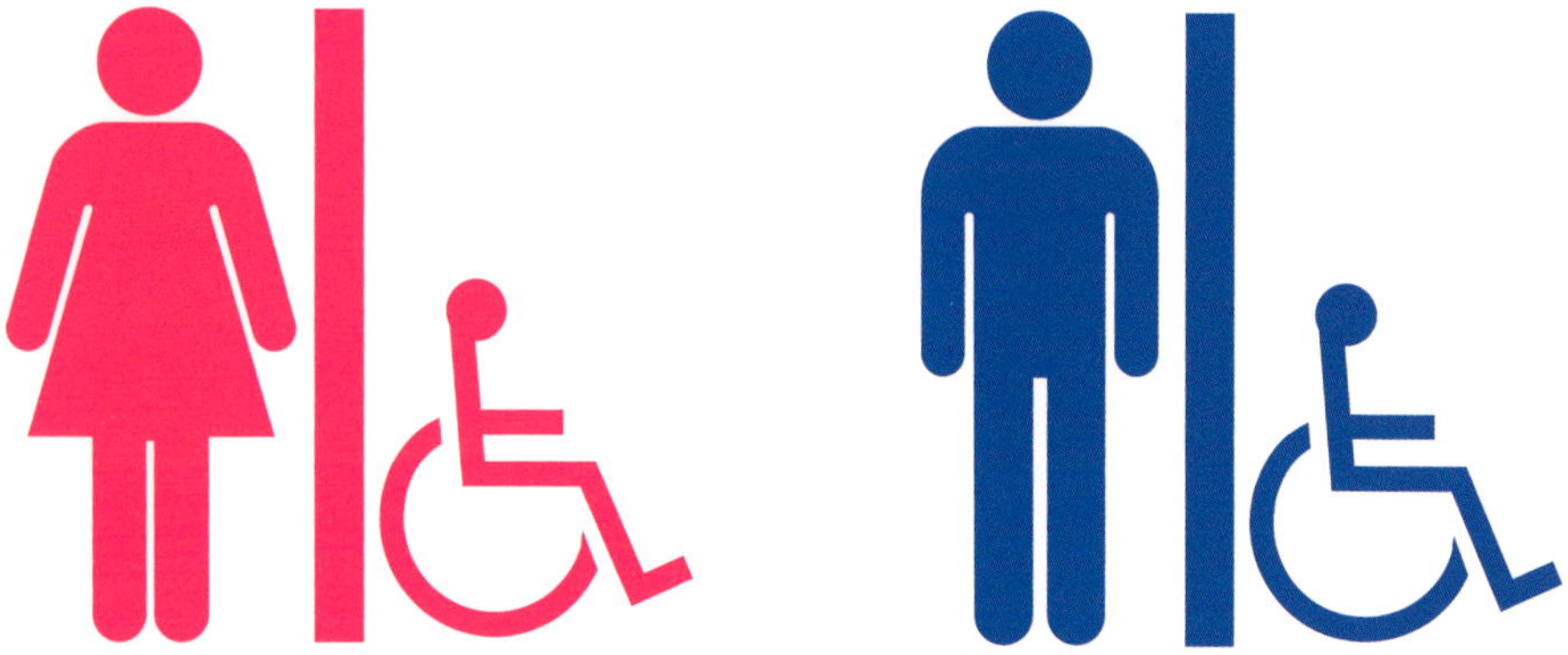

くるまいすたいおうトイレ《といれ》

（車椅子対応トイレ）

デパートなど建物の中で見かける案内表示です。トイレや非常口などは、あらかじめ知っておいた方がいいマークです。お子さんと出かけた時に、いっしょに確認しましょう。

おうちの方へ

ひじょうぐち
（非常口）

かじなどの　きんきゅうの　ときに　つかう　でぐちの　ばしょを　しめしている

ちゅうしゃじょう
（駐車場）

くるまを　なんだいか　いちじてきに　とめて　おく　ことが　できる　ばしょを　あらわして　いる

エレベーター《えれべーたー》

エレベーター《えれべーたー》が　ある　ばしょを　あらわして　いる

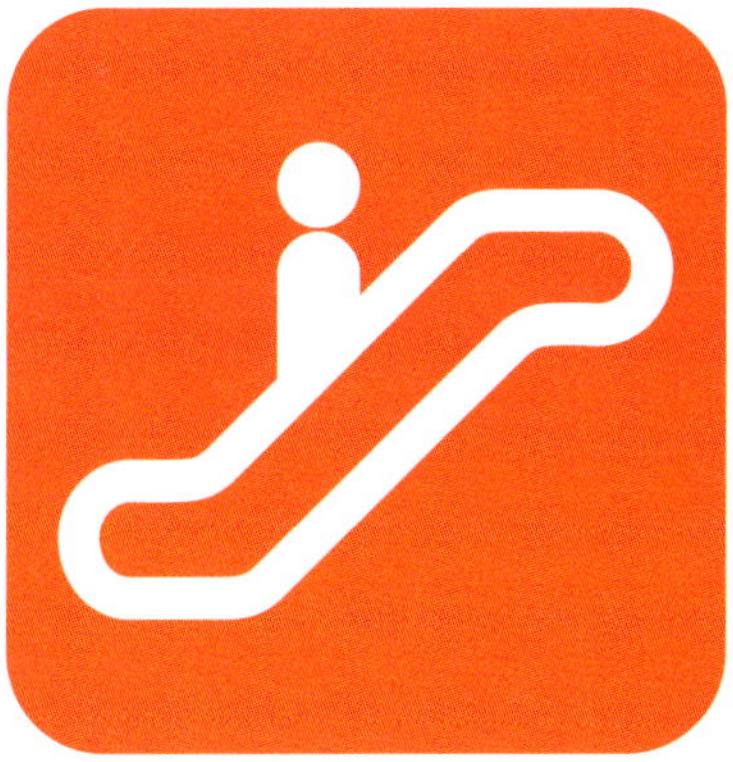

エスカレーター《えすかれーたー》

エスカレーター《えすかれーたー》が　ある　ばしょを　あらわして　いる

同じ意味をもつマークでも、数種類のデザインが使われている場合があります。

あんないひょうじ

わすれものあんないじょ
（忘れ物案内所）

わすれものや　おとしものが　とどけられる　ところ

あんないじょ
（案内所）

いろいろな　じょうほうを　おしえてくれる　ところ

コインロッカー《こいんろっかー》

にもつを　いちじてきに　あずけておく　ことが　できる　ばしょ

しょうがいしゃようしせつ
（障害者用施設）

くるまいすの　ひとが　つかいやすい　せつびが　ある　ところ

駅や電車の中で見かけるマークを集めています。この他にも、駆け込み乗車禁止など様々な物があります。優先席については、意味だけでなく車内でのマナーもいっしょに教えてあげて下さい。

おうちの方へ

ゆうせんせき

（優先席）

おとしよりや　からだの　ふじゆうな　ひと、にんしんしている　ひとなどが　すわるための　ざせき

きんえん

（禁煙）

たばこを　すっては　いけない　ところ

グリーン《ぐりーん》しゃ

（グリーン車）

ふつうの　しゃりょうよりも　せつびや　サ《さ》ービス《ーびす》が　よい　しゃりょう

みどりのまどぐち

（みどりの窓口）

とおくまで　いく　ジ《じ》エイアール《えいあーる》（JR）の　きっぷや　ていきけんを　かう　ばしょ

あんないひょうじ

ペット《ぺっと》を　いれるな

（ペットを入れるな）

ペット《ぺっと》と　いっしょに
はいっては　いけない

ごみすてきんし

（ごみすて禁止）

ごみを　すてては　い
けない

たちいりきんし

（立入禁止）

はいっては　いけない

どそくきんし

（土足禁止）

くつを　はいたまま
はいっては　いけない

おうちの方へ

町や公園で見かけることの多い案内表示の一部です。「～してはいけない」という禁止事項を知らせる物と場所を示している物があります。外で見かけた時には、お子さんと確認してみて下さい。

ちゅうい

（注意）

あぶないので　きを
つけなくては　いけない

さわるな

てを　ふれては　いけない

ひなんばしょ

（避難場所）

かじや　さいがいの
ときに　ひとが　いえ
から　にげて、ひなん
する　ことが　できる
ばしょ

しょうかせん

（消火栓）

ポンプ《ぽんぷ》しゃが　すいど
うかんから　みずを
すいあげるための　せ
んが　ある　ばしょ

しょうかき

（消火器）

しょうかきを　おいて
ある　ばしょ

こっき

くにの　はたが　こっきだよ。いろが　にている　こっき、もようが　おもしろい　こっき、いろいろん　な　こっきが　あるね。

にほん

（日本国）

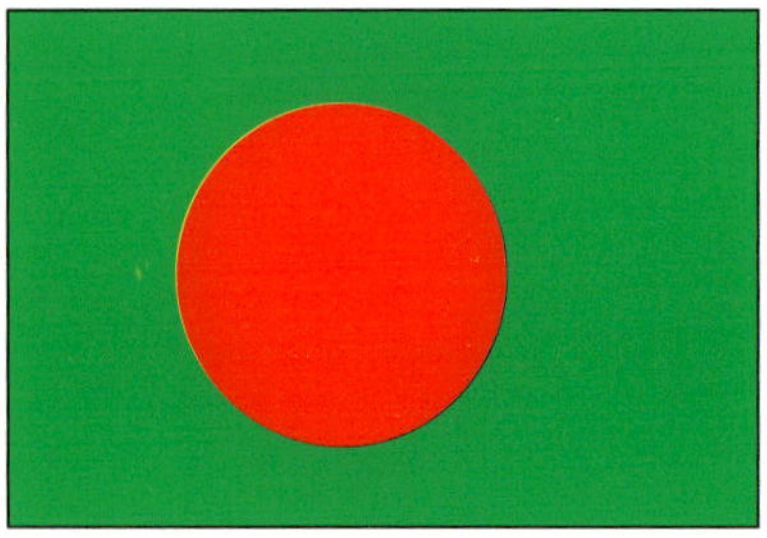

バングラデシュ《ばんぐらでしゅ》

（バングラデシュ人民共和国）

かんこく

（大韓民国）

パラオ《ぱらお》

（パラオ共和国）

もようが　にている　もの

ノルウエー《のるうぇー》

（ノルウエー王国）

フィンランド《ふぃんらんど》

（フィンランド共和国）

スイス《すいす》

（スイス連邦）

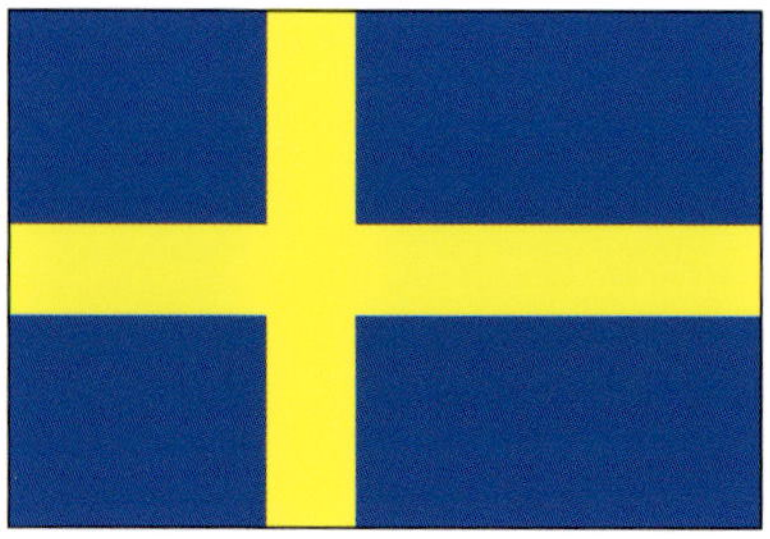

スウエーデン《すうぇーでん》

（スウエーデン王国）

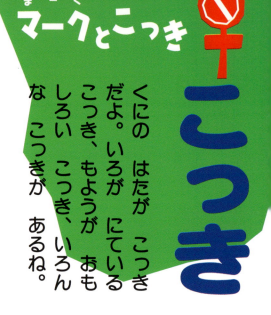

おうちの方へ

紙面の都合上、世界の国旗の、ほんの一部しか掲載できませんでした。幼児の興味に合わせて、色や柄の類似に着目して選んであります。

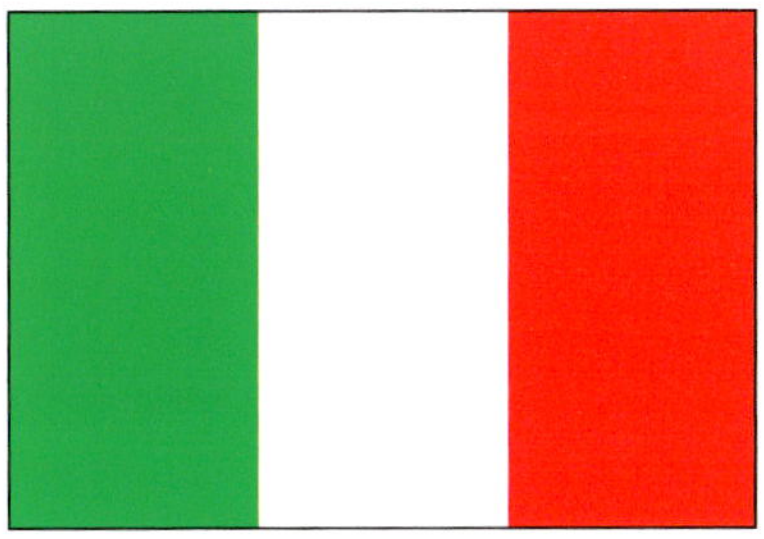

イタリア《いたりあ》

（イタリア共和国）

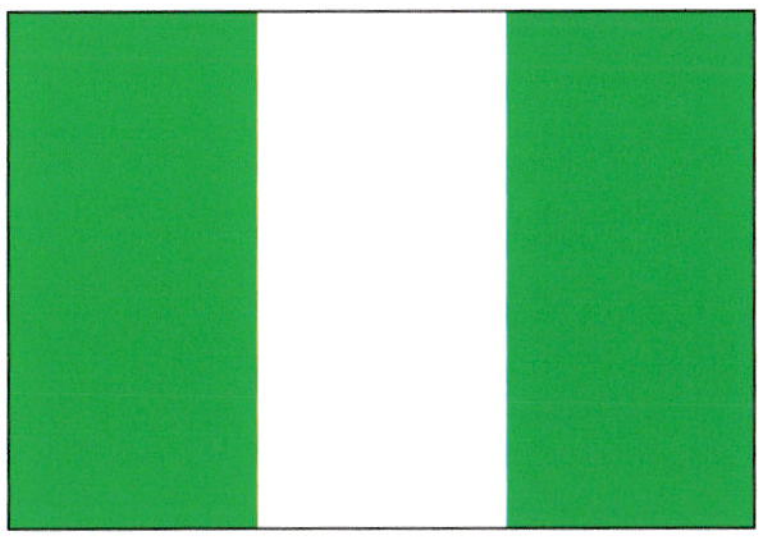

ナイジェリア《ないじぇりあ》

（ナイジェリア連邦共和国）

ベルギー《べるぎー》

（ベルギー王国）

フランス《ふらんす》

（フランス共和国）

もようは　おなじだけれど、いろが　ちがう　もの

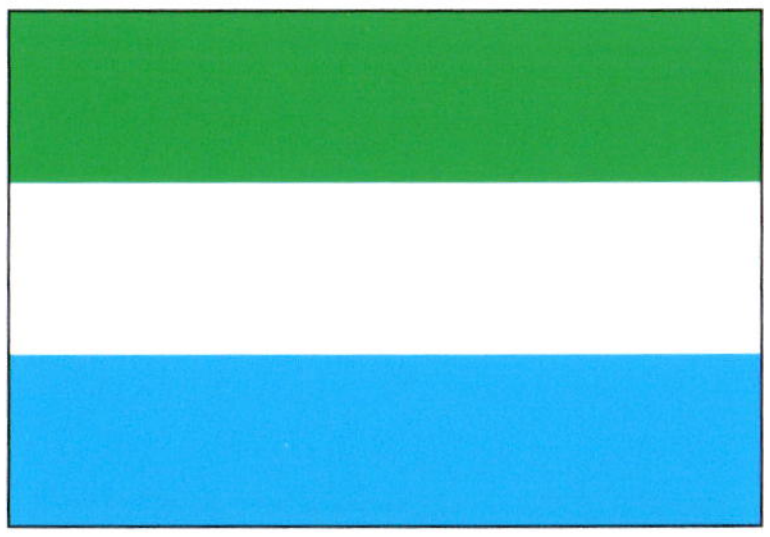

シエラレオネ《しえられおね》

（シエラレオネ共和国）

イエメン《いえめん》

（イエメン共和国）

エストニア《えすとにあ》

（エストニア共和国）

ドイツ《どいつ》

（ドイツ連邦共和国）

いろや　くみあわせが　すこしだけ　ちがう　もの

アイルランド《あいるらんど》

（アイルランド）

コートジボワール《こーとじぼわーる》

（コートジボワール共和国）

オランダ《おらんだ》

（オランダ王国）

ロシア《ろしあ》

（ロシア連邦）

モナコ《もなこ》

（モナコ公国）

ルクセンブルク《るくせんぶるく》

（ルクセンブルク大公国）

ポーランド《ぽーらんど》

（ポーランド共和国）

ギニア《ぎにあ》

（ギニア共和国）

コロンビア《ころんびあ》

（コロンビア共和国）

ハンガリー《はんがりー》

（ハンガリー共和国）

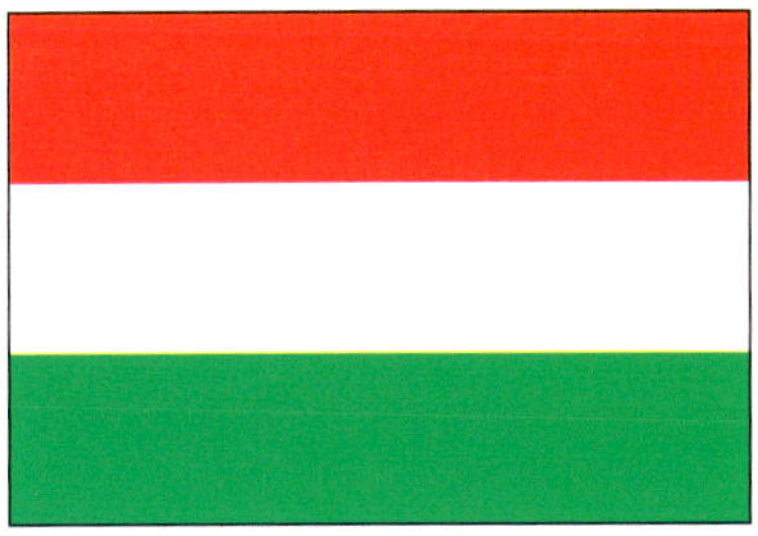

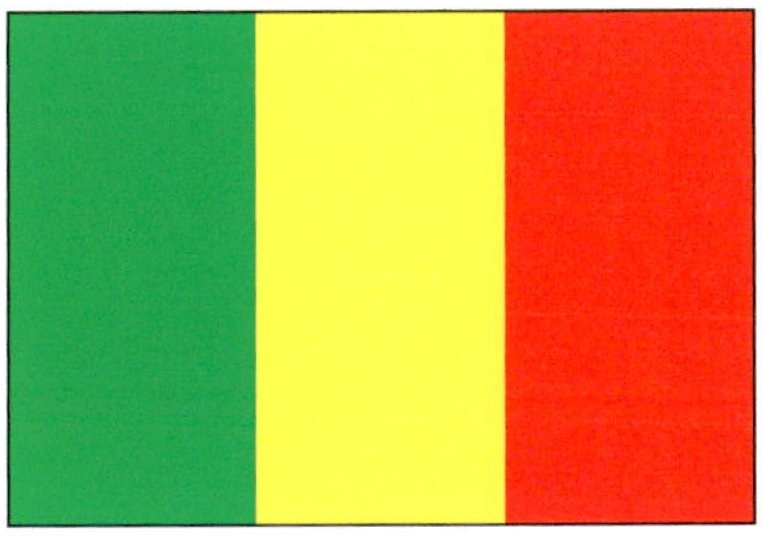

マリ《まり》

（マリ共和国）

ルーマニア《るーまにあ》

（ルーマニア）

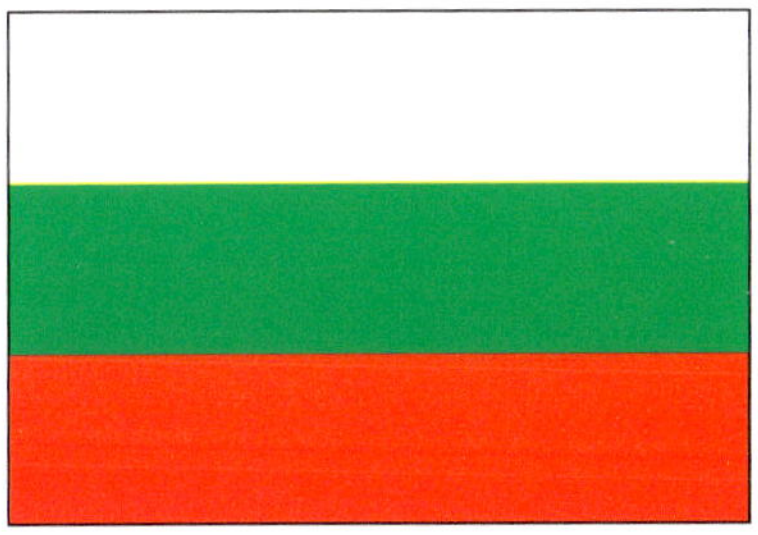

ブルガリア《ぶるがりあ》

（ブルガリア共和国）

アメリカ《あめりか》がっしゅうこく

（アメリカ合衆国）

イギリス《いぎりす》

（グレートブリテンおよび
北アイルランド連合王国）

もようは　ちがうけれど、
いろあいが　おなじ　もの

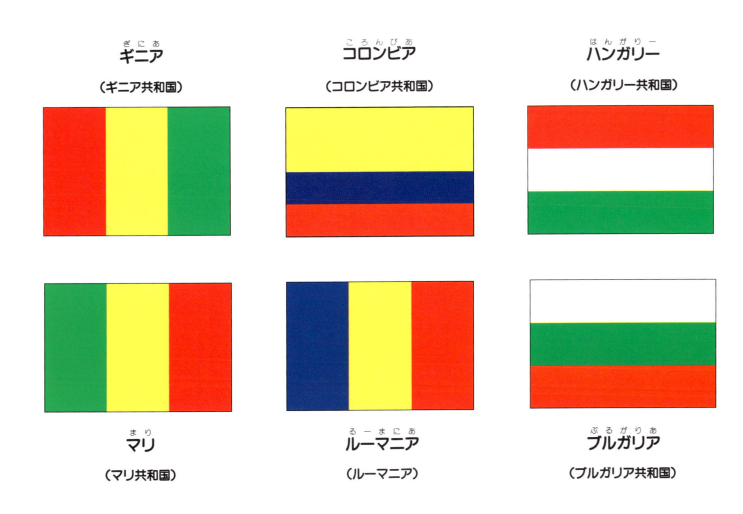

ウガンダ《うがんだ》

（ウガンダ共和国）

ドミニカこく《どみにか》

（ドミニカ国）

ブータン《ぶーたん》

（ブータン王国）

スリランカ《すりらんか》

（スリランカ
民主社会主義共和国）

おもしろい　もようの　もの

ハイチ《はいち》

（ハイチ共和国）

カナダ《かなだ》

（カナダ）

キリバス《きりばす》

（キリバス共和国）

ちきゅう
と
うちゅう

りくと うみ

ちきゅうには りくと うみが あるね。みずは やまから うみへ ながれるんだね。

ちょうじょう
みね
おね
たに
みずうみ
がけ
たき
ふもと
はやし
いわ
もり
いずみ
かわら
かわ
いけ
がけ
かこう
へいち
かいがん
きし

おうちの方へ

陸地は、山や川、湖など、様々な地形によって形成されています。降った雨水は、山から川へ流れ、やがて海に流れこみます。地下にしみこんだ雨水は地下水となり、火山の熱で温められると、温泉になります。また、平地には多くの人間が住んでいますが、砂漠のように植物も育たない土地もあります。

人間の生活と水の流れ、地形との関係については、住んでいる地域の山や川など身近な場所とからめて話してあげると、お子さんの理解も深まるでしょう。

そらと てんき ①

はれ、くもり、あめ。いろいろな てんきが あるね。どんな てんきが すきかな。

おうちの方へ

ここでは天気の他、いろいろな雲も紹介しています。筋雲は最も高いところに発生する雲です。笠雲はレンズ雲の一種で、天候悪化の兆しともされています。薄雲はベールのような薄い雲で、霧雲は低空に発生し、地表に接すると霧とよばれます。飛んでいる飛行機の後方に、飛行機雲が見えることがありますが、飛行機雲がなかなか消えないときは、雨が降るといわれています。

虹は、雨のすぐ後などに、太陽の光が大気中の雨粒で反射、屈折し、複数の色の帯が見える現象です。

すじぐも
うすぐも
ひこうきぐも
あまぐも
くも
くもり
あめ
かさぐも
きりぐも

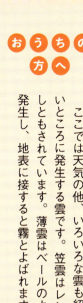

そらと てんき ②

あめが たくさん ふったり、かみなりが なる ひも あるよ。

いろいろな　てんき

こさめ
こがらし
てんきあめ
たいふう
ひょう
たつまき
ふぶき
あらし

おうちの方へ

激しい風雨は、ときに、自然災害として人々に被害をもたらします。雷雨や嵐、吹雪になると、生活に支障が出るだけでなく、命にかかわる危険も生じます。特に最近は、豪雨や台風が増えてきており、被害も拡大しています。さらに、土砂崩れや河川の氾濫などの二次災害も問題になっています。

日ごろから、天気予報を見るようにし、注意報や警報などが出たら、適切に対応できるよう、避難場所や連絡の方法などを家族で話し合っておきましょう。

つきと ちきゅう

よぞらで ひかっている つきを みると まいばん ちがう かたちに みえるね。

つきの かたちと よびな

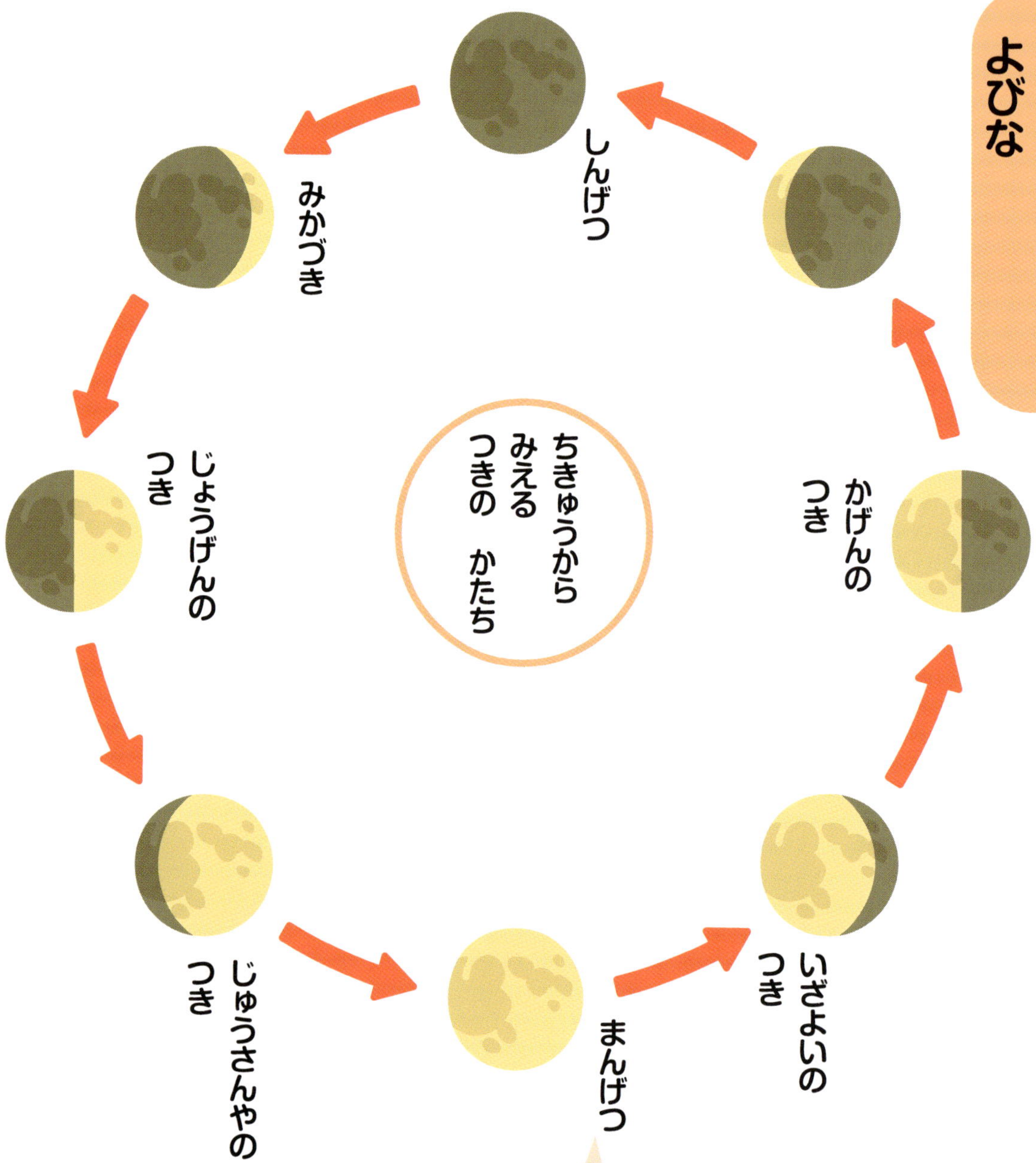
しんげつ
みかづき
じょうげんの つき
じゅうさんやの つき
まんげつ
いざよいの つき
かげんの つき
ちきゅうから みえる つきの かたち

つきの かたちが かわるのは？

つきが ひかって みえるのは、たいようの ひかりが あたっているからです。つきは ちきゅうの まわりを まわっているので、ちきゅうから みると ひかりの あたっている ばしょの みえかたが かわります。だから、つきの かたちが かわって みえるのです。

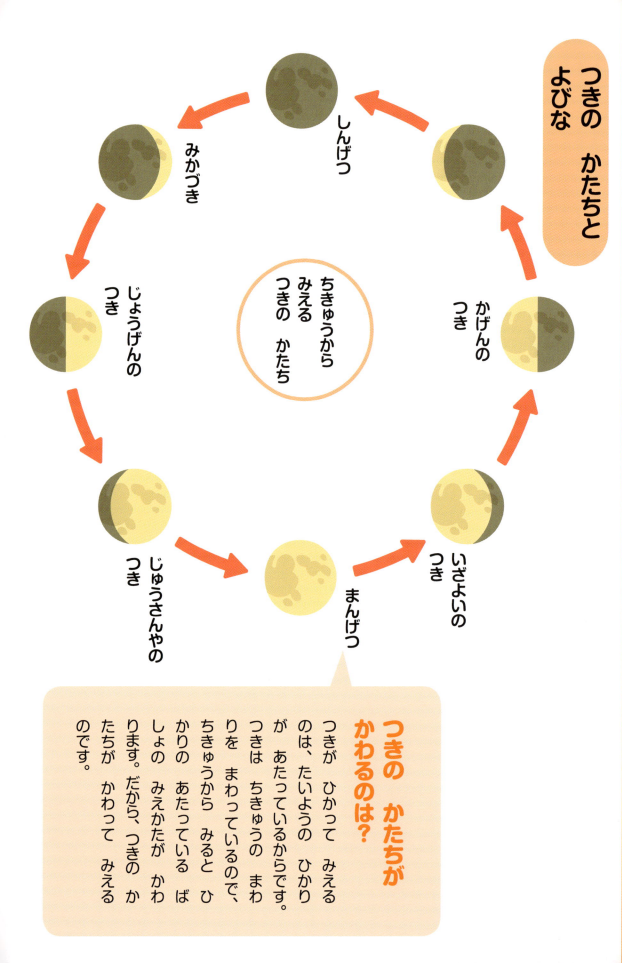

つきみ

ちゅうしゅうの めいげつ
じゅうごや

9がつの なかごろから 10がつの はじめごろの まんげつの よるに つきみを します。

すすき
つきみだんご

たいようと ちきゅうと つき

つきは ちきゅうの まわりを まわっています。
ちきゅうは たいようの まわりを まわっています。

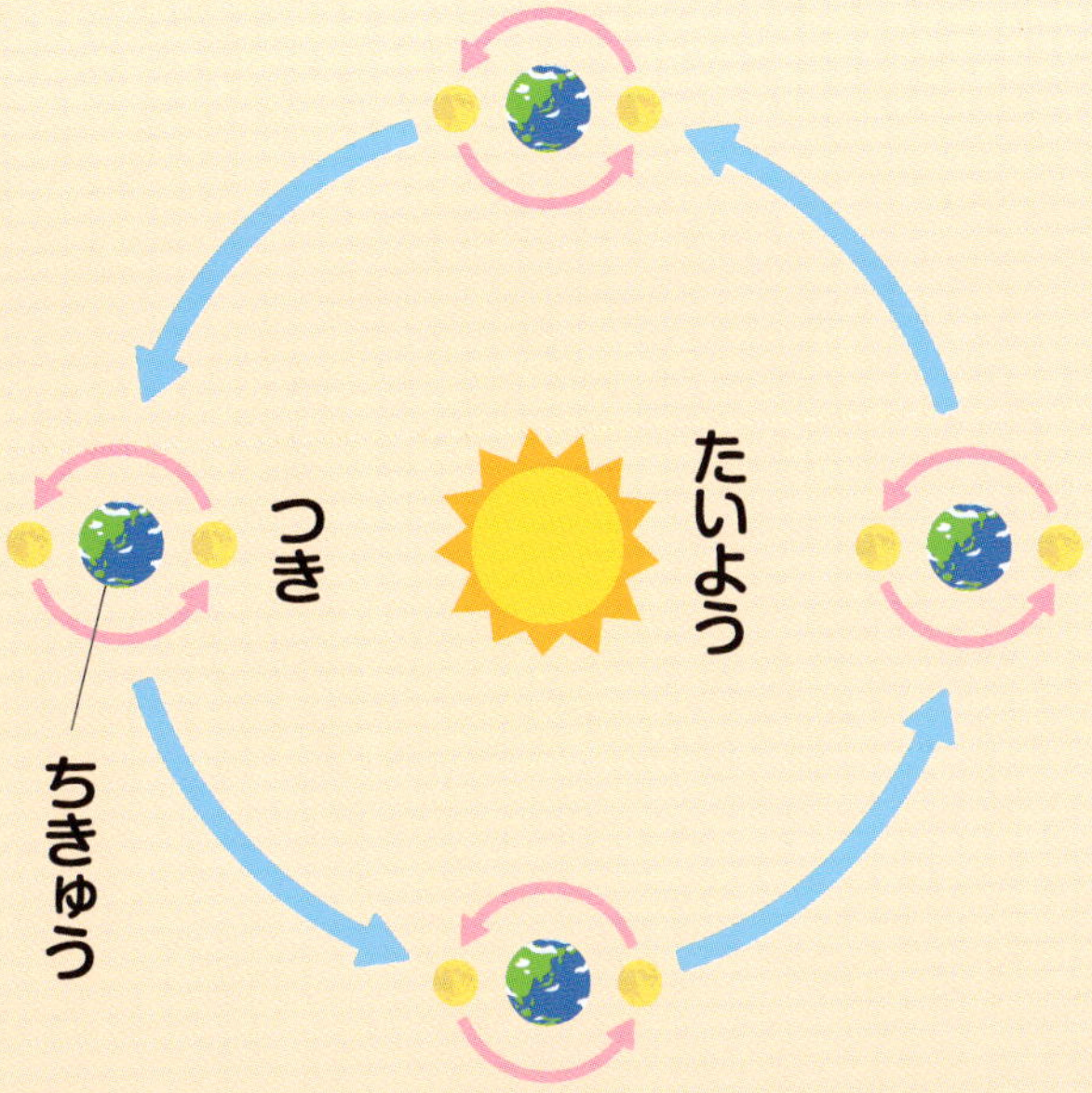
たいよう
つき
ちきゅう

おうちの方へ

新月から次の新月まで、月の満ち欠けの周期は約29・5日です。三日月、十三夜の月、十六夜の月などの呼び名は、新月からの日数を表しています。上弦の月、下弦の月は、半月を弓の形に見立てたことによります。

十五夜とは、旧暦の毎月十五日の夜、特に八月十五日の夜を指します。旧暦八月十五日の満月は「中秋の名月」と呼ばれ、月見をする風習があります。中秋の名月に限らず、日ごろから夜空を見て、「今夜は三日月だね」などと話すのもよいでしょう。

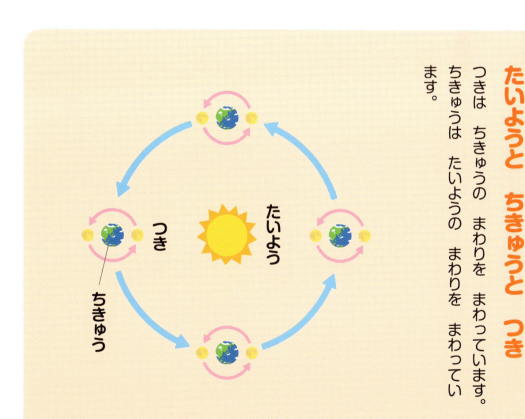

ほしと せいざ

てんきの よい ひには、よぞらの ほしを ながめて みよう。

ほっきょくせいと ほくとしちせい

ほくとしちせいの アルファ《あるふぁ》の ほしと ベータ《べーた》の ほしの あいだの ながさを 5かいぶん のばした ところに、ほっきょくせいが あります。

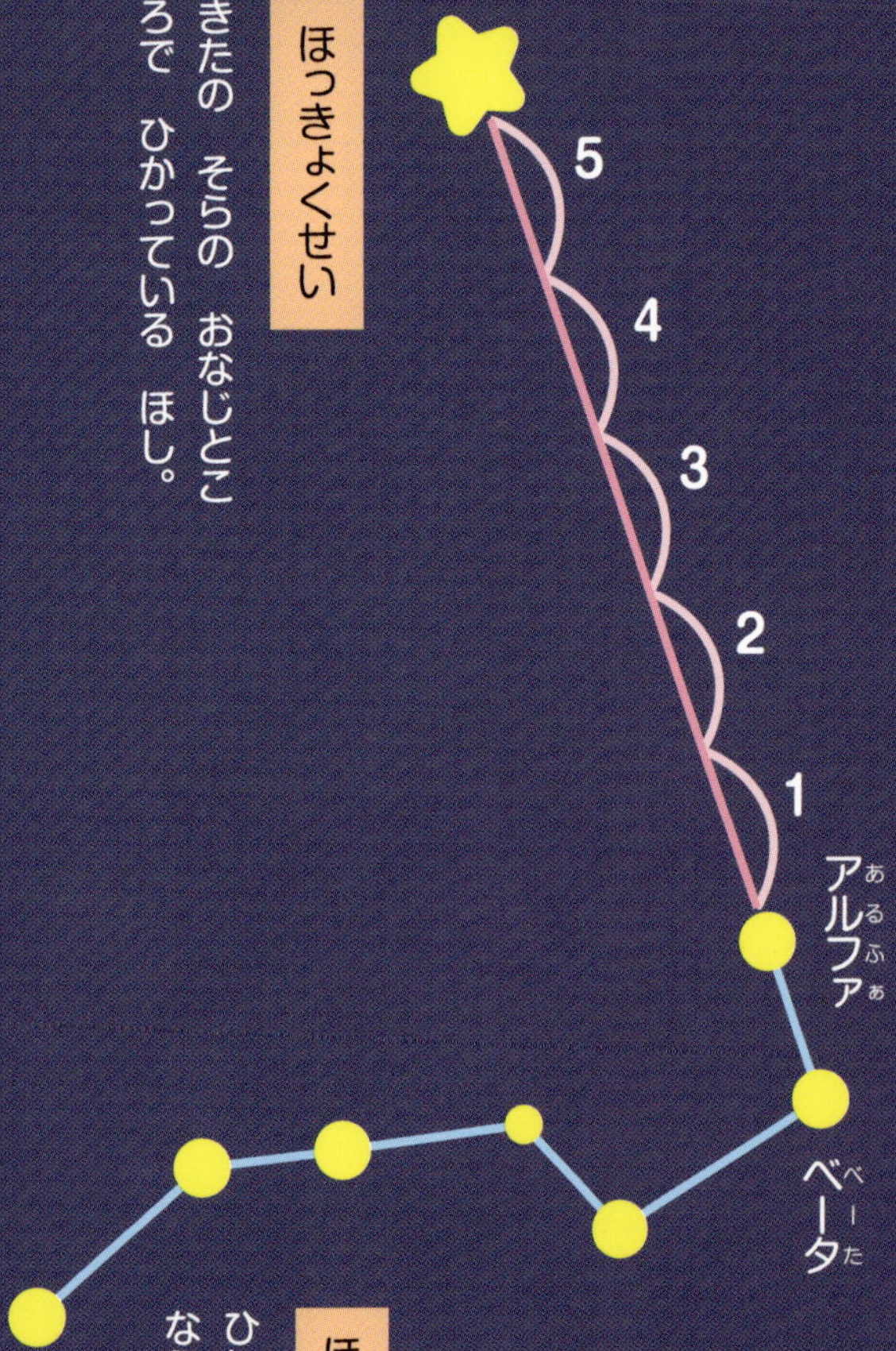

ほっきょくせい

きたの そらの おなじところで ひかっている ほし。

ほくとしちせい

ひしゃくの ような かたちに ならんでいる 7つの ほし。

ひしゃく

いちばんぼし

ゆうがた いちばん はじめに ひかって みえる ほし。

なつの　だいさんかく

あまのがわに　そって、おおきく　ひかる　3つの　ほしが　みえます。

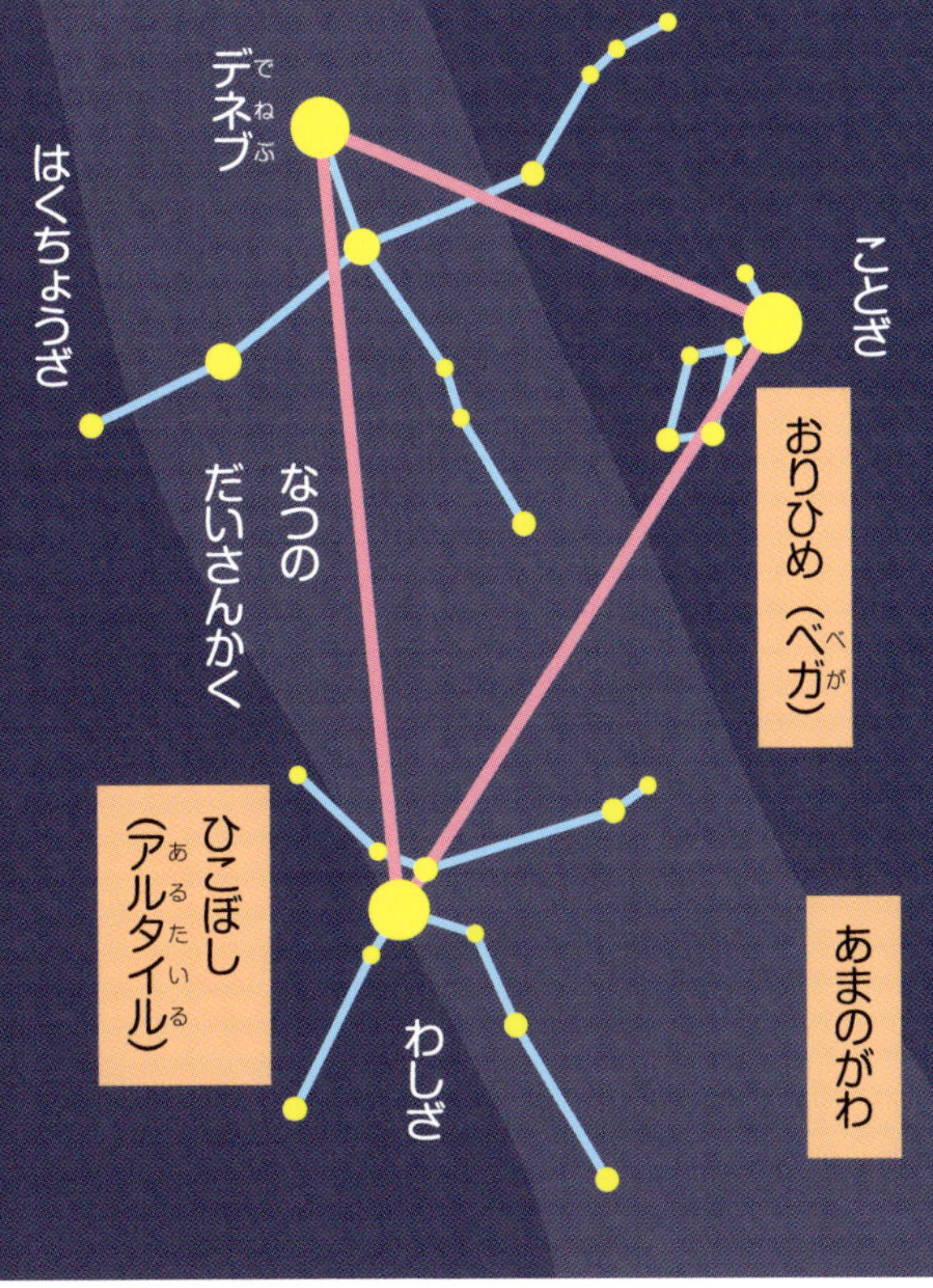

ベガ《べが》と　アルタイル《あるたいる》は、7がつ　7かの　たなばたの　おはなしの　もとに　なった　ほしたちです。

オリオン《おりおん》ざと　ふゆの　だいさんかく

ならんだ　3つの　ほしが　めじるしの　オリオン《おりおん》ざ。その　そばに、ふゆの　だいさんかくが　あります。

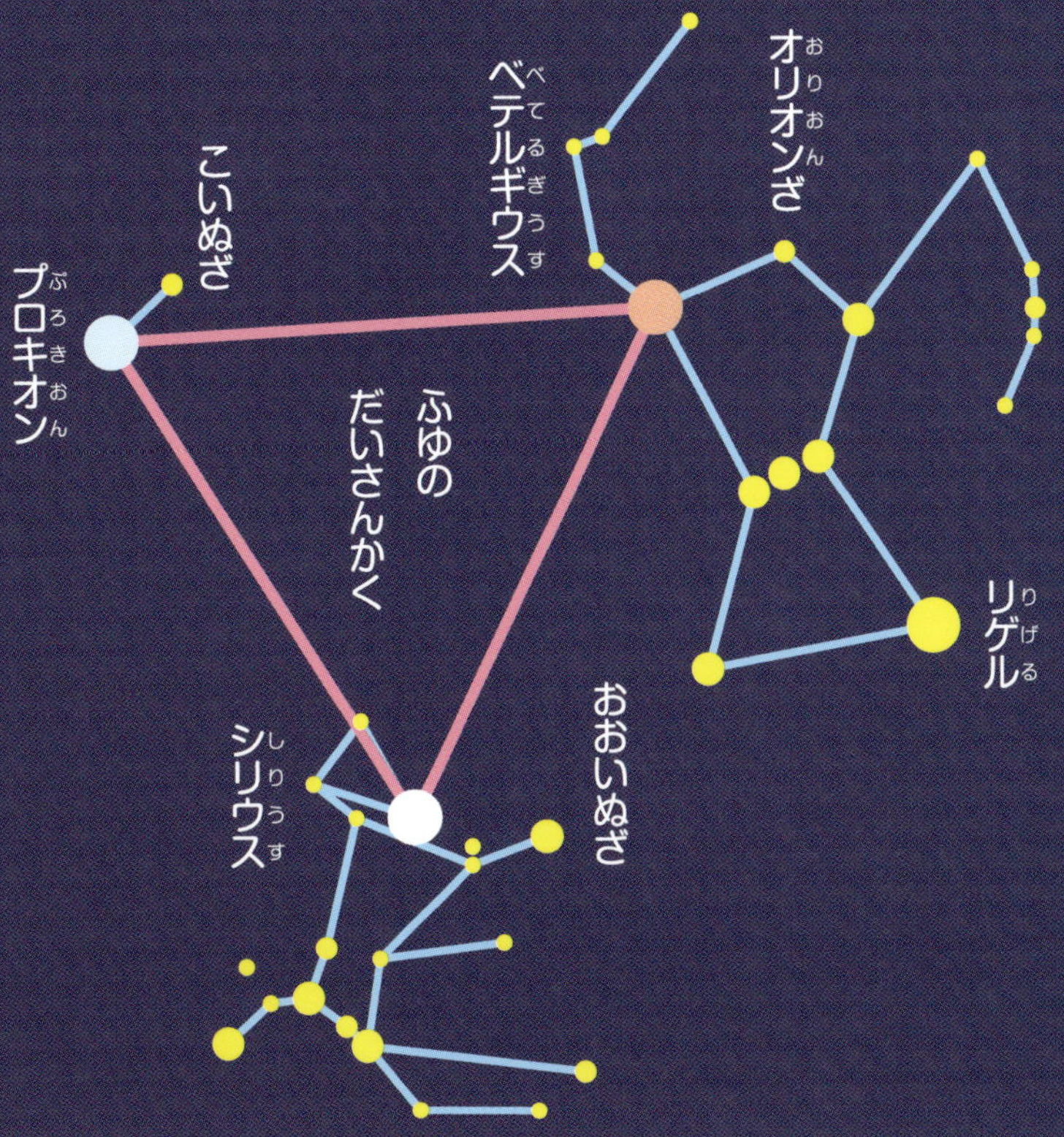

おうちの方へ

星座とは、天球の複数の恒星をグループにまとめ、人や動物などの名前をつけたものです。現在では、88の星座が国際的に認められています。日本では、春は、おおぐま座、おとめ座、うしかい座、夏は、いて座、こと座、さそり座、秋は、うお座、おひつじ座、冬は、おうし座、おおいぬ座、オリオン座などがよく見えます。北斗七星やカシオペア座は、北極星の周りを回っているように見えます。

ここでは、比較的わかりやすい星座を取り上げました。まずは目印となる星を見つけて、お子さんといっしょにさがしてみましょう。

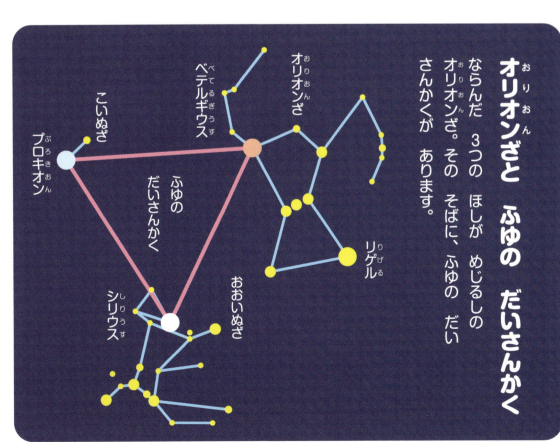

たいようと わくせい

ちきゅうの ほかにも たいようの まわりを まわっている ほしが あるよ。

たいようの まわりを まわっている わくせいは、8つあります。
つきは、ちきゅうの まわりを まわる えいせいです。

おうちの方へ

自ら発光しほとんど位置を変えない星を恒星、恒星の周りを回る星を惑星、惑星の周りを回る星を衛星といいます。太陽系の8つの惑星のうち、地球は、太陽に近い方から3番目です。太陽に近いと暑く、遠いと寒くなりますが、地球は太陽に近すぎず遠すぎない位置にあるため、生命が生まれたと考えられています。

太陽系の惑星で一番大きいのは木星、一番小さいのは水星、地球は小さい方から数えて4番目です。これらの惑星に比べ、恒星である太陽ははるかに大きく、直径は木星の10倍もあります。

太陽からの距離や星の大きさの比率は、正確なものではありません。

ちきゅうから うちゅうへ

うちゅうや ちきゅうを しらべるために ロケット《ろけっと》や じんこうえいせいを うちあげるんだね。

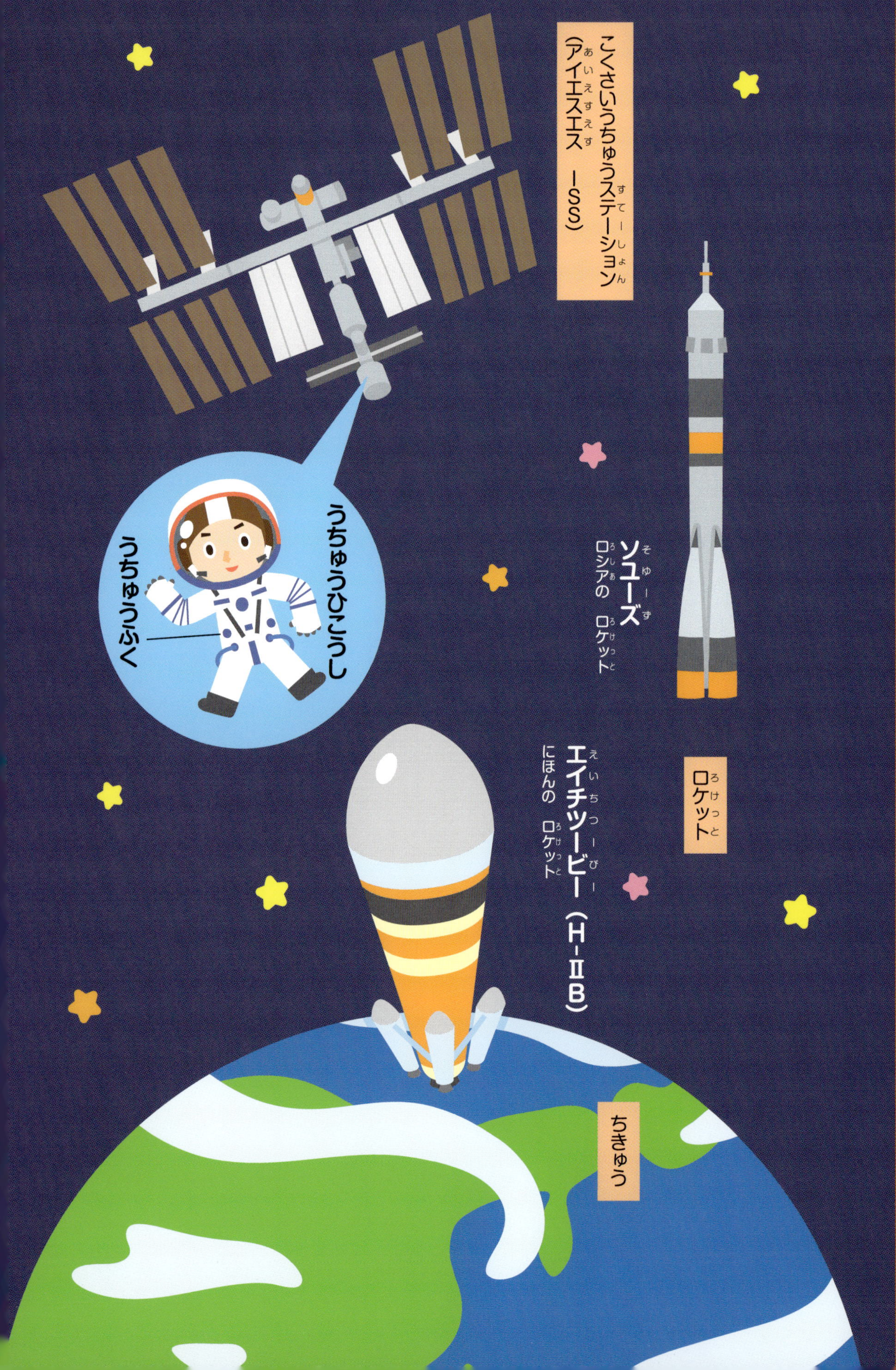

こくさいうちゅうステーション《すてーしょん》（アイエスエス《あいえすえす》 ISS）
うちゅうひこうし
うちゅうふく
ソユーズ《そゆーず》
ロシア《ろしあ》の ロケット《ろけっと》
ロケット《ろけっと》
エイチツービー《えいちつーびー》（H-ⅡB）
にほんの ロケット《ろけっと》
ちきゅう

たんさき　はやぶさ

はやぶさは、しょうわくせい　イトカワ《いとかわ》の　いしを　7ねんかけて　ちきゅうに　もち　かえりました。
いしは　めに　みえないくらい　ちいさい　ものですが、うちゅうの　けんきゅうに　やくだてられています。

イトカワ《いとかわ》

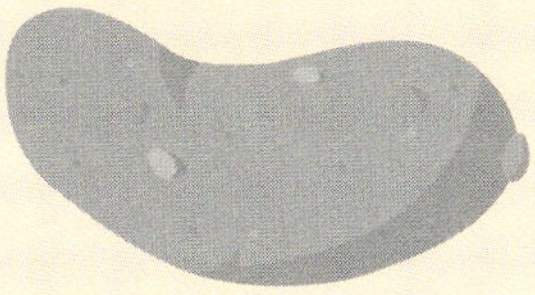

はやぶさ

じんこう　えいせい

ちきゅうの　まわりを　まわって　いろいろな　ことを　しらべます。

だいち

りくの　かたちを　しらべます。

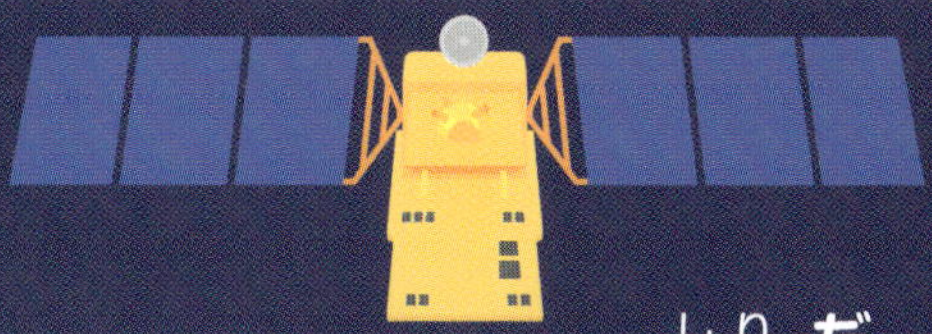

ひまわり

てんきよほうに　つかわれています。

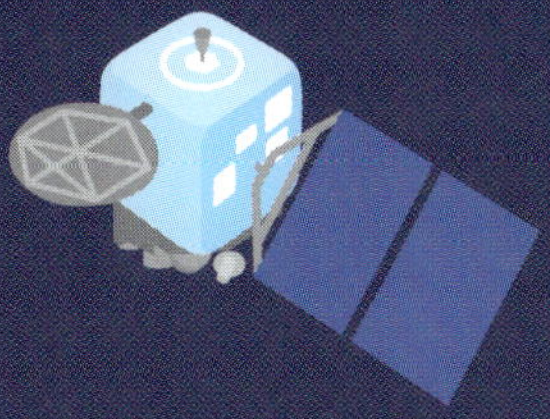

しずく

みずの　うごきを　しらべます。

おうちの方へ

国際宇宙ステーション（ISS）は、日本、アメリカ、ヨーロッパ、ロシア、カナダが協力し、地球の周りを回りながら、無重力空間で様々な実験や研究を行う施設です。日本人宇宙飛行士も活躍しています。
無人探査機はやぶさは、糸川英夫博士にちなんだ名の小惑星イトカワの岩石サンプル採取などを目的に、2003年に打ち上げられました。2005年にイトカワに到着し、燃料漏れなど様々な事故を乗り越え、2010年にミッションを終えました。
現在、金星などの惑星への探査も進められています。

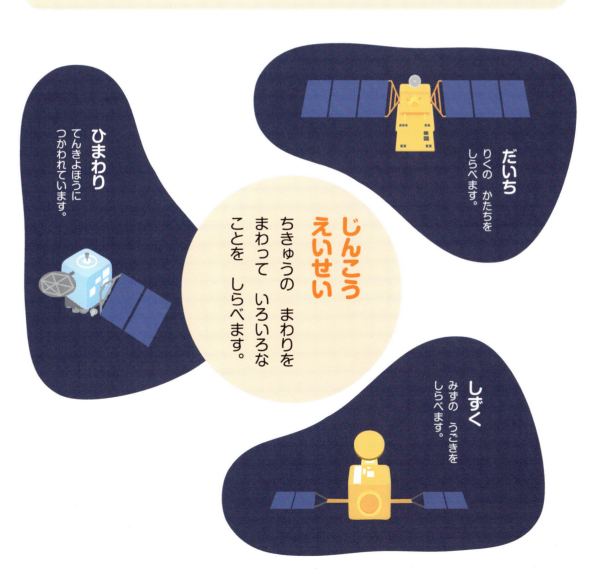

おうちの方へ

p234～247で紹介している地球と宇宙にかかわることの中から、いくつかをクイズにしました。絵も見ながら、お子さんに問いかけてみて下さい。

おぼえているかな？

ちきゅうと うちゅうの クイズ《くいず》

1 やまから　うみへ　みずは　どこを　ながれてくる？

2 あめを　ふらせる　くもを　なんと　いう？

3 たいようが　でているのに　あめが　ふってきたよ。なんと　いう　あめかな？

4 まんまるの　おつきさまを　なんと　よぶ？

5 ゆうがた、いちばん　はじめに　ひかって　みえる　ほしを　なんと　いう？

6 たいようの　まわりを　まわっている　わくせいは　いくつ　ある？

こたえ　①かわ　②あまぐも　③てんきあめ　④まんげつ　⑤いちばんぼし　⑥８つ

さくいん

■あ・ア

RV（あーるぶい）……118
あいうえおひょう……70
アイエスエス（ＩＳＳ）→こくさいうちゅうステーション
アイスクリーム……14
アイスクリームディッシャー……56
アイロン……86
アイロンだい……86
あおじそ……24
あおぞら……236
あかかぶ……24
あかげら →きつつき
あきたいぬ……163
アクセサリー……47
アクセルペダル……121
あげはちょう →ちょうちょう
あけび……28
あご……52
あさがお……188
あざらし……196
あさり……199
あし……52
あじ……30, 200
あしか……196
あじさい……188
あじの ひらき……30
あずき……32
アスパラガス……24
あたま……52
あつあげ……33
アップルパイ……14
アパート……110
アビシニアン……165
あひる……179
あぶら……34
あぶらあげ……32
あぶらこしき……56
あぶらむし……182
アボカド……29
あまがえる →かえる
あまぐも……237, 248
あまど……101
あまどい……101
あまのがわ……243
あみじゃくし……54
あみど……101
あみばり……86
あみぼう →あみばり
あめ〈飴〉……16
あめ〈雨〉……192, 237
アメリカンショートヘアー……165
あやつりにんぎょう……76
あやめ……187
あゆ……202
あらいぐま……167
あらし……239
あられ〈菓子〉……16
あり……182
アルタイル →ひこぼし
アルバム……71
アルファ〈北斗七星〉……242
アルマジロ……174
アルミホイル……56
あわだてき……54
あわび……199
あんこ……15
あんこう……201
あんず……26
あんぜんピン……64
アンテナ……100, 148
あんないじょ →インフォメーション
あんないひょうじ……222, 224, 226
あんパン……15, 20
あんみつ……15

■い・イ

いえ……101, 113, 116
いか……30, 116, 199
イクラ……30
いけ……105, 168, 234
いけがき……90, 100
いざよいのつき……240
いす……19, 97, 102
いずみ……234
いせえび →えび
いそぎんちゃく……199
いたち……175
いちがんレフカメラ……94
いちご……27
いちじく……28
いちばんぼし……242, 248
いちょう……189
いちりんしゃ……105
いっかく……198
いと……86
イトカワ……247
いときりばさみ……86
いとのこぎり……84
いなりずし……13
いぬ……162
いぬごや……88
いのしし……172
いま……98
いも……25
イヤホン……94
イヤリング……47
いよかん……26
いりおもてやまねこ……174
いるか……197
いろえんぴつ……68
いわ……234
いわし……31, 200
いわしぐも……238
いわしの まるぼし……31
いわな……202
インク……68
いんげん……32
いんこ……178
インスタントラーメン……33
インターホン……98
インフォメーション……115
インラインスケート……74, 108

■う・ウ

ウインカー……121
うえき……100
うえきばち……90
ウエストポーチ……48
ウエットティッシュ……64
うきわ……75, 108
うぐいす……178
うけざら →ソーサー
うさぎ……167
うし……166
うしろあし……184, 185
うしろばね……184, 185
うす……89
うすぐも……237
うちゅうひこうし……246
うちゅうふく……246
うちわ……88
うつぼ……201
うで……52
うでどけい……47
うでわ →ブレスレット
うど……25
うどん……10, 21
うなぎ……201
うなどん（うなぎどんぶり）……10
うに……199
うま……166
うみ……193, 235
うみがめ →かめ
うめ……186
うめぼし……33
うり……22
うわぎ……42
うわばき……107
うわばきいれ →シューズバッグ
うんてい……104
うんてんせき……137
うんどうぐつ →スニーカー

■え・エ

エアコン（エアーコンディショナー）……94
エアコンしつがいき……101
エアバッグ……121
えい……116, 200
えき……123, 143
えきたいせっけん……62
えきビル……142
えさ →ペットフード
えさいれ……88
ＳＬ（えすえる）→じょうききかんしゃ
エスカレーター……115
えだまめ……32
エッグスタンド →たまごたて
えにっき……71
えのきたけ……33
えのぐ……68
えはがき……71
えび……30, 199
エビフライ……11
えふで……68
エプロン……43
えほん……70
えら……200
えり……40, 42
えりまき →マフラー
エレベーター……114
えんがわ →ぬれえん
エンジン……121, 149, 155
えんちょうコード……95
えんてい……107
えんとつ……149
えんぴつ……68
えんぴつけずり……68

■お・オ

お〈尾〉……179
オイルタンカー……145
オイルポット →あぶらこしき
おうだんほどう……113, 133
おうむ……178
おおあめ……238
おおありくい……174
おおいぬざ……243
おおがたかもつき……156
おおかみ……171
おおざら →さら
おおだいこ……109
オートバイ →バイク
オートマチックしゃ……120
おおば →あおじそ
オーバー……42
オーバーオール……41
オーバーコート →オーバー
オーブントースター……57
おか……235
おかし……16
おかゆ……13, 20
オカリナ……109
おがわ……169
おき……235
おきどけい……95
オクラ……22
おくるみ……87
おけいこバッグ……48
おこさまランチ……10
おこのみやき……10
おしいれ……99
おしゃぶり……87
おしり……52
おしろい……63
おせきはん……13
おせちりょうり……13
おだいりさま……89
おたま……54
おちば……194
おちゃ……17
おちゃづけ……13
おちょこ……58
オットセイ……196
おてだま……78
おでん……13
おとしだまぶくろ……89
おどりば……98
おなか……52
おにぎり……13, 20
おね……234
おの……85
おはぎ……15
おはじき……78
おび……44
おひなさま……89
おびれ……200
おぼん……19, 56
おまる……87
おむすび →おにぎり
おむつ……87
おむつカバー……87
オムライス……10
オムレツ……11
おめん……78
おもちゃ……74, 76, 78
おもちゃうりば……115
おもちゃばこ……76
おもちゃや……111
おやこどん（おやこどんぶり）……10
おゆ……17
おゆうぎしつ……107
オランウータン……173
おり……177
オリーブ……29
オリーブオイル →あぶら
オリオンざ……243
おりがみ……78
おりたたみがさ……48
おりづる……78
おりひめ……243
オルガン……109
オルゴール……77
オレンジ……26
おろしがね……54
おわん……18, 58
おんせん……235
おんどけい……95
おんどり →にわとり

■か・カ

か〈蚊〉……183
が〈蛾〉……183
ガーゼ……64
カーキャリア……129
カーディガン……42
カーテン……98
カーテンレール……98
ガードレール……112, 133
カーナビ（カーナビゲーションシステム）……121
カーネーション……188
カーフェリー……144
カーペット →じゅうたん
かい……116, 199
かいおうせい……244
かいがん……234
かいさつ……123
かいだん……98
かいちゅうでんとう……95
がいとう……113
がいへき →かべ
かいものかご……49
かいわれだいこん……24
ガウン……43

かえで……189
かえる……204
かお……52
かかと……52
かがみ……63, 96
かがみもち……89
かき〈柿〉……28
かき〈牡蛎〉……199
かぎ……48
かきごおり……15, 38
かぎばり……86
かぐ……96
かぐうりば……115
がくしゅうノート……71
がくせいかばん →かばん
がくふ……109
がけ……234
かけじく……99
かけどけい……95
かけぶとん……97
かげんのつき……240
かご……18, 96, 102
かこう……234
かさ……48
かさぐも……237
かざぐるま……78
かさたて……96
かざん……235
かじ〈舵〉……149
かしわもち……15
ガスストーブ……88
カスタネット……109
カステラ……14
かずのこ……30
ガスボンベ……57
ガスレンジ……57
かぜ……236
かせい……245
カセットこんろ →こんろ
ガソリンスタンド……113
かた……52
かたがみ……91
かたつむり……183
かたてなべ →なべ
かだん……90, 104, 107
カチューシャ……47
かつお……31, 200
かつおの たたき……31
がっき……109
かっこう……178
がっこう……112
かっそうろ……159
カッターナイフ……69
かってぐち……61
カットめん →コットン
カツどん……10
カップ……58
かっぽうぎ……44
かどまつ……89
かとりせんこう……65, 88
かなづち……84
かに……30, 199
かにの カンづめ……30
カヌー……146
かば……173
かばやき……13
かばん……48
かばんうりば……114
がびょう……72
かびん……96
かぶ……24
カプセル〈薬〉……65
かぶとかざり……89
かぶとむし……38, 182, 185
かべ……100
カボチャ……22
かま〈釜〉……55
かま〈鎌〉……85
かまきり……182
がまぐち……49
かまぼこ……32
かみおむつ……87
かみきりむし……182
かみしばい……70
かみそり……62
かみだな……99
かみどめ →ピンどめ
かみナプキン……56
かみなり……238
かみなりぐも……238
かみのけ……52
かみひこうき……75
かみふうせん……78
かみぶくろ……49
かみやすり →サンドペーパー
ガム……16
ガムテープ……64
かめ〈瓶〉……59
かめ〈亀〉……204
カメラ……94, 210
カメレオン……204
かも……179
かもつき →おおがたかもつき
かものはし……174
かもめ……179
かゆ →おかゆ
がようし……71
がらがら……87
からし……35
からす……179
からだ……52
かりこみばさみ……84
カリフラワー……24
かるいし……62
かるがも →かも
カルタ……79
かれい……31
かれいの につけ……31
ガレージ →しゃこ
カレーパン……20
カレーライス……10
カレンダー……71
かわ〈川〉……191, 234, 248
かわぐつ……45
かわむきき……54
かわら〈瓦〉……101
かわら〈河原〉……234
カンガルー……174
かんきこう……100
かんきせん……61
かんきせんフード……61
かんきり……56
かんこうバス……122
かんざし……47
かんせいとう……158
かんそうき……83
かんそうざい……65
がんたい……65
かんでんち……95
かんな……84

■き・キ

き〈木〉……192
キーボード……95
キーホルダー……48
キウイフルーツ……29
きく……189
きし……234
きじ……180
きせかえにんぎょう……76
ギター……109
きっさてん……110
きづち……84
キッチン →だいどころ
キッチンペーパー……56
きつつき……180
きって……71
きつね……171
きぬ……89
きのこ……33
きべら →へら
きもの……44
きゃくせん……144, 148
きゃたつ……85
キャッシャー……115
キャビア……31
キャビン……148
キャベツ……23
キャミソール……44
キャラメル……16
キャリアカー →カーキャリア
キャンデー……16
キャンピングカー……119
きゅういんぼう……82
きゅうかんちょう……178
きゅうきゅうしゃ……124
きゅうす……19, 58
ぎゅうにく……31
ぎゅうにゅう……17, 34
キューピーにんぎょう……76
きゅうめいボート……149
きゅうり……22
キュロットスカート……41
きょうだい →ドレッサー
きょうりゅう……208
ギョーザ……12
ぎょせん……146
きょほう →ぶどう
きり〈道具〉……84
きりぎりす……182
きりぐも……237
きりふき……86
きりん……171
キルティング……86
きれ →ぬの
きんかん……26
きんぎょ……203
きんぎょばち……88
ぎんこう……110, 113, 133
きんせい……245
きんちゃくぶくろ……48

■く・ク

グアバ……29
くうこう……158
クーペ →スポーツカー
クーラーボックス……56
くき……187
くぎ……84
くぎぬき……84
くさ……191
くさばな……186, 188
くさむら……169
くさもち……15
くさり……88
くし……47, 62
くじゃく……181
くじら……196, 197
くすり……65
くだもの……26, 28
くだものナイフ……54
くだものや……111
くち……52, 184
くちばし……179
くちびる……52
くちべに……63
くつ……45
くつあらいたわし……82
くつうりば……115
クッキー……16
くつした……45
クッション……97
くつずみ……82
くつばこ……96
くつひも……45
くつブラシ……82
くつべら……64
くつや……111
くび……52
くびかざり →ネックレス
くびわ……88
くま……172
くまで……75, 85
くも〈蜘蛛〉……183
くも〈雲〉……191, 237
くもり……237
グライダー……152
クラクション……121
くらげ……199
グラス……58
グラタン……10
クラリネット……109
くり……28
クリーニングや……111
クリーム……63
クリームソーダ……17
クリームパン……20
クリスマスカード……89
クリスマスケーキ……89
クリスマスツリー……89
クリップ……69
グリル……57
グリンピース……32
クルーザー……146
くるぶし……52
くるまえび →えび
グレープフルーツ……26
クレーンしゃ……128
クレーンせん……145
クレソン……35
クレヨン……68
クレンザー……83
グローブ……108
くろねこ……164
くろぶち……164
クロワッサン……20
くわ……85
くわがたむし……182

■け・ケ

け……162, 164
けいこうとう……95
けいさつしょ……112
けいさんき……72
けいじどうしゃ……118
けいたいおんがくプレーヤー……94
けいたいでんわき……95
けいたいようゲームき……79
けいと……86
けいとの ぼうし……46
けいとばり……86
けいトラック……129
けいひこうき →セスナき
けいりょうカップ……54
けいりょうスプーン……54
ケーキ……14
ケーキや……110
ケープ……42
ケーブルカー……140
ゲーム……79
ゲームき……79
ゲームソフト……79
けがわ……42
げきじょう……148
けしゴム……68
けしょうすい……63
けしょうひん……63
けしょうひんうりば……114
げた……45
げたばこ →くつばこ
ケチャップ……34
けぬき……64
げん〈弦〉……109
げんかん……98
げんかんマット……98
けんだま……78
けんばいき……123
けんばんハーモニカ……109

■こ・コ

ご〈碁〉……79
コアラ……175
こい……203
ごいし……79
こいぬざ……243
こいのぼり……89
コインロッカー……123
こううんき……131
こうえん……104, 112, 132
ごうかきゃくせん……148
こうかせん……122
こうぐばこ……84
こうげん……235
こうさてん……113, 133
こうしゅうでんわ……123
こうしゅうべんじょ →トイレ
こうすい〈幸水〉……27

こうすい〈香水〉……63
こうちゃ……17
こうてい……112
こうばん……111
こうもり……167
ゴーグル →すいちゅうめがね
コースター……58
コート……42
コーニッシュレックス……165
コーヒー……17
コーヒーカップ〈食器〉……19
コーヒーカップ〈遊具〉……114
コーヒーポット……58
コーヒーメーカー……19, 57
ゴーヤ →にがうり
こおり〈自然現象〉……195
こおり〈食用〉……17
こおりまくら →みずまくら
ゴールデンデリシャス〈りんご〉……27
ゴールデンレトリバー……162
こおろぎ……182
こがねむし……182
こがらし……239
こき……95
ごきぶり……183
こくさいうちゅうステーション……246
こけし……76
ココア……17
ござ……88
コサージュ……47
こさめ……239
こざら →さら
こし……52
こしかけ……67, 97
こしょう……34
こしょういれ……59
コスモス……189
こぜにいれ……49
こだいこ……109
こたつ……88
こっき……228, 230, 232
コックピット……155
コットン……65
コップ……18, 58, 62
コッペパン……20
こて……85
ことざ……243
こどもべや……80
ことり……178
こなぐすり……65
こねこ……116
こばち……58
ごはん……20
ごばん……79
こぶまき……31
コブラ……205
ごぼう……25
こま〈独楽〉……74
こま〈駒〉……79
ごま……34
ごまあぶら →あぶら
こまつな……23
ごみしゅうしゅうしゃ……130
ごみばこ……82
こむぎこ……34
ゴムひも……86
こめ……20
こめびつ →ライスボックス
こや……169, 177
コリー……162
ゴリラ……102, 173
コロッケ……11
コンクリートミキサーしゃ……129
コンセント……98
コンディショナー →リンス
こんにゃく……32
コンバイン……131
コンパクトカメラ……94
コンパクトディスク（CD）……94
コンパス……69
コンビニエンスストア……111, 133
コンペイトー……16
こんろ……57

■さ・サ

サーバー……58
さい……172
さいころ……79
ざいす……97
サイダー……17
サイドボード →しょっきだな
サイドミラー →ドアミラー
さいばし……54
さいふ……49
サインペン →フェルトペン
サウナ……149
さかな……30, 200, 202
さかなや……110, 132
さかや……111
さく……177
さくら……186
さくらんぼ……26
ざくろ……28
さけ〈酒〉……17
さけ〈鮭〉……30, 201
さけの きりみ……30
さざえ……199
ささぶね……89
さじ →スプーン
さしみ……13
サスペンダー……46
ざせき……136, 138
ざたく……97
さついれ……49
サッカーボール……108
ざっし……70
さっちゅうざい……65
さつまいも……25
サテライト……158
さといも……25
さとう……34
さとうきび……24
さなぎ……184
さば……30
さばく……235
さばの みそに……30
ざぶとん……97
さめ……200
さやえんどう……22, 32
さら……19, 58
サラダ……11
サラダオイル →あぶら
サラダな……23
サラダボウル……18, 58
ざりがに……203
さる……173
ざる……54
さん……99
さんかくコーナー……56
さんかくじょうぎ……69
さんきゃく……94
サングラス……47
さんすいしゃ……131
サンダル……45
サンドイッチ……12
サンドペーパー……84
さんま……30, 200
さんまの しおやき……30
さんりんしゃ……74, 105

■し・シ

しいくケース……75
シーソー……104
しいたけ……33
シーツ……97
シート……136
シートベルト……120
ジーパン……41
シール……71
ジーンズ →ジーパン
ジェイアール（JR）……141
シェーバー →でんきかみそり
ジェットフォイル……146
シェパード……162
しお……34
しおいれ……59
しか……170
しきい……99
しきぶとん……97
ジグソーパズル……79
じざいスパナ →モンキーレンチ
ししとう……22
しじみ……30
しじみの みそしる……30
じしゃく……72
ししゅういと……86
ししゅうわく……86
じしょ……70
したぎ……44
したじき……69
しちみとうがらし……34
しちゃくしつ……115
シチュー……12
しっぽ……162, 164
してつ……141
じてんしゃ……74, 104
じどうしゃ……118
じどうはんばいき……122
じどうはんばいきコーナー……136
しばいぬ……162
しばかりき……85
しばふ……105
シフトレバー →チェンジレバー
シベリアンハスキー……162
しま……235
しまうま……172
しまりす →りす
しめじ……33
しめなわかざり……89
シャープペンシル……68
シャーベット……14
じゃがいも……25
じゃぐち……67
ジャケット →ブレザー
しゃこ〈車庫〉……100
しゃこ〈蝦蛄〉……199
しゃしょう……137
しゃしん……71
しゃしんや……110
しゃたい……137
しゃだんき……113
しゃち……197
シャツ……40, 44
シャッター〈カメラ〉……94
シャッター〈住宅〉……100
シャトルコック……108
シャベル……75, 85
シャボンだま……74
シャム……165
ジャム……33
ジャムパン……20
しゃもじ……19, 54
しゃりん……155
シャワー……67
ジャングルジム……104, 106
ジャンパー……42
ジャンパースカート……41
シャンプー……62
シュークリーム……14
じゅうごや……241
じゅうさんやのつき……240
しゅうじの どうぐ……73
じゅうしまつ……178
ジュース……17
シューズバッグ……48
シューズブラシ →くつブラシ
じゅうせいペン……68
じゅうたん……97, 98
じゅうなんしあげざい……83
しゅうのうケース……96
じゅうばこ……59
シューマイ……12
シュガーポット……58
じゅごん……198
じゅず……89
しゅにく……73
しゅよく……155
じゅわき……95
しゅんぎく……23
しょうが……25, 35
しょうかき……107
しょうぎ……79
じょうぎ……69
じょうききかんしゃ……140, 160
しょうぎばん……79
じょうきゃくでいりぐち……155
じょうげんのつき……240
じょうざい……65
しょうじ……99
じょうすいき……56
しょうてんがい……110
しょうどくえき……65
しょうぼうしゃ……124
しょうぼうしょ……113
しょうぼうぼうさいヘリ……157
しょうゆ……34
しょうゆさし……59
じょうようしゃ……118, 120
じょうろ……75, 85
ショーウインドー……114
ショール……46
しょくパン……20
しょさい……99
じょせつしゃ……131
しょっかく……184, 185
しょっき……58
ジョッキ……58
しょっきあらいようせんざい……83
しょっきだな……96
ショベルカー →パワーショベル
しょるいかばん……49
ショルダーバッグ……49
しり →おしり
シリウス……243
しりびれ……200
シルクハット……46
しるこ……15
しろくま →くま
しろながすくじら →くじら
しろねこ……164
しろバイ……125
しん……68
しんかんせん……134, 136
しんげつ……240
じんこうえいせい……247
しんごうき……113, 133
しんしつ……99
じんじゃ……112
しんだいせつび……138
しんだいとっきゅう……138
シンバル……109
しんぶんし……70, 116
じんべい……44

■す・ス

スイートピー……187
すいか……28, 102
すいじょうバス……147
すいせい……245
すいそう……88
すいちゅうめがね……75
すいちょくびよく……154
スイッチ……98
すいとう……59
すいどう……67
すいはんき……19, 57
スウェットシャツ →トレーナー
スウェットパンツ……43
スーツ……43
スーツケース……49
スーパーマーケット……111, 113
スープ……12
スープざら……19
スカート……41
スカーフ……46
すがたみ……96
ずかん……70

スカンク……172
スキーいた……108
スキーウエア……43
スキーぐつ……108
すきやき……13
スクーター……118
スクリュー →プロペラ
スケートぐつ……108
スケートボード →スケボー
スケッチブック……71
スケボー……74, 105
スコップ →シャベル
スコティッシュフォールド……165
すごろく……79
すし……13
すじぐも……237
すしや……110
すず……109
すすき……189, 241
すずめ……178
すずらん……187
すずり……73
すだれ……88
スタンプ……73
スタンプだい……73
ズッキーニ……22
スティックのり……69
ステーキ……11
ステーションワゴン →ワゴンしゃ
ステープラー……69
ステゴサウルス……208
ステッカー……71
ステッキ →つえ
ステレオ →ミニコンポ
ストーブ……88
ストール……46
ストッキング……45
ストック……108
ストロー……58
ストロボ →フラッシュ
すな……116
すなどけい……95
すなば……105, 106
すなばセット……75
すなはま……193, 235
スニーカー……45
すのこ……62
スパゲッティ……10, 21
スパッツ……45
スパナ……84
スパンコール……86
スピーカー……94, 125
スプーン……18, 59
すべりだい……104, 106
スポーツカー……118
スポーツタオル……63
スポーツバッグ……48
ズボン……41, 43
スポンジ……62, 82
ズボンつり →サスペンダー
すみ……73
すみれ……186
スモック……40
スラックス →ズボン
すりこぎ……54
スリッパ……45
スリッパたて……96
スリップ……44
すりばち……54
ずんどうなべ →なべ

■せ・セ

セイウチ……198
せいひょうざら……57
せいりだんす……96
セーター……40
せきせいいんこ →いんこ
せきはん →おせきはん
せきゆストーブ……88
セスナき……153
セダン →じょうようしゃ
せっけん……62, 83
せっけんいれ……62
せっちゃくざい……69
せなか……52
せびれ……200
せみ……116, 183
ゼリー……14
セロハンテープ……69
セロリ……25
せん〈栓〉……67
せんこう……89
せんざい……83
せんしつ →キャビン
せんす……88
せんすいかん……147, 210
センターライン……113
せんたくいた……83
せんたくかご……83
せんたくき……83
せんたくそう……83
せんたくネット……83
せんたくばさみ……83
せんたくもの……91
せんたくようせんざい……83
せんたくようロープ……83
セントバーナード……162
せんぬき……56
せんぷうき……88
せんべい……16
ぜんまい〈食用〉……24
ぜんまい〈機械〉……77
せんめんき……62
せんめんじょ……67
せんめんだい……66
せんろ……113, 142

■そ・ソ

ぞう……171
ぞうがめ →かめ
そうがんきょう……72
ぞうきん……82, 210
そうげん……235
そうさだい……125
そうじき……82
ぞうに……12
そうめん……21
ぞうり……45
ソーサー……58
ソース……34
ソースさし……59
ソーセージ……32
ソーダ……17
ソックス……45
そで……40
そでなし……44
そば……10, 21
そばや……110
ソファー……97
ソフトクリーム……14
そめいよしの →さくら
そら……193, 235
そらまめ……32
そり……108
そろばん……72

■た・タ

ダーツ……79
タートルネック……40
ターミナルビル……158
たい……201
たいおんけい……65, 102
だいがくノート……71
たいこ……77
だいこん……24
だいこんおろし……35
たいじゅうけい →ヘルスメーター
だいず……32
タイツ……45
だいどころ……60
タイトスカート……43
たいふう……239
だいホール……149
タイマー……95
タイヤ……120, 125
たいやき……15
タイヤローラー……128
たいよう……236, 241, 245
タイル……67
たうえき……131
タオル……63
タオルかけ……66
たか……180
たき……190, 234
たくあん →つけもの
タクシー……119
タクシーのりば……123
たくはいしゃ……130
たけうま……74
たけとんぼ……74
たけのこ……25
たこ〈蛸〉……30, 199
たこ〈凧〉……74
たこいと……86
たこの きりみ……30
たこやき……14
たたき →どま
たたみ……99
たちばさみ……86
だちょう……180
だついかご……66
ダックスフント……163
だっしめん……64
たつのおとしご……201
たつまき……239
たてぶえ →リコーダー
たな……80
たなばたかざり……89
たに……234
たぬき……171
たび……45
たまご……33
たまごたて……18, 59
たまごやき……11
たまごやきき……55
たまじゃくし →おたま
たまねぎ……25
たら……31
たらい……83
たらこ……31
たらの きりみ……31
だるま……76, 102
ダルメシアン……163
たわし……82, 210
タンクトップ →ランニング
タンクローリー……129
だんご……15
だんごむし……183
たんさき……247
たんざく……89
たんす……96
タンバリン……109
ダンプカー……129
だんボール……64
たんぽぽ……187

■ち・チ

チーズ……33
チーター……170
チェンジレバー……121
ちかてつ……141, 160
ちきゅう……241, 245, 246
ちきゅうぎ……72
ちくわ……32
ちず……70
チャーハン……10
チャイム →よびりん
チャイルドシート……87
ちゃこし……56
チャコペーパー……86
チャコペンシル……86
ちゃたく……18, 58
ちゃだんす……96
ちゃづけ →おちゃづけ
ちゃづつ……58
ちゃわん……19, 58
ちゃわんむし……11
ちゅうかなべ →なべ
ちゅうしゃじょう……113
ちゅうしゅうのめいげつ……241
チューリップ……187
ちょうじょう……234
ちょうちょう……183, 184
ちょうちん……89
ちょうつがい……98
ちょうネクタイ……46
ちょうみりょう……18, 34
ちょうみりょういれ……56
ちょうりだい……61
チョコレート……16
チョッキ →ベスト
ちりがみ →ティッシュペーパー
ちりとり……82, 210
チワワ……163
チンゲンサイ……23
チンチラ →ペルシャ
チンパンジー……173

■つ・ツ

つうえんバッグ……48
つうちょう……48
つえ……49
つき……240, 245
つきみ……241
つきみだんご……241
つくえ……97
つくし……186
つけもの……33
つっかけ……45
つな……85
つの……185
つば〈帽子〉……46
つばさ……179
つばめ……179
つまさき……52
つまようじ →ようじ
つみき……77
つめ……52, 162, 164
つめきり……64
つりいと……105
つりざお……105
つる……181
つるしメリー……87

■て・テ

て……52
てあらいば……107
ティー（T）じかみそり……62
ティー（T）シャツ……40
ディーブイディー（DVD）……94
ディーブイディー（DVD）・ブルーレイ・レコーダー……94
ティーポット……58
ティッシュペーパー……64
ティラノサウルス……208
テープホルダー……69
テーブル……19, 97
テーブルクロス……60
テールランプ……120
てさげかばん……87
てかがみ……62
てがみ……71
てすり……98, 100
てちょう……71
デッキ……148
てつどうもけい……77
てつぼう……104, 108
テトラポット……150
てぬぐい……62
デネブ……243
デパート……114, 122
てぶくろ……46
でまど……101
でめきん →きんぎょ
てるてるぼうず……78
テレビ……94
テレビだい……98
テレホンカード……123
でんき……95, 99
てんきあめ……239, 248
でんきあんか……88
でんきかみそり……62
でんきスタンド……95

でんきストーブ……88
でんきせいひん……94
でんきポット……57
でんきもうふ……88
でんきや……111
でんきゅう……95
でんしジャー →すいはんき
でんしゃ……138, 140
てんじょう……99
でんしレンジ……57
でんしんばしら →でんちゅう
でんせん……112
てんたいぼうえんきょう →ぼうえんきょう
でんたく →けいさんき
でんち……95
でんちゅう……112, 132
テント……108
でんとう →でんき
てんとうむし……182
てんどん……10
てんのうせい……244
てんぶくろ……99
てんぷら……13
てんぷらどんぶり →てんどん
てんぷらなべ →なべ
てんまど……101
でんわ……95
でんわき……95
でんわちょう……70
でんわボックス……123

■と・ト

ドア……98, 100, 120
ドアスコープ……100
ドアミラー……120
といし……84
トイレ……66, 104, 136
トイレットペーパー……64
トイレブラシ……82
トイレマット……66
とうがらし……22, 35
どうぐばこ……72
とうだい……151
とうふ……33
どうぶつえん……176
どうぶつごや……106
とうもろこし……22
どうろ……112
どうろひょうしき……133, 212, 214, 216
トースター……19, 57
トースト……12
トートバッグ……49
ドーナツ……14
ドーベルマン……162
ドールハウス……76
とかげ……205
ドクターヘリ……157
とけい……95, 107
とこのま……99
とこや →りはつてん
とさいぬ……163
どじょう……202
としょかん……113
としょしつ……149
どせい……244
とだな……60
とっきゅうでんしゃ……138
とっくり〈洋服〉→タートルネック
とっくり〈食器〉……58
とって……96, 98
とど……198
どなべ →なべ
とび……180
とびばこ……108
とぶくろ……101
どま……98
トマト……22, 116
とら……170
トライアングル……109
ドライバー →ねじまわし
ドライヤー……62
トラクター……131
トラック……129, 160, 210
とらねこ……164
ドラム……109
どらやき……15
トランク〈鞄〉→スーツケース
トランク〈車〉……120
トランクス……44
トランシーバー……75
トランプ……79
トランペット……109
トランポリン……108
とり……178, 180
ドリア……10
とりかご……88
トリケラトプス……209
とりにく……31
トレー →おぼん
トレーナー……40, 43
ドレッサー……63, 96
トレンチコート……42
ドロップ……16
とんカツ……11
とんカツどんぶり →カツどん
どんぶり……58
とんぼ……183

■な・ナ

ナイフ……54, 59
なかあし……184, 185
ながいも……25
ながぐつ……45
ながし……61
ながしだい →ながし
ながズボン……41
ながそで……44
ながねぎ →ねぎ
なし〈梨〉……27
なす……22, 116
なずな……186
なた……85
ナット……84
なっとう……33
なつのだいさんかく……243
なつみかん……26
なのはな……24, 186
ナプキン〈衛生用〉……65
ナプキン〈食事用〉……56
なふだ……107
なべ……55
なべつかみ……56
なまクリーム……14
なまけもの……174
なまず……203
なみ……235
なめくじ……183
なめこ……33
なや……168
なわ →つな
なわとび……74, 105
なんこう……65
ナンバープレート……121

■に・ニ

にかいだてバス……119
にがうり……22
にく……31
にくきゅう……162, 164
にくや……110
にじ……236
にじます……202
にしん……30
にだんベッド……80
にっきちょう……71
にほんざる →さる
にほんちゃ →おちゃ
にら……23
にわ……90, 101, 116
にわとり……178
にんぎょう……76
にんじん……24
にんにく……25, 35

■ぬ・ヌ

ぬいぐるみ……76
ぬいばり……86
ぬの……86
ぬりえ……78
ぬりぐすり……65
ぬれえん……101

■ね・ネ

ネイルエナメル →マニキュア
ねぎ……23
ネクタイ……46
ネクタイピン……46
ネグリジェ……43
ねこ……164
ねじ →ぜんまい
ねじ〈道具〉……84
ねじまわし……84
ねずみ……167
ねつきぎゅう……153
ネックレス……47
ねったいぎょ……203
ねまき……43
ねりからし →からし
ねんがじょう……89
ねんど……78

■の・ノ

ノート……71
のこぎり……84
のはら……190
ノブ……98
のぼりぼう……104
のみ〈道具〉……84
のみぐすり……65
のみもの……17
のり〈海苔〉……32
のり〈糊〉……69
のりまき……13

■は・ハ

は〈歯〉……52
は〈葉〉……187
パーカ……42
パーソナルコンピューター →パソコン
ハープ……35
ハーモニカ……109
ハイエナ……175
バイオリン……109
バイク……118
はいざら……64
はいすいこう……67
ハイソックス……45
ばいてん……115
パイナップル……29
ハイネック……40
ハイヒール……45
バインダー……71
はえ……183
はおり……44
はがき……71
はかま……44
はかり……56
バキュームカー……130
パグ……163
はくさい……23
はくちょう……181
はくちょうざ……243
はけ……85
バケツ……75, 82
はごいた……89
はさみ……69
はし〈箸〉……18, 59
はし〈橋〉……126, 150
はしおき……59
はしご〈家庭用〉……85
はしご〈消防設備〉……125
はしごしゃ……125
はしばこ……59
パジャマ……43
はしら……99
はしらどけい →かけどけい
バジル……35
バス……119
バスケット →かご
バスケット〈消防設備〉……125
バスケットボール……108
パスタ……21
バスタオル……63
バスてい……112
バスのりば……123
パセリ……35
パソコン……95
バター……34
バターナイフ……19, 59
はたき……82
はたけ……168
はち……77, 109
はちまき……108
はちみつ……33
バッグ……48, 49
バックミラー →ルームミラー
バックル……46
バッジ……78
パッションフルーツ……29
ばった……182
バッテリー……121
バット……75, 108
はっぴ……89
はと……178
パトカー……125, 160
はとどけい……95
パトロールカー →パトカー
バトン……108
はな〈鼻〉……52
はな〈花〉……187
バナナ……29
はなばさみ……84
はなび……74
はなや……111
はね〈羽子板〉……89
パパイア……29
パフェ……14
はブラシ……62
はまぐり……199
はみがきこ……62
ハム……32
ハムエッグ……11
ハムスター……38, 167
はやし……193, 234
はら →おなか
はら〈虫の体〉……184, 185
ばら……187
はらびれ……200
はらまき……46
はり〈ステープラー用〉……69
はり〈手芸用〉……86
はりがね……84
はりやま……86
はるまき……12
はれ……236
ハレーすいせい……245
バレーボール……108
パレット……68
パワーショベル……128
パン……20
ハンガー……64
ハンカチ……48
パンきりナイフ……54
はんこ……48, 73
はんし……73
パンジー……187
はんズボン……41
はんせん……144
ばんそうこう……65
はんそで……44
パンダ……102, 173
パンタグラフ……137
ハンチング……46
パンツ……38, 44
パンティー……44
はんてん……44
ハンドタオル……63
ハンドバッグ……49
ハンドル……121
バンパー……121
ハンバーガー……12
ハンバーグ……11
パンプス……45
はんぺん……32

パンや……110, 132

■ひ・ヒ

ピアノ……97, 107, 109
ビーズ……86
ヒーター……88
ビーだま……78
ビーチサンダル……45
ビートばん……108
ピーナツ……32
ビーバー……167
ピーマン……22
ビール……17
ひがさ……49
ひがんばな……189
ひきがえる →かえる
ひきだし……96
ひきて……99
ひぐま →くま
ひげ……164
ひげそりクリーム……62
ひこうき……152, 160
ひこうきぐも……237
ひこうせん……153
ひこぼし……243
ひざ……52
ピザ……12
ひざかけ……46
ひさし……100
ひじ……52
ひしゃく……242
ビスケット……16
ひたい……52
ひだスカート →プリーツスカート
ピック……59
びっくりばこ……38
ひつじ……166
ひつじぐも……238
ビデオカメラ……94
ひとで……199
ひなにんぎょう……89
ビニールテープ……84
ビニールハウス……168
ビニールぶくろ……64
ひばし……88
ひばち……88
ひばり……179
ヒマラヤン……165
ひまわり……188
ひめくりカレンダー……71
ひも……64
ひゃくにんいっしゅ……79
ひゃっかじてん……70
ひょう〈豹〉……170
ひょう〈雹〉……239
びょういん……112
ひょうさつ……100
びようしつ……149
ひょうはくざい……83
ひよこ……178
ひらめ……201
ビル……127
ピローケース →まくらカバー
ひろば……105
びわ……28
びん……59
ピンキングばさみ……86
びんせん……71
ピンチハンガー……83
ピンどめ……47
びんブラシ……87

■ふ・フ

ファイル →バインダー
ファスナー……41, 42
ファックス……95
ファックスつきでんわき →ファックス
ブイネック……40
ふうせん……74, 114
ブーツ……45
フード……42
ふうとう……71
プードル……163
ふうりん……88
プール……149
ふえ……77
フェイスタオル……63
フェルト……86
フェルトペン……68
フェンス……113
フォーク……19, 59
ふき……25
ふきん……56
ふぐ……201
ふくじゅそう……189
ふくらはぎ……52
ふくろう……180
ブザー →よびりん
ふじ〈りんご〉……27
ふすま……99
ふた……55
ぶた……166
ぶたにく……31
プチトマト……22
プッシュピン……72
ぶつだん……96
ふで……73
ふでいれ →ふでばこ
ふでたて →ペンたて
ふでばこ……69
プテラノドン……209
ぶどう……28
ふとん……97
ふな……202
ふね……144, 146
ふぶき……239
ふみきり……113
ふみきりばん……108
ふみこみ →どま
ふみだい……97
ふみづくえ……97
ふもと……234
ふゆのだいさんかく……243
フライがえし……54
フライドチキン……11
フライドポテト……11
フライパン……55
プライヤー……84
ブラインド……99
ブラウス……40
ブラキオサウルス……209
プラグ……95
ブラシ……62
ブラジャー……44
ブラックベリー……27
フラッシュ……94
プラットホーム →ホーム
フラミンゴ……181
プラム……26
プラモデル……77
ブランコ……104, 107
フランスパン……20
ぶり……31
プリーツスカート……41
ブリーフ……44
ふりかけ……32
フリスビー……75, 105
ブリッジ……148
ぶりの てりやき……31
プリン……14
プリンスメロン →メロン
プリンター……95
ふるい……54, 75
ブルーベリー……27
ブルーレイディスク……94
プルーン……26
ブルドーザー……128
ブルドッグ……163
ブレーキペダル……121
ブレザー……42
ブレスレット……47
ふろ……67
フロアスタンド……95
ブローチ……47
プロキオン……243
ふろしき……49
ブロック〈玩具〉……77, 107
ブロック〈建築材〉……85
ブロッコリー……24
ふろの ふた……67
プロペラ……149
プロペラき →りょかくき
フロントガラス……121
ふんすい……105
ぶんちょう……178
ぶんちん……73
ぶんどき……69
ぶんぼうぐ……68, 70, 72

■へ・ヘ

へい……101
へいきんだい……108
へいち……234, 235
べいなす……22
ベーコン……32
ベース……108
ベータ〈北斗七星〉……242
ベガ →おりひめ
ベスト……40
へそ……52
ペチコート……44
へちま……188
ベッド……97
ベッドカバー……97
ペットフード……88
ヘッドホン……94
ベッドマット……97
ヘッドライト……121
ベテルギウス……243
へび……205
ベビーカー……87
ベビーバス……87
ベビーフード……87
ベビーベッド……87
へら〈手芸用〉……86
へら〈台所用品〉……54
ベランダ……101
へり……99
ベリー……27
ペリカン……181
ヘリコプター……152
ペルシャ……165
ヘルスメーター……95
ベルト……46
ヘルメット……108
ベレーぼう……46
ペン……68
べんき……66
ペンキ……85
ペンキローラー……85
ペンギン……181
べんざ……66
ペンさき……68
ペンじく……68
べんじょ →トイレ
ペンたて……69
ペンダント……47
ベンチ……105, 107, 122
ペンチ……84
べんとうばこ……59

■ほ・ホ

ホイールローダー……128
ぼうえんきょう……72
ほうき……82
ほうこうざい……65
ぼうし……46, 210
ぼうしうりば……115
ほうせきばこ……63
ほうたい……65
ぼうちゅうざい……65
ほうちょう……54
ボウル……54
ほうれんそう……23
ほお……52
ホース……85
ほおずき……188
ボート……146
ホーム……123, 143
ボール……75, 105
ポールハンガー……96
ボールペン……68
ホーン →クラクション
ボクサー……163
ぼくじゅう……73
ぼくじょう……169
ほくとしちせい……242
ポケット……42
ポケットアルバム……71
ポケットティッシュ……48
ほこうき……87
ポシェット……49
ポスター……123
ポスト……112
ほたてがい……199
ほたる……182
ボタン……40, 42
ボタンでんち……95
ホチキス →ステープラー
ほっきょくせい……242
ポット……19, 57
ホットカーペット……88
ホットケーキ……14
ホットドッグ……12
ホットプレート……57
ホッピング……74, 105, 108
ほっぺた →ほお
ボディーブラシ……62
ポテトチップ……16
ほどう……113
ほどうきょう……112, 132
ほととぎす……178
ボトルキャリアカー……130
ほにゅうびん……87
ボビン……86
ボビンケース……86
ポメラニアン……163
ポリぶくろ →ビニールぶくろ
ボルト……84
ほん……70
ほんだな……96
ボンド……69
ボンネット……121
ほんばこ →ほんだな
ポンプしゃ……124
ぼんぼり……89
ほんや……111

■ま・マ

マーガリン……34
マーク……218, 220
マイク……77
マイクロホン →マイク
まいたけ……33
マウス……95
マウンテンバイク……108
まえあし……184, 185
まえかけ →エプロン
まえばね……184, 185
マガジンラック……96
マカロニ……21
まきじゃく……84
マグカップ……58
まくら……97
まくらカバー……97
まぐろ……30, 200
まぐろの さしみ……30
マジックインキ →フェルトペン
ます……56
マスカット →ぶどう
マスク〈医療〉……65
マスク〈野球〉……108
マスクメロン →メロン
まち……112
まちばり……86
まっこうくじら →くじら
マッシュルーム……33
まつたけ……33
マッチ……64
マット……108
マットレス……97
まど……100
まどガラス……100
まどようせんざい……83
まないた……54, 102

マナティー……198
マニキュア……63
マネキン……114
マフラー……46
まほうびん →ポット
ままごとセット……77
まめ……32
まゆ……52
まゆげ →まゆ
マヨネーズ……34
マラカス……109
まるくび……40
マルチーズ……38, 163
まんがの ほん……70
まんげつ……240, 248
マンゴー……29
まんじゅう……15
マンション……112
マント……42
マントひひ……175
まんぼう……201
マンホール……113
まんりき……85

■み・ミ

みかづき……240
みかん……26
ミキサー……57
みけねこ……164
みさき……235
ミシン……86
みず……17
みずいれ……68
みずうみ……234
みずぎ……43
みずきり……56
みずさし……59
みずたまり……106
みずでっぽう……75
みずまくら……65
みせ……116
みそ……34
みそしる……12, 30, 31
みつおりソックス……45
ミット……108
みつば……23
みつばち……183
ミトン →てぶくろ
みなと……151
ミニカー……77
ミニコンポ……94
ミニスカート……41
みね……234
みみ……52, 162, 164
みみかき……64
みみず……183
みょうが……24, 35
ミルク →ぎゅうにゅう
ミルクパン……55
ミント……35

■む・ム

ムース……62
むぎちゃ……17
むぎわらぼうし……46
むし……182, 184
むしかご……75
むしき……55
むしとりあみ……75
むしめがね……72
むつ〈りんご〉……27
むなびれ……200
むね……52, 184

■め・メ

め〈目〉……52, 184
メーター……121
めがね……47
めがねざる……175
メガホン……108
めキャベツ……23
めぐすり……65
めざましどけい……95
メジャー →まきじゃく
めだか……202
めだまやき……11
メトロノーム……109
メモちょう……71
メモボード……71
メモリーカード……94
メリーゴーラウンド……115
メロン……28
メロンパン……20
めん〈麺〉……21
めんぼう……64

■も・モ

もうふ……97
モーターボート……146
もくせい……245
もぐら……167
もけいひこうき……77
もち……20
もっきん……109
モップ……82
もなか……15
ものおき……90, 101
ものさし →じょうぎ
ものほしざお……83
モノレール……141
モビール……77
もみじ →かえで
もも〈桃〉……26
もも〈腿〉……52
もやし……24
もり……168, 234
もん……100, 107
モンキーレンチ……84
もんしろちょう →ちょうちょう

■や・ヤ

やおや……110
やかたぶね……147
やかん……55
やぎ……166
やきあみ……55
やきそば……10, 21
やきとり……13
やきゅうの ボール……108
やきゅうぼう……46
やさい……22, 24
やさいしつ……57
やっきょく……110
やどかり……199
やね……100
やま……190, 235
やまいも →ながいも
やもり……205
ヤングコーン……22

■ゆ・ユ

ゆ →おゆ
ゆうびんうけ……100
ゆうびんきょく……111, 112, 133
ゆうびんしゃ……130
ゆうらんせん……147
ゆか……99
ゆかしたしゅうのうこ……61
ゆかた……44
ゆき……195, 238
ゆきぐも……238
ゆきわりそう……189
ゆず……26
ゆたんぽ……88
ゆでたまご……11
ユニホーム……108
ゆのみ……19, 58
ゆび……52
ゆびにんぎょう……76
ゆびぬき……86
ゆびわ……47
ゆぶね →よくそう
ゆみ……109

■よ・ヨ

ようかん……15
ようじ……59
ようちえん……106
ようちえんぼうし……107
ようちゅう……185
ようふく……40, 42
ようふくうりば……115
ようふくだんす……96
ようふくや……111
ヨークシャーテリア……163
ヨーグルト……33
ヨーヨー……78
よくしつ……149
よくそう……67
よだれかけ……87
ヨット……146
よびりん……100
4WD(よんだぶりゅーでぃー)……118

■ら・ラ

ラーメン……10, 21
ラーメンや……110
らいう……238
ライオン……170
ライスボックス……56
ライター……64
ライチー……29
ライトバン……119
ライム……26
らくだ……175
ラケット……75, 108
ラジオ……94
ラジオコントロール →ラジコン
ラジカセ……94
ラジコン……75, 105
ラズベリー……27
らっきょう……25
ラッコ……197
らっぱ……77, 102
ラップ……56
ラディッシュ →あかかぶ
ラバーカップ →きゅういんぼう
ラブラドールレトリバー……162
ラ・フランス……27
ラムネ……17
ランチベルト……59
ランドセル……48
ランニング〈下着〉……44

■り・リ

リクリエーショナル・ビークル →RV
リゲル……243
リコーダー……109
りす……167
りはつてん……110
リボン……47, 86
リモコン……94
りゅうきん →きんぎょ
りゅうせいぐん……245
リュックサック……48
りょうてなべ →なべ
りょかくき……152, 154, 160
りんご……27
リンス……62

■る・ル

ルーズリーフ……71
ルームミラー……120
ルーレット……79

■れ・レ

れいきゅうしゃ……130
れいし →ライチー
れいぞうこ……18, 57
れいぞうしつ……57
れいとうしつ……57
レインコート……42
レーシングカー……119
レースいと……86
レギンス →スパッツ
レジ……111
レスキューしゃ……124
レストラン……111, 149
レターボックス……72
レタス……23
レッカーしゃ……131
レッサーパンダ……167
レッドキャベツ……23
レモン……26
レモンしぼりき……54
れんが……85
れんこん……25
レンズ……94
レンタルビデオや……111

■ろ・ロ

ろうか……98, 107
ろうそく……64
ローストチキン……11
ロータリー……123
ロードスイーパー……131
ロープ →つな
ロープウエー……140, 160
ローラースケート……105
ロールパン……20
ろくぼく……104
ロケット……246
ロシアンブルー……165
ロボット……76
ろめんでんしゃ……141
ロングスカート……41
ロンパース……87

■わ・ワ

わ〈輪〉……78
ワイシャツ →シャツ
ワイパー……121
ワイン……17
ワインオープナー……56
ワイングラス →グラス
わかめ……31
わかめの みそしる……31
わけぎ……23
わゴム……64
ワゴン……18, 96
ワゴンしゃ……118
わさび……35
わし……180
わしざ……243
わしつ……99
わたあめ →わたがし
わたがし……16
わだんす……96
ワッシャー……84
わなげ……78
わに……116, 205
わらび……24
わりばし……59
わん〈湾〉……235
ワンタン……12
ワンピース……43

指導	齋藤勝〈p.162～181、p.196～205〉
装丁・本文デザイン	大藪胤美　梅井靖子　江部憲子　斎藤聖　原玲子 横地綾子（フレーズ）
表紙立体製作	矢壺智洋（ウォルナッツ・クレイワークスタジオ）
表紙立体撮影	上林徳寛
本文立体製作	松永サチコ
本文立体撮影	溝口清秀（千代田スタジオ）
イラスト	伊地知活彦　金田啓介　神林光二　ジャンボ・KAME 城谷英男　神内優子　すみもとななみ　寺田繁　飛田敏 冬野いちこ　森のくじら　山内ススム
図版製作	画工舎　ヴィトゲン社
編集協力	ストーン・ハウス
編集・構成	株式会社童夢
協力	〔初版〕（社名・団体名は当時） 石川島播磨重工業㈱　井関農機㈱　宇宙開発事業団 海洋科学技術センター　㈱小松製作所　コスモ石油㈱ ザ・ウールマーク・コンパニー　佐渡汽船㈱　シャープ㈱ 新東京国際空港公団　住友重機械工業㈱　全日本空輸㈱ 東海旅客鉄道㈱　東京消防庁　東京都都市計画局開発計画部 トヨタ自動車㈱　日産自動車㈱　日産ディーゼル工業㈱ 西日本旅客鉄道㈱　社団法人日本玩具協会　財団法人日本規格協会 日本消防標識工業会　社団法人日本農林規格協会　東日本旅客鉄道㈱ 財団法人ベルマーク教育助成財団　北海道旅客鉄道㈱　本田技研工業㈱ ㈱マリンエキスプレス　三菱重工業㈱　ヤマト運輸㈱　郵船クルーズ㈱ 〔増補新装版〕 エアバス・ジャパン株式会社　認定NPO法人救急ヘリ病院ネットワーク 九州旅客鉄道㈱　全日本空輸㈱　東海旅客鉄道㈱　東京消防庁 北海道旅客鉄道㈱

1999 年 12 月 1 日　初版発行
2011 年 4 月 30 日　小型版発行
2016 年 4 月 30 日　増補新装版発行

こども もののなまえ絵じてん
増補新装版

2016 年 4 月 30 日　第 1 刷発行

編　者　三省堂編修所
発行者　株式会社三省堂 代表者 北口克彦
発行所　株式会社三省堂
〒 101-8371 東京都千代田区三崎町二丁目 22 番 14 号
電話 （編集）03-3230-9411 （営業）03-3230-9412
振替口座 00160-5-54300
http://www.sanseido.co.jp/
印刷所　三省堂印刷株式会社

落丁本・乱丁本はお取り替えいたします。
ISBN 978-4-385-14318-7〈増補なまえ絵じてん・256pp.〉

だれの
あしあとかな?